2017 라틴아메리카

국제정세 변화와 영향

2017 라틴아메리카
국제정세 변화와 영향

서울대학교 라틴아메리카연구소(편)

SNUILAS
서울대학교 라틴아메리카연구소

2017 라틴아메리카를 발간하며

2016년 라틴아메리카는 대내외적으로 많은 변화와 혼란을 경험하였다. 국제 유가의 저공 행진 속에서 여전히 경제 회복이라는 과제를 안고 있는 가운데, 국내 정세에 일어난 혼란과 변화에 대처하기 위해 고군분투하였다. 한편, 미국에 분 극우 민족주의 바람이 라틴아메리카에 부정적인 영향을 줄 것이라는 우려를 자아내며, 라틴아메리카는 미국이라는 헤게모니와의 관계에 있어서 중대한 전환점을 맞이하였다.

대외적으로, 라틴아메리카에 가장 큰 영향을 미치는 미국에 도널드 트럼프라는 기업인 출신 정치인이 대통령에 선출되면서, 미국은 배타적인 이민정책, 미국 중심의 강력한 외교정책, 그리고 세계화를 거스르는 보호무역주의 정책을 내세웠다. 특히 해외로 생산기지를 옮긴 미국 기업들의 국내 회귀를 통해 일자리 창출을 꾀하는 동시에 이민자 유입 차단과 불법 이민자 퇴출을 추진하고 있다. 또한, 미국의 무역 적자국에 대한 관세 및 비관세 장벽 강화를 통해 자국의 이익을 보호하고자 하고 있다. 이러한 미국의 정책 변화는 라틴아메리카에 부정적인 영향을 끼칠 것으로 우려되는데, 특히 국경을 마주하고 있는 멕시코에 경제, 정치, 사회적으로 큰 영향을 미칠 것으로 보인다. 미국의 변화는 2015년 중반에 공식 선언된 미국과 쿠바와의 국교 정상화에도 부정적인 영향을 미칠 것으로 예상된다. 라틴아메리카 내부적으로도, 콜롬비아는 정부와 FARC 간의 평화협정이 국민투표에서 부결되며 전 세계를 놀라게 했다. 브라질은 호세프 대통령이 재정적자를 막기 위해 국영은행의 자금을 사용한 혐의로 탄핵당하며 대통령직에서 물러났다. 아르헨티나, 베네수엘라, 칠레 등 주요국들도 변화와 혼란 속에서 제자리를 찾기 위해 고심 중이다.

이 책은 최근 이러한 라틴아메리카를 둘러싼 국제정세의 변화, 특히 미국의 정책 변화가 라틴아메리카에 미치는 영향에 대한 분석과 전망을 제공하고자 하였다. 동시에 라틴아메리카 내부적인 정치·경제·사회적 주요 이슈들에 관한 분석과 비판을 제공하고자 하였다. 물론 여전히 유동적인 국제정세와 라틴아메리카 내부적 혼란으로 인해 분석에 어려움이 존재하는 것이 사실이다. 하지만 이 책을 통한 연구와 시도가 라틴아메리카를 좀 더 올바르게 이해하는 데에 크게 기여하리라 기대한다.

앞서 언급한 분석과 함께, 이 책에는 작년 11월 '콜롬비아 국민들은 왜 평화를 거부했나?'라는 주제로 개최한 시사토론회의 전문(全文)을 부록으로 수록하여 콜롬비아 국내 평화협정 추진의 현재와 미래에 대한 수준 높은 식견을 제공하였다. 토론에 참여해주신 김기현 선문대 교수, 송기도 전북대 교수, 이재학 고려대 교수, 차경미 부산외국어대 교수에게 이 자리를 빌려 특별한 감사를 표한다. 아울러 연구와 교육으로 바쁜 가운데서도 성심을 다해 이 책에 실린 글을 집필 또는 번역해주신 여러분께 감사의 인사를 드린다.

2017년 5월
서울대학교 라틴아메리카연구소장
김춘진

감사 인사

이 책을 위해 옥고를 투고해주신 분, 해외 논문을 번역해주신 분, 글의 전재를 허락해준 해외 저널 관계자 여러분에게 깊은 감사를 표합니다.

| 집필자, 번역자, 편집자(가나다 순) |

권기수(대외경제정책연구원 중남미팀장)

기현서(한·중남미 경제협력센터 상임고문)

김권식(국제금융센터 연구위원)

김보영(서울대학교 국제대학원 석사)

박수경(고려대학교 강사)

심상완((단국대학교 교수)

오성주(포스코경영연구원 수석연구원)

이성훈(서울대학교 라틴아메리카연구소 HK교수)

임태균(서울대학교 라틴아메리카연구소 HK교수)

정동희(서울대학교 강사)

정혜윤(고려대학교 강사)

조영실(서울대학교 강사)

조혜진(고려대학교 강사)

| 해외협력 저널 |

Revista *Nueva Sociedad*

목 차

제1부 정치

제2부 경제

제3부 사회

제4부 국제정세의 변화와 영향

부록

제1부 정치

브라질 노동당의 몰락과 보수진영의 부상 _에스테르 솔라노 가예고

콜롬비아의 평화협정 부결: 평화에 대한 놀람과 충격루이스
_루이스 알베르토 레스트레포·소코로 라미레스

차베스 없는 베네수엘라의 차베스주의카리스마가
부재한 포퓰리즘의 표류 _넬리 아레나스

야권이 된 아르헨티나 페론주의의 한계와 도전 _호세 네이턴슨

브라질 노동당의 몰락과 보수진영의 부상

에스테르 솔라노 가예고
상파울루연방대학교 교수

원제와 출처: Esther Solano Gallego, "Brasil: la caída del PT y el ascenso conservador", *Nueva Sociedad*, No. 266, noviembre–diciembre de 2016, pp. 147–155

핵심어: 우파, 복음주의자, 탄핵, 노동당, 브라질, 중남미, 라틴아메리카

지우마 호세프 대통령의 탄핵으로부터 수개월이 지난 지금, 이 과정에서 브라질을 침몰시킨 진짜 이유를 이해하기 위한 요소들이 이제 충분히 존재한다. 깊은 트라우마를 남긴 그 과정은 브라질의 민주적 규범을 바꾸어 놓았다. 첫 번째 요인들은 노동당(PT) 자신의 정부와 관련된다. 경제 상황 악화와 지우마 내각의 위기 대처 능력 부족이 정부에 대한 불만을 증폭시키는 근본적인 원인이었다. 과도한 자본주의 체제에서 경제적 성과는 민주적 신의까지 잠식한다. 그리하여 경제적 격동기에는 위기에서 벗어나기 위해 권위주의적 또는 반(反)민주주의적 해결책을 옹호하는 이른바 "양면적 민주주의자"(democratas ambivalentes)가

힘을 얻는 지경에 이른다. 기술 관료를 우선시 한 지우마 호세프 대통령의 소통 불능은 잘 알려져 있다. 이러한 역량 부족은 브라질처럼 고도로 분화된 정당 체계의 연합형 대통령제(presidencialismo de coalición)에서 특히 심각한 문제를 야기할 수 있다.[1] 여기에서 유일하게 정권을 유지하는 방법은 자신의 정당, 그 연합 기반, 그리고 야당과의 지속적인 소통이다. 하지만 지우마 호세프 전 대통령은 그 무엇과도 대화하지 않았다. 오히려 셋을 한꺼번에 분노케 했다.

두 번째 요인들은 노동당의 정치적 결정과 관련된다. 탄핵절차를 맡았던 브라질민주운동당(PMDB)은 항상 루이스 이나시우 룰라 다 시우바(Luiz Inácio Lula da Silva) 그리고 지우마 호세프 정부와 연합했다(그 연합을 통해 미셰우 테메르(Michel Temer)가 부통령이 되었고, 부통령에서 플라날투(Planalto)[2]로 뛰어올랐다). 룰라주의(lulismo)[3]는 경제, 정치, 언론의 소수 권력자들과 선을 긋고 맞서는 대신 타협을 선택했다. 이 결정으로 정부 업무수행은 가능했지만, 후에 매우 큰 대가를 치르게 되었다. 노동당은 구태의연한 최악의 정치를 일삼던 집단들과 연합하고 밀착하면서, 브라질의 권력 구도 안에서 길을 잃은 '또 하나의 정당'(un partido más)이 되어버렸다. 최근 수년 동안 노동당운동(petismo)은[4] 그것을 출현시켰던 사회적 기반과 분리되었다. 노동당운동은 더는 보수주의, 처벌중심주의, 종교적 근본주의 집단들의 공격에 맞서 진보주의적 가치를 지키는 투쟁을 대표하지 못했다. 여성, 변두리 흑인 청년, LGBT 집단과 원주민은 노동당 성향의 정부들이 내놓은 정책들에 배신당했다고 느끼곤 한다.

1) 이 주제와 관련하여 다음을 참고할 것. Germán Lodola: Brasil abre una peligrosa caja de Pandora en *La Nación*, 26/4/2016.

2) 브라질 대통령 집무실이다–옮긴이.

3) 룰라 전 브라질 대통령의 정치적 지향, 룰라 전 대통령의 측근으로 구성된 정치적 세력, 그들에 대한 대중적 지지를 전반적으로 일컫는다–옮긴이.

4) 노동당을 중심으로 형성된 정치적 세력과 그들의 정치적 지향을 의미한다–옮긴이.

마지막으로 탄핵과정을 이해하기 위한 가장 중요한 문제는, 노동당의 정책으로 혜택을 받았지만, 결코 그 당이 자신들을 대변하고 있다고 느끼지 못한 일부 정치·경제 집단들의 욕망이다. 소비와 소득 재분배를 통해 수백만 명의 빈민층을 포용하는 (보우사 파밀리아(Bolsa Familia) 프로그램과 같은) 노동당 성향의 정책은 브라질 사회처럼 불평등하고 보수적이며 처벌 위주의 사회에서 자신의 특권을 유지하고자 하는 사람들을 불편하게 만들었다.

탄핵을 요구하는 시위가 일어나던 때 계급주의적이고 인종주의적인 색깔이 집회참가자들에게서 매우 두드러지게 나타났다. 노동당 집권 기간 수백만 명의 브라질인들을 포용하는 정책을 펼쳤던 것이 계급 간 긴장과 혐오의 말들이 쏟아져 나오는 분위기를 조성했다. 집회 참가자 가운데 70.9%가 대학의 적극적 우대조치 정책(discriminación positiva)[5]이 인종주의를 강화한다고 답했고, 60.4%는 보우사 파밀리아 소득 재분배 프로그램이 '게으른 사람들에게 돈을 준다'(financia a perezosos)고 답했으며, 86.4%는 평화로운 사회를 건설하는 최상의 방법은 범죄자에 대한 처벌을 강화하는 것이라 답했다. 또한, 70.4%는 능력주의 담론을 신뢰한다고 답했다.[6] 좌파가 약한 곳에서 근본주의적, 처벌위주주의, 반동적 보수주의는 더 큰 힘을 발휘한다. 무기소지규제 완화 또는 형사처벌 대상연령 하향조정과 같은 법안 제안, 교내에서 교수와 학생의 정치적 의사 표현을 금지하는 '정파 없는 학교'(Escuela sin partido)와 같은 논쟁의 여지가 많은 기획은 학생 시위의 한 가운데서 빠른 진전을 보인다.

테메르 정부가 취한 첫 번째 조치들은 그의 의도가 민영화, 공적 자금 삭감, 노동시장 '유연화'를 위한 브라질 노동법 개혁에 있음을 명확히 보여준다. 다른

5) 사회적 약자와 소수자를 우대하는 정책을 말한다 – 옮긴이.

6) 탄핵 지지와 반대 집회 동안 진행된 연구결과 일체는 다음에서 확인할 수 있다. 「탄핵찬반집회에 관한 연구」 (Pesquisa sobre os manifestante pró e anti impeachment) 〈https://gpopai.usp.br/pesquisa/〉

한편, 기업인, 농업 관련 산업가, 근본주의적 복음주의자를 대변하는 의회 내 세력이 탄핵 시기에 테메르와 연합한 점으로 보아, 지우마 호세프 집권 기간에 이미 등장한 보수적 반동은 점점 더 큰 힘을 발휘하고 있다. 우리는 대가를 치르지 않는 연합이란 정치에 없다는 점을, 지지를 받을 때는 값비싼 대가가 따르리란 점을 알고 있다. 이제 브라질은 보수 반동 세력을 대변하는 부자 백인 남성 장관들로 구성된 내각을 가지게 되었고, 내각의 목적은 이 나라의 특권을 지탱하고 있는 구조를 흔들지 않으면서 (이미 매우 부족해진) 공공 서비스 예산을 삭감하는 것이다. 예를 들면, 빈곤층에게는 세금 부담을 가중시키고, 부자들에게는 감면해주는 매우 불평등한 조세제도를 유지하는 것이다. 노동당이 쇠약해지면서 의회는 브라질을 지배해왔던 엘리트들의 손아귀에 점점 더 놓이고 있다.

'라바 자투'(Lava Jato)[7] 작전을 수행한 사법부의 기본적인 지원 없이 탄핵은 결코 성공할 수 없었다. 페트로브라스(Petrobras)의 부패구조에 브라질민주운동당과 브라질사회민주주의당(PSDB, 중도우파)도 일조했다는 점을 알고 있지만, 사법부는 항상 노동당의 지도부를 표적 수사했다. 또 다른 본질적인 지지는 권력의 이해관계에 매우 정확히 부응하는, 극소수의 권력층이 장악한 패권적 언론이 제공했다. 노동당 지도부를 향한 부패 고발을 볼거리로 만들고, 언론 검열을 계속하고, 노동당이 "브라질에서 가장 부패한 정당"일 것이라고 여론을 조작한 것이 탄핵 절차에 국민 대다수가 동조한 이유를 설명하는 요인들이다. 반(反)부패 투쟁(따라서 반(反)노동당 운동)은 매우 강력하였다.

진보 진영의 주도권을 쥐고 있던 노동당의 몰락은 브라질 좌파 대부분의 몰락을 의미한다. 매 오랫동안 브라질에서 진보주의의 선택은 1980년대 만들어진 노동당의 궤도를 벗어나지 않았다. 노조와 사회운동은 노동당의 그늘에 있었

7) 국영석유기업 뻬뜨로브라스(Petrobras)의 수 백억 달러 자금 횡령에 관한 거대한 규모의 사법조사이다.

고 그 자율성을 상당 부분 상실했지만, 노동당은 제도화하여 정권을 잡았고 정권을 유지하기 위해 당의 근간이었던 좌파의 혁신이라는 정당 정신을 팔아야 했다. 노동당의 쇠퇴를 보여주는 가장 명백한 예시는 지난 10월 실시된 지방선거의 극적인 결과다. 노동당은 전국 시장직(alcaldía)의 61%를 잃었는데, 여기에는 상파울루 "붉은띠"(cinturon rojo)[8]의 유명한 보루들도 포함되어 있다. 노동계급 기반의 정치가 탄생한 상베르나르두(San Bernardo)도 그 가운데 하나다. 현 시장 페르낭두 아다드(Fernando Haddad)가 재선에 도전했던 상파울루에서 조앙 도리아(João Doria) 브라질사회민주주의당 후보는 2차 선거조차 필요 없는 53.3%의 득표율로 당선되었다. 아다드의 패배는 심각하다. 그는 당 내부의 혁신 가능성을 대표하는 인물이었고, 차후 향방에 대한 분명한 계획을 가지고 있는 얼마 되지 않는 노동당 인사 중 하나였기 때문이다. 정치에 여백이란 없으니 크게 두 세력이 역사에 남을 이 패배의 수혜를 입었다. 하나는 2000년 이래 기록적인 수준에 도달해서 브라질 국민의 24%를 통치하게 된 브라질사회민주주의당이고 다른 하나는 노동당이 남긴 지역적 공백을 틈타 가뜩이나 고도로 분화된 브라질 정당 체계를 더욱더 파편화시킨 다양한 스펙트럼의 소수정당들이다. 결국, 노동당은 전국 자치도시 정치 파노라마에서 10분의 1만을 장악하게 되었다.

리우데자네이루 시장선거에 특별히 주목할 필요가 있다. 당선된 후보는 마르셀루 크리벨라(Marcelo Crivella)로 '하나님 왕국 세계교회'(Iglesia universal del Reino de Dios)[9]의 주교이자 이 교단을 대변하는 정당인 브라질공화당(PRB)의 후보이며, 논쟁의 중심에 서 있는 에디르 마세두(Edir Macedo) 주교의 조카이기도 하다. 에디르 마세두는 그 교단의 창시자로, 다수의 언론사를 포함한 거대

8) 상파울루 주(州)의 산업지대로 주도인 상파울루 인근 지역들이다. 노동당의 발원지로 룰라 전 대통령의 정치적 근거지였다. 상베르나르두는 상파울루 주에 속한 지역명이다–옮긴이.

9) 1977년 에디르 마세두가 브라질 리우데자네이루에 처음 설립했다. 이하 '세계교회'로 옮긴다–옮긴이.

제국을 소유한 억만장자인데, 여러 건의 금융 관련 범죄로 기소되었다. 15년 전에 여러 아프리카 국가에서 선교사로 활동한 그의 경험을 담은 책이 출판된 바 있는데, 그 책에서 크리벨라는 동성애가 "악마에게 씐 행동"이라고 썼고, 다른 종교를 "악마의 종교"라고 비난했다.[10)] 그는 10월 30일 사회주의자유당(PSOL) 후보인 마르셀루 프레이수(Marcelo Freixo)를 물리쳤다.

이 승리는 매우 의미심장하다. 기본적으로 신(新)오순절파(neopentecostal)를 표방하는 복음주의 교회가 브라질에서 확장하고 있는 세력을 보여주기 때문이다.[11)] 브라질은 세속국가를 표방하고 있음에도 불구하고 세계교회의 계획에 따라 브라질 역사상 첫 번째 복음주의 대통령을 배출하는 데 가까워져 있다. 크리벨라는 당선 소감 첫머리에 낙태 합법화에 반대하는 견해를 밝혔고, 마약 비범죄화에 관한 논의 가능성도 완전히 차단했다. 파벨라(favela)[12)]의 흑인 빈곤 청년들이 불법 마약 유통으로 매일같이 죽고 죽이는 일이 비일비재한 리우데자네이루 같은 도시에서 마약 비범죄화는 핵심 사안이다. 의회 내 복음주의자 집단 대부분은 LGBT의 권리와 여성의 재생산 권리를 제약하면서 기독교적인 '전통적 가족'의 가치를 강요하는 데 집착한다. 따라서 도덕적이고 종교적인 행동 모델에 맞서 자유를 수호하려는 모든 사람에게 크리벨라의 승리는 근심거리가 아닐 수 없다.

그럼에도 불구하고 좌파가 치열한 자기성찰을 하고, 복음주의 교회가 브라질 변두리에서 어떻게 그토록 위세를 떨치게 되었는지 묻는 것은 중요하다. 본래 노동당의 핵심근거지였던 브라질 변두리는 점진적으로 노동당을 비롯하여 사회주의자유당처럼 진보성향의 다른 정당들에게서 외면당했다. 사회주의자유당은 중

10) "Evangélico, creacionista y antiabortista" en *Página/12*, 31/10/2016.

11) 다음을 볼 것. Lamia Oualalou: "El poder evange" lico en Brasil" en *Nueva Sociedad* No 260, 11-12/2015, disponible en 〈www.nuso.org〉.

12) 브라질 대도시 빈민촌을 뜻한다-옮긴이.

산층의 좌파 대학생들과는 소통하였지만, 소외된 국민 대다수의 언어를 구사하는데 어려움을 겪고 있다. 좌파 대부분이 반(反)자본 투쟁을 이론화하면서 그 영역을 대학으로 축소한 반면, 복음주의 교회들은 변두리 지역 사회의 강력한 중심이 되었고 그들이 내세우는 '번영의 신학'은 수백만의 표로 이어지고 있다.

한편, 들끓는 여론으로 인하여 실용적인 제안들에 대한 논의가 필요한 시점에 브라질에는 토론을 위한 여유가 없다. 브라질은 계속되는 카타르시스 속에서 살아가는 데 익숙하다. 정치권에서 터져 나오는 뉴스 폭탄으로 사회적 평온이란 찾아보기 어렵고, 사건의 연속이 일상이 되었다. 이런 상황에서 경쟁의 정치는 존재하지 않고 적대적 정치만이 존재한다. 모두가 대화하는 법을 잊고, 실용적인 토론을 위한 공간도, 국가적 계획, 사회 모델, 개혁에 대한 논의를 위한 공간도 없다. 정치적 무기력과 좌절이 사회의 대부분을 지배하여, 사회는 포퓰리즘적이고 선동적인 인물에게 사로잡히기 마련이다.

예를 들어, 라바 자투 작전에서 자신의 관할인 쿠리치바(Curitiba)의 법원보다 언론을 이용한 세르지우 모루(Sergio Moro) 판사의 법률적 포퓰리즘이 그러하다. 또한, 브라질을 선한 남성과 여성이 이루어내는 가족적 가치가 지배하는 기독교주의로 변화시키고자 하는 종교적 포퓰리즘이 그러하다. 그리고 위기의 시대에는 공공 의료비와 교육비를 절감해야 한다고 말하면서도 부자들의 거대한 세금 특권을 문제 삼지 않는 경제적 포퓰리즘이 그러하다. 이처럼 전반적으로 논쟁이 이루어지기 힘든 상황에서 극우파를 대변하는 불길한 인물들이 부상하였다. 전직 군인이자 연방 의원인 자이르 볼소나루(Jair Bolsonaro)가 그런 인물들 가운데 한 명이다. 그는 모순적이지만 진보당(Partido Progresista) 소속으로 '총알 블록'(bloques de la bala)[13]의 일원이다. 여성 혐오, 처벌 위주, 인종차별, 무기유통

13) 포르투갈어로 Boi(소), Bíblia(성경), Bala(총알)의 앞 글자를 따서 BBB로 불리는 의회 내 그룹들이 이번 탄핵을 주도했다. 각각 농축산업자, 복음주의자, 치안강화를 주장하는 집단의 이해관계를 대변 한다—옮긴이.

자유화에 찬성하는 내용으로 채워진 발언으로 매우 대중적 인물로 떠올랐고, 2018년 대통령 선거 출마를 고려하고 있다.

그 선거가 향후 2년 동안 브라질의 모습을 규정하게 될 것이다. 첫 번째 미지수는 그때까지 룰라의 행보이다. 룰라 전 대통령은 모루 판사의 심리 아래 몇 건의 재판이 진행 중이지만, 지금까지는 유죄 판결을 받지 않았다. 한 가지 가능성은 룰라 역시 다른 노동당 지도자들처럼 재판을 받고 구금형에 처해지는 것이다. 이 가능성은 한편으로는 노동당에 결정적인 재앙이 될 수도 있지만, 다른 한편으로는 그를 옹호하기 위해 국민들을 움직일 수도 있다. 룰라에게는 아직 커다란 정치적 자산이 있기 때문이다. 1심과 2심에서 유죄판결을 받고 그가 가진 정치적 권리를 상실하여, 2018년 후보로 출마할 수 있는 역량을 상실할 수도 있다. 어느 경우든지 노동당은 정치적 유령에 불과한 정당으로 남지 않기 위해 길고 고통스러운 재건의 과정을 보내야 할 것이다. 상황이 점점 빠르게 진행하면서, 중기적으로나마 앞을 내다볼 수 있는 역량을 갖춘 사람이 없다. 라바 자투 작전이 계속해서 진행 중이고 주요 인사가 체포될 때마다 정치적 장은 지각변동을 겪기 때문이다(지우마 호세프 탄핵에 찬성한 에두아르두 쿤아(Eduardo Cunha)도 해임되어 구금되었다).

테메르 정부도 쉽게 정권을 차지하지는 못할 것이다. 그의 연합세력은 매우 이질적이고 일관적이지 못하다. 테메르는 소속정당인 브라질민주운동당 내에서조차 진정한 리더쉽을 발휘하지 못하고 있다. 브라질민주운동당은 단일정당으로 구성된 적이 단 한 번도 없고, 오히려 내부적으로 여러 지역 파벌들의 집합이었다. 브라질민주운동당에서 자기 후보를 낼지 아직은 아무도 모른다. 브라질 재민주화 과정 이후 이 정당의 전략은 후보를 내지 않고 브라질 선거 시스템을 활용하여 권력의 옆자리를 지키는 것이었기 때문이다. 이 정당은 승리한 정당들이 의석 다수를 확보하는 것을 방해하여 그들이 동맹을 찾도록 만든다. 훌륭한

'택시 정당'(partido taxi)으로서 브라질민주운동당은 언제나 준비되어 있다. 브라질사회민주주의당이나 브라질공화당처럼 지금 연합한 세력 일부는 얼마 지나지 않아 선거에서 경쟁자가 될 것이다. 역사적으로 노동당의 경쟁자였던 브라질사회민주주의당 역시 내부적으로 커다란 도전에 직면하고 있다. 아에시우 네비스(Aécio Neves: 2015년 대통령 선거 후보), 주제 세하(José Serra: 현 외교부 장관), 제랄두 알스밍(Geraldo Alckmin: 상파울루 주지사)이라는 굵직한 인물들이 '투카나'(tucana)[14]의 후보가 되기 위한 형제의 난을 만들고 있다. 2018년은 먼 것 같지만, 정치에서 시간은 짧고 대통령 선거는 정부 연합세력의 긴장을 고조시킬 것이다. 어디까지일지는 두고 볼 일이다.

지금 좌파는 노동당을 재건하는 큰 도전에 직면하고 있다. 당의 기반과 시초가 되었던 기획으로 되돌아가기 위한 도전이자 좌파를 다시 대표하기 위한 도전이다. 또한, 공공 서비스를 위한 투쟁, 여성들의 투쟁, 파벨라에서 죽어가고 있는 빈곤 청년들의 투쟁, 사회적으로 가장 취약한 집단들의 투쟁을 대표할 수 있기 위한 재건이다. 역사적으로 소비하기를 부정당했기 때문에 이제 소비를 지속하고자 하는 준 주변부를 잊어서도 안 된다. 노동당이 더 젊은 새로운 지도자들이 당을 이끌도록 지역 파벌들을 물러나게 할 혁신의 역량이 있는지는 알기 어렵다. 만약 없다면, 아마 진보주의의 축에서 다른 대안이 등장할지도 모른다. 어쩌면 하나의 정치적 기획을 중심으로 사회운동을 결집시키는 전선을 형성할 수도 있다. 또는 스스로 "노동당 내 좌파"라고 여기며 리우데자네이루 시장 후보를 두고 세계교회와 힘을 겨뤄온 사회주의자유당이 대안이 될 수도 있다. 그러나 불행히도 사회주의자유당은 아직은 대통령직을 두고 경쟁하거나 더 많은 의원 수를 확보할 가능성을 엿보게 해 줄 선거 전략을 찾지 못했다.

14) 큰부리새로 브라질사회민주주의당의 상징이다 – 옮긴이.

이러는 사이, 반정치 담론이 성장하고 있다. 상파울루 시장직에 당선된 조앙 도리아 후보 자체가 '저는 정치인이 아니라 대행자입니다'(No yos político, soy gestor)라는 메시지로 선거홍보를 하여 승리했다. '신진'이라고 소개하는 후보들 다수가 그 밑바탕에는 세습적이고 논지를 흐리는 구태의연한 정치를 깔고 있는데, 이들이 당선될 확률이 높다. 의무투표제에 익숙한 나라에서 기권, 백지투표, 무효표의 수가 이번 선거에서 최고기록을 세웠다. 이 모든 쟁점들은 염려스럽다. 정치를 거부하는 담론들은 각종 반(反)민주주의적 태도를 향한 문을 열어주는 셈이기 때문에 매우 위험하다. 멀리 갈 필요도 없이 미국의 트럼프 현상이나 브라질의 볼소나루를 살펴보는 것으로 충분하다. 혐오의 담론들은 정치와 민주주의를 부정하는 담론들로부터 자라난다.

엄청난 어려움에 직면해 있지만, 브라질 좌파는 자기 상처로 인해 웅크리고 있을 수 없다. 좌파는 자기성찰이 필요하고, 브라질 시민들에게 진보적 선택권을 제시하는 데 필요한 변화를 수행해야 한다. 고도로 불평등한 나라에서, 전쟁 중인 국가와 비견될 만큼 높은 살인율을 보이는 나라에서, 여전히 수 백만 명의 사람들이 교육권, 건강권, 재판권을 보장받지 못한 나라에서 좌파의 대안은 많은 사람들에게 생존의 문제다. 분명한 것은 브라질리아(Brasilia)를 지배했던 커다란 기업가 세력이 좌파를 완전히 궁지에 몰아넣는 동안 브라질은 노동권의 축소와 사회복지비용의 절감이라는 보수의 시기를 지나고 있다는 점이다. 테메르가 권력을 차지한 후부터 사회적 역행의 의제는 분명하다. 공적 자금을 제한하는 법 개정, 노동법 또는 연금 개혁은 정부 주요 의제다. 더구나 종교적이고 처벌 위주의 근본주의자 집단들 즉, 그 유명한 의회의 '성경과 총알 그룹'(bancadas de la Biblia y de la bala)은 탄핵에 표를 던져준 대가를 요구하기 시작했다. 형사처벌 대상연령 하향조정 법안, 총기소지제한법(Estatuo de desarme)의 폐지, 낙태의 범죄화 같은 계획이 이제 테이블 위에 올라있다.

한 가지 확실한 것은 권리를 위해 싸우고자 하는 열망이 수많은 사회 영역에 존재한다는 점이다. 이 글을 쓰는 동안 천 개 이상의 공립학교가 더 나은 교육을 요구하는 학생들에게 점거당했다. 많은 페미니스트 집단들이 자기 몸에 대해 결정할 수 있는 권리를 요구하며 근본주의적 복음 집단들과 맞서기 위해 조직화하고 있다. 변두리 흑인 집단들은 군·경찰의 손에 의해 흑인 빈곤 청년들이 탄압되는 데에 항의하는 목소리를 높이고 있다. 이는 커다란 변화의 잠재력을 가진 청년들에 관한 문제이다. 그들은 정당구조가 쓸모없고 경직되고 지나치게 틀에 박혔다고 평가하며 그것과 일체감을 느끼지 못한다. 직면한 도전은 이러한 젊고 역동적인 새로운 형식의 운동과 제도화된 좌파와의 대화를 마련하고, 정치에서 완전히 소외되었다고 느끼는 주변부 사람들의 신뢰를 어떻게 회복할지 생각하는 것이다.

모든 시선이 노동당과 당내 현상유지파와 개혁파 사이의 내부적 긴장에 쏠려 있다. 당을 다시 사회와 긴밀하게 만들고 진보주의라는 당의 입지를 되살리기 위해 당 내부적으로 극단적인 조치를 취할 필요가 있다. 아직은 당 지도부가 그러한 태도를 보일 준비가 되었는지 알 수 없다. 그들이 스스로를 구하고자 하는지, 브라질에 매우 중요했던 정치적 기획을 구하고자 하는지 알 수 없다.

박수경 옮김

콜롬비아의 평화협정 부결: 평화에 대한 놀람과 충격

루이스 알베르토 레스트레포·소코로 라미레스

국립 콜롬비아 대학교 정치외교 연구소 전임 소장

원제와 출처: Luis Alberto Restrepo y Soccorro Ramírez, "Colombia: sorpresas y sobresaltos de la paz", *Nueva Sociedad*, No. 266, noviembre–diciembre de 2016, pp. 129–39.

핵심어: 평화협정, 갈등, 게릴라, 폭력, 콜롬비아, 중남미, 라틴아메리카

국민투표에서 부결된 지 41일 후인 11월 12일, 여러 불안한 정세들의 충격 이후 보다 진일보한 평화협상이 되살아났다. 2016년 9월 26일 후안 마누엘 산토스(Juan Manuel Santos) 대통령과 로드리고 론도뇨(Rodrigo Londoño) 콜롬비아 무장혁명군(FARC–EP) 사령관은 카르타헤나에서 "무장 갈등 종식 및 안정적이고 지속적인 평화 구축을 위한 최종 협정문"(Acuerdo final para la terminación del conflicto armado y la construcción de una paz estable y duradera)에 서명하였다. 6일 후인 10월 2일, 콜롬비아 국민들은 단순히 투표용지에 적힌 찬성·반대란에 표시함으로써 이 협정을 찬성 혹은 반대하는지 그 견해를 밝혀야만 했다.

콜롬비아 정부는 평화협정이 국민들로부터 압도적인 지지를 받아 야당에게 심각한 타격을 줄 것을 확신하였다. 그러나 투표 당일 밤 개표 결과는 모든 사람들을 놀라게 하였다. 평화협정에 대한 "반대"가 승리를 하였던 것이다. "찬성"표를 던졌던 사람들, 기권을 했던 유권자들, 심지어는 "반대"를 선택했던 이들도 당혹해 하였다. 콜롬비아 국가 전체가 불확실성에 빠져버렸다.

취임한 이후 산토스 대통령은 콜롬비아 무장혁명군과 군사적 갈등을 해결하기 위한 목적으로 비밀 회담을 착수하였다. 회담 초기 산토스 대통령은 알바로 우리베 정부에서 국방부 장관으로 재직하던 당시 보여주었던 강경한 태도로 회담에 임하였다. 대통령의 이와 같은 태도는 두 개의 명백한 사실에 기반을 두고 있었다. 우선은 콜롬비아 무장혁명군이 정부 측으로부터 지금까지 받은 심각한 타격으로 인해 무장투쟁을 통해서는 권력에 접근할 수 없을 것이라는 확실한 사실이었다. 두 번째로는 콜롬비아 무장혁명군의 국제적인 동맹 세력이었던 쿠바의 피델 카스트로(Fidel Castro)와 라울 카스트로(Raúl Castro) 국가평의회 의장, 그리고 베네수엘라의 우고 차베스(Hugo Chaves) 대통령 등이 무장투쟁은 더 이상 라틴아메리카 현실에 맞지 않다고 선언하였으며 무장투쟁은 오히려 라틴 아메리카 대륙에서 좌파의 확산을 가로막는 방해물이 된다고 밝혔기 때문이다. 실제로 이들 동맹 세력 지도자들의 영향은 콜롬비아 무장혁명군을 평화협상 테이블로 나오게 하는 결정적이었다.

산토스 대통령은 콜롬비아 무장혁명군과의 협상이 우리베 전 대통령의 반대와 군부 및 농업 부분과 밀접하게 결부된 권력층들의 반발을 불러일으킬 것이라는 사실을 무시할 수 없었다. 일부 정치 평론가들은 산토스 대통령이 협상을 시작하기 전에 우리베 전 대통령 추종자들, 군부, 지주, 기업인, 정당인 등 콜롬비아의 주요 권력 집단들과 먼저 합의를 도출했어야 한다고 주장한다. 하지만 만약 산토스 대통령이 권력 엘리트 계급들과 사전 합의를 추구하였다면 콜롬비아 무장혁명군과의 협상은 개시도 못 하였을 것이다. 군부와 정치 지도자들, 지주, 기업인 그리고 심지어는 가톨릭 주교들까지도 이미 벨리사리오 베탕쿠르(Belisario Betancur)[1] 대통령 재임 당시 시도하였던 콜롬비아 무장혁명군과의 평화협상 시도 자체를 막은 전력이 있고, 군부는 또한, 세사르 가비리아(César Gaviria)[2] 전 대통령이 시도하였던 평화협상을 봉쇄하기도 하였다.

비록 우리베 전 대통령이 재임 당시 콜롬비아 무장혁명군과의 대화를 시도하였지만 2차 집권에 성공한 이후에는 강경 노선으로 선회하였다. 우리베 전 대통령은 콜롬비아에 존재하는 것은 정부와 무장혁명군 간의 군사적 갈등이 아니라 마약 테러집단들의 민주주의에 대한 위협이며, 9·11 사태 이후 확립된 원칙에 따라 테러집단과는 협상하지 않는다는 자세를 견지하였다. 우리베 전 대통령은 최근 있었던 정부와의 대화에서도 "콜롬비아에는 갈등은 존재하지 않는다"라는 주장을 견지하였다. 평화협상 개시를 위한 그의 요구 조건들은 콜롬비아 무장혁명군이 정부군에게 패하였다는 군사적 패배를 전제하고 있다. 하지만 현실적으로 볼 때 이 게릴라 조직은 수십 년에 걸친 경험과 조직 그리고 불법 자금의 지속적 공급 덕에 향후 상당 기간 콜롬비아 정치 속에서 자신들의 권력을 유지할 수 있을 것이다. 평화협상 과정을 반추해 보면 산토스 정권은 협상 초기부터 매우 분명한 전략적 계획을 가지고 있었다. 그러나 문서상으로 완벽해 보였던 이 계획은 협상 과정을 통해 예상치 못한 약점들을 노출하였다.

"위선적인 평화의 적들"(1980년대 베탕쿠르 행정부 당시 평화위원회 간사가

1) 벨리사리오 베땅꾸르 꾸아르따스(Belisario Betancur Cuartas 1924–): 보수당 출신의 정치인으로 콜롬비아 26대 대통령을 역임하였다. 재임 기간은 1982–1986. 노동부장관(1963) 및 주 스페인 콜롬비아 대사(1975–77)을 지내기도 하였다. (역주)

2) 세사르 아우구스또 가비리아 뜨루히요(César Augusto Gaviria Trujillo 1947–): 자유당 출신의 정치인으로 콜롬비아 28대 대통령을 역임하였다. 재임 기간은 1990–1994. 비르힐리오 바르꼬 바르가스(Virgilio Barco Vargas) 대통령 집권 당시(1986–1990) 재무장관을 역임하였고 대통령직에서 퇴임한 이후에는 미주기구(Organiation of American States) 사무총장(1994–2004)을 지내기도 하였다. (역주)

콜롬비아 무장혁명군에 대해 했던 표현)이 전개하였던 사보타주[3]를 명확히 밝히기 위해 산토스 대통령은 두 명의 명망 있는 퇴역 장성들을 쿠바 아바나에서 개최한 협상 위원회 대표에 포함하면서 군부와 경찰에 협상을 위임하는 방편을 선택하였다. 또한, 산토스 대통령은 평화협정 회담을 여론으로부터 완전히 분리시켰으며 국내가 아닌 국외에서 협상을 전개하였고 협상 과정은 철저히 비밀에 부쳐졌다. 그러나 공식적인 비밀주의는 광범위한 의견들이 나올 수 있는 환경을 만들었고, "카스트로 차베스주의", "베네수엘라화", 사유 재산에 대한 공격, 국방예산 및 병력 감축, 국민연금을 삭감한 비용으로 콜롬비아 무장혁명군에 참가했던 게릴라들에게 월 1,800,000페소(약 70만원) 지급, "성 이데올로기", 전통적인 가족의 약화 등과 같은 평화협상에 반대하는 유언비어들이 넘쳐났다.

집권 6년차에 산토스 행정부는 콜롬비아 국민들이 무장혁명군으로 인해 느끼는 불안감을 해소하기 위한 조치를 취하고자 하였다. 그러나 이러한 조치를 취하기 위해 당연히 해야 했을 상세한 협정 내용에 대해 공개를 하지 않았고, 평화가 가져올 이익에 대한 환상이나 다름없는 공익 광고에 의존하였으며, "다시 전쟁 상태로 돌입한다"든가 "콜롬비아 무장혁명군이 곧 주요 도시들을 공격할 것"이라는, 평화협정에 "반대"표를 던지게 될 경우 예상되는 위협들을 국민들에게 알리는 데 주력하였다. 정부의 이와 같은 전략은 역효과를 가져왔다. 반면 협상 "반대"를 주장하는 비판 세력들의 유언비어는 지난 5년 동안 평화협상 과정에서 보여 준 콜롬비아 무장혁명군의 거만한 태도에서 비롯된 불신과 거부감 위에 국민들 사이에 스며들었다. 콜롬비아 무장혁명군은 2016년에 들어서야 비로소 자신들의 협상 태도에 대해 사과를 하였지만 이미 돌아서 버린 국민들의 마음을

3) 일반적으로 정치학과 군사학에서 사보타주(Sabotage)는 점령군의 점령 지역 혹은 배후에서 점령군의 군사 시설에 피해를 입히거나 파괴하는 행위를 의미한다. 21세기 정치학 대사전에 따르면 사보타주는 스파이 활동과는 달리 정보 수집이 목적이 아니며 작전 지역 내에 한정되지 않고 적의 지배지역 전반에서 전개된다. (역주)

다시 돌리기에는 역부족이었다.

더불어 콜롬비아 정부는 협상이 국민투표를 확실히 통과하여 최종 승인을 받도록 하기 위해 국제 사회, 국내 중앙 및 지방 정치 지도자들 그리고 무엇보다도 국민의 지지를 통해 협정을 뒷받침할 것을 제안하였다. 이 세 축의 지지를 기반으로 콜롬비아 정부는 "평화의 적들"의 예측 가능한 반응을 통제하고자 하였다. 하지만 이 세 축 모두 각 부분에서 중요한 약점들을 드러냈다. 평화협상 과정에서 국제적 지지를 이끌어 내기 위해 산토스 대통령은 집권 초반부터 인접 국가들 및 역외 국가들을 상대로 적극적인 외교적 노력을 기울였다. 그러나 산토스 대통령의 외교적 노력은 국제적 지지를 끌어내는 데에는 성공하였지만, 국내에서는 야당 세력의 정교하고 교활한 비판에 직면하였다. 산토스 정부 반대 세력은 "산토스 대통령은 자신의 개인적 명성만 추구하며 명망가들과 교제하는 것을 좋아하고 노벨 평화상을 받으려는 욕심을 가지고 있다" 등과 같은 논리로 대통령을 비난하였다. 그리고 실제 이들의 전략은 많은 국민들이 산토스 정부에 등을 돌리는 데 큰 역할을 하였다.

국내 정치 세력의 지지를 얻기 위해 산토스 대통령은 정치적 이권을 통해 중앙 및 지방의 정치 지도자들의 협력을 이끌어 내는데 주력하였다. 많은 정치인들은 자신들의 정치 생활을 위한 넉넉한 자금을 원하였고 산토스 대통령은 바로 이러한 정치인들의 현실적인 문제를 이용해 이들의 지지를 끌어내려 하였다. 콜롬비아는 중남미 지역에서 하나의 퍼즐판과 같은 국가이기에 정치인들에 대한 이와 같은 지원은 매우 중요하였다.

산토스 대통령의 세 번째이자 결정적인 도박은 평화협정을 국민투표에 부치는 것이었다. 산토스 대통령은 평화협정이 드디어 콜롬비아에 평화가 도래하였다는 큰 국민적 정서를 불러일으켜 국민들이 국민투표에서 압도적 지지를 표할 것으로 생각하였다. 또한, 이와 같은 압도적 지지는 평화협정 비판론자들의 목소리를 잠재울 수 있을 것이라고 예상하였다. 이러한 연유로, 많은 반대의견을 정면으로 돌파하고자 산토스 대통령은 평화협상 초기 단계부터 평화협정을 국민투표에 부칠 것을 주장하였다. 그러나 국민투표의 결과가 정부에 호의적으로 나올 것 같지 않은 불확실성에 직면하자 정부는 호의적인 결과가 나올 수 있도록 행정적 조정을 하였다. 유권자의 51%가 투표에 참여해야만 국민투표가 유효하다는 규정을 평화협정 찬반 국민투표를 앞두고 유권자의 13%만 투표에 참여해도 유효한 것으로 바꾸었다. 또한, 다양한 질문을 담아 실시할 예정이었던 국민투표를 무장혁명군에 대한 그 어떤 언급도 없이 오직 평화협정에 대한 "찬성"과 "반대"에만 답할 수 있도록 바꾸었다. 그리고 유권자들이 "찬성"에 투표하도록 공적 자원들을 선전에 투입하였다. 그러나 이와 같은 투표 방식의 변경은 유권자들의 거부 반응을 불러일으켰으며 투표에 불참하겠다는 유권자들이 투표 방식 변경 이전에는 51%였지만 변경 이후에는 63%로 증가하는 결과를 초래하였다.

결국 산토스 대통령은 콜롬비아의 엘리트 계급 내에서 자신과 가장 적대적인 집단과의 충돌을 6년 연기한 성과만 얻은 셈이었다. 이 집단의 대(對)정부 선언문에는 많은 "기독"교회의 영향을 받은 광범위한 사회 집단의 의견을 반영한 국민 여론이 추가되었다. 정치적 공간을 추구하고 자신들에게 부정적 영향을 미칠 조세 개혁을 중단시키려고 까지 하는 기독교회는 평화협정문에 포함되어 있는 성 인지적 관점(enfoque de género)[4]을 "정상적" 가족에 반하는 사악한 "성 이데올로기"로 공표하는 데 주저하지 않았다.

사실 다양한 교파의 1000여 개가 넘은 교회 중에는 협상에서 다루어진 성

4) 행정학 사전에 따르면 "성인지적 관점"이란 정부가 시행할 예정인 제도와 정책이 남성과 여성에 미칠 영향에 초점을 두고 검토하는 관점을 말한다. 이 관점은 기본적으로 남녀 간 생물학적, 사회문화적 차이를 인정하면서 성차별의 해소라는 문제의식의 바탕 위에 다양한 정책과 제도에 포함된 특정 개념이 특정 성에게 미치는 불리함 및 성역할 고정 관념의 사전적 개입 등의 문제점을 검토하여 성 차별적 요소를 가능한 한 정책과 제도에서 배제하고자 한다. (역주) 이종수, 『행정학 사전』, 대영출판사, 2010. (역주)

인지적 관점에 대해 높게 평가하는 교파들도 있었다. 왜냐하면, 이들 교파들은 평화협상에서 성 인지적 관점을 다룸으로써 전쟁과 성차별로 인해 이중으로 희생당한 사람들에게 보상할 수 있는 길을 열 수 있다고 생각했기 때문이다. 그러나 시민권에 대한 폭넓은 정의와 포함이라는 이 진전을 되돌리려는 교파들도 있었다. 협상 반대를 대변하는 목회자들은 재협상을 위한 35개의 제안을 제시하였다. 이 중 7개는 아바나에서 체결한 협상안에 포함되지 않은 것들이었고, 16개는 내전에 의해 무고하게 희생된 이들의 존재를 명확히 하고 이를 협상안에 포함해야 한다는 내용이었으며, 나머지는 협상 반대를 주장하는 다른 목소리들을 지지하고 교회의 특권을 획득하기 위한 내용이었다.

산토스 대통령의 전략은 단순히 무장혁명군과의 평화협정 체결에만 머물지 않고 한층 더 나아간 목표를 지향하였다. 정치적으로 볼 때 산토스 대통령은 제도적 민주주의자고, 이 입장에서 게릴라와 평화를 추구하는 협상을 전개하였다. 하지만 동시에 그는 불평등을 심화시키는, 정부의 규제를 거의 받지 않는 시장 모델을 추동하는 자유주의자다. 이런 점에서 산토스 대통령은 우리베 전 대통령과 같은 태도를 보이고 있다. 그러나 양자 간에는 우리베 전 대통령이 절대 수용할 수 없는 중요한 차이가 존재한다. 자신의 경제적 비전과는 대조적으로 산토스 대통령은 평화를 공고히 하기 위해서라면 필요한 조치들을 통해 농촌 문제에 적극적으로 개입하고자 하였다. 즉 산토스 대통령은 농촌의 토지 대장을 정리, 현실화하여 토지에 과세하고, 불법적으로 탈취한 토지 혹은 미개간 국유지를 이용해 펀드를 조성하며, 토지를 탈취당한 농민들에게 토지를 반환하여 극빈층 농민들에게는 토지를 무상분배하고 공동 생산을 지원하는 등의 대책을 마련하고자 하였다.

반면 우리베 전 대통령은 비록 국민 여론에 따라 자신이 사용하는 언어와 제안들을 수정하였지만 정확하게 단 하나의 목표를 지속적으로 유지하였다.

즉 콜롬비아 국내 갈등의 존재 자체를 부인하였고, 무장혁명군을 마약 거래에 관여하는 테러주의 집단으로 규정하여 이들의 지도자들을 격리하고 정치 참여를 금지하고자 하였다. 산토스 대통령의 1차 집권 기간 동안 우리베 전 대통령은 평화협정 반대 진영의 상징적인 존재였다. 그는 군부 지도층과 지주 및 기업인들 사이에서 정부의 평화협상에 대한 반대를 유도하였으며, 정부가 무장혁명군과의 협상 과정에서 군부 개혁을 시도할 것이라는 소문을 퍼뜨렸고, 국가 안보에 반하는 정보들을 누설하였다. 또한, 아바나에서 진행 중이던 협상을 지속적으로 감시하였고 콜롬비아가 "베네수엘라화"가 될 것이라고 주장하는 등 정부의 평화협상에 대해 끊임없이 부정적인 태도를 보였다.

그런데 산토스 대통령이 2차 집권을 위한 대선을 평화와 전쟁 사이의 양자택일로 몰아가고 이것이 유권자들의 지지를 얻게 되자 평화협정 반대론자들은 자신들이 평화의 친구들이라고 선언하였다. 협상 과정에 있던 평화는 이렇게 모든 콜롬비아 국민들이 공유하는 아파트와 같이 되어 버렸다. 우리베 전 대통령은 곧 산토스 정부가 추구하는 평화와는 다른 "사면 없는 평화"라는 모토를 내세웠다. 이 모토 속에는 그가 주장하던 모든 것이 포함되어 있었다. 이 모토는 전염성이 강하였다. 거의 모든 콜롬비아 국민들이 무장혁명군에 대해 더욱 강한 제재를 원하였다. 하지만 이것은 그 어떤 평화협정에서도 불가능한 것이었다. 더욱이 이 모토는 거짓이었다. 정부와 무장혁명군 간에 체결된 평화협정 속에는 그 어떤 사면도 언급되어 있지 않다. 대신 발생했던 사건에 대해 진실에 따라 희생자들에게 배상하는 재판과 무장 갈등으로 인해 피해를 본 지역에 대한 보상 대책 등에 대한 내용이 포함되어 있다. 가해자를 구금시키는 단순한 복수에 대한 내용은 전혀 없다. 이와 같은 사실에도 불구하고 우리베 전 대통령이 내건 모토, 그리고 사실과 동떨어진 유언비어들에 의해 무장혁명군에 대한 국민적 거부감은 더해갔으며 결국 국민투표에서 평화협정 "반대"가 승리를 하게 되었다.

국민투표에서 평화협정 "반대" 의견이 승리한 이후 우리베 전 대통령이 취한 첫 번째 시도는 정부와의 대화를 늦추는 것이었다. 그러나 곧 젊은이들이 정부 대표와 협상 "반대" 진영의 대표 그리고 무장혁명군 간에 이미 평화협정은 체결되었다는 주장을 담은, 평화협상을 지지하는 지속적인 대중시위를 시작하였다. 시위가 광범위하고 활발히 전개되자 우리베 전 대통령은 학생들이 주장하는 모토에 동참하였다. 하지만 그는 이 모토에 "중대한 변화와 함께"라는 문구를 덧붙였다. 그리고 "반대"에 투표를 한 진영에게 학생들의 시위와는 별개의 시위를 하도록 호소하였다. 이것은 자신을 추종하는 젊은 층으로 하여금 광범위하게 확산되던 젊은 세대 주도의 평화협정 찬성의 단일대오로부터 거리를 두게 하고, 자신의 견해가 콜롬비아의 상황과 섞여 버리기를 추구하려는 전략이었다. 그러나 그의 이러한 호소는 큰 반향을 일으키지 못하였다.

우리베 전 대통령과 산토스 대통령은 국내외 여론 앞에서 정당성을 위한 싸움을 계속하였다. 양자 모두 평화를 방해하는 존재 혹은 국가적 화해의 방해물로 등장할 수는 없었다. 우리베 전 대통령은 대(大)국민협약의 주도적 인물로서 행동하였다. 하지만 모든 콜롬비아 국민들이 열망하는 평화의 방해물로써 지목되지 않도록 매우 신중을 기해야만 했다. 실제 그는 다양한 대화를 제안하였다. 이 대화 제안들 중 어떤 제안은 매우 막연했으며 또 다른 제안들은 다른 목적을 지닌 재협상용이었다. 우리베 전 대통령은 정부, 자신이 소속된 민주중앙당(Centro Democrático, CD) 그리고 무장혁명군 간의 "기술적 협의"를 요청하였는데 이것은 어떤 면에서는 기존의 아바나 협상을 대체하는 성격을 지녔다. 우리베 전 대통령은 또한, 스페인 출신의 무장혁명군 측 변호사와도 언제든지 만날 용의가 있음을 밝혔다. 하지만 무장혁명군은 우리베 전 대통령이 제시한 "기술적 협의"와 대화를 거부하였다. 보수당과 긴밀한 관계에 있는 또 다른 협상 반대 진영들도 자신들의 가능한 협상 방침을 명확히 하였기에, 우리베 전 대통령은 이들 보수 진영을 재편성하여 자신의 대변인으로 전환시켰다. 동시에 그는 협상의 근본적인 변화를 위해 콜롬비아 가톨릭 주교 회의가 정부와 협상 반대 진영 간의 중재자 역할을 해 줄 것을 요청하였다.

한편 산토스 대통령은 국가수반이라는 직책에 따라, 그리고 영광스러운 노벨 평화상과 바티칸이 수여한 "평화의 등불"상 수상으로 인해 결연하게 평화협상의 중요성을 지속해서 국민들에게 호소하였다. 동시에 그는 국가적 화해를 추구하였다. 국민투표에서 패배한 다음 날 산토스 대통령은 정부와 무장혁명군 간의 휴전을 2016년 12월 31일까지 연장하였다. 또한, 우리베 전 대통령을 포함해 협상 반대 진영을 이끈 모든 대표자들을 대통령궁으로 초청하여 그들의 의견에 귀를 기울였다. 10월 한 달 동안 보고타에서는 8번의 회의가 개최되었는데, 협상 반대 진영이 제시한 제안들을 주제에 따라 분류하고 평화협정에 담긴 내용들 중 잘못 이해하고 있거나 애매하여 조정이 필요한 점들에 대해서는 명확히 하였다. 또한, 평화협정의 핵심적 내용에 대한 토론도 하였다. 마침내 2016년 11월 12일에 산토스 대통령은 국민 담화를 통해 무장혁명군과 새로운 평화협정을 체결하였다고 공표하였다. 이 협정에는 정부가 협상 반대 진영이 새롭게 제안한 것으로 분류하였던 57개의 주제 중 56개의 주제에 대한 조정안이 포함되어 있었다.

협상 반대 진영이 가장 민감하게 느낀 주제는 네 가지였다. 첫째, 과도기적 사법처리, 둘째, 무장혁명군 지도자들의 선출직 진출 가능성, 셋째, 농업 문제, 넷째, 마약 밀매를 반란 세력과 결탁된 범죄로 간주하는 것이다. 이러한 주제들을 포함한 논의를 위한 정부와의 회의에는 안드레스 파스트라나 전 대통령과 그의 고문인 카밀로 고메스, 보수당 전 대통령 후보였던 마르타 루시아 라미레스 전 국방 장관, 그리고 보수주의자인 알레한드로 오르도녜스 전 검찰 총장 등이 참가하였다. 우리베 전 대통령이 아니었다면 정부는 파스트라나 전 대통령과 라미레스 전 검찰총장과의 대화를 통해 중요하지만 실현 가능한 조정안들에 대한 합의에 도달할 가능성도 있었다.

어찌 되든지 산토스 대통령은 어려운 딜레마에 처할 가능성을 가지고 있었다. 만약 무장혁명군 지도자들의 피선거권 부여 거부 및 농지 정상화 반대와 같은 우리베 전 대통령의 근본적인 요구들을 수용한다면 평화협정 타결은 요원할 것이다. 그러나 이 요구들을 거부한다면 우리베 전 대통령은 그를 국가적 화해의 적으로 낙인찍을 것이고, 이는 우리베 전 대통령이 속한 정당의 2018년 대선에서의 집권 가도에 걸림돌을 제거하는 셈이 될 것이다.

평화협정 반대 진영은 결국 승리하였고 이 결과를 콜롬비아 국민들은 수용해야만 했다. 하지만 평화협정 체결을 위한 협상의 정치적 범위는 추려져야 한다. 무엇보다도 국민투표에서의 패배가 산토스 대통령이 반대 진영이 제시한 400개가 넘는 제안들을 수용할 의무가 있음을 의미하지는 않는다. 왜냐하면, 대통령은 평화협상을 위한 제안들을 정하는 헌법적 책임을 가지고 있기 때문이다. 비록 이미 서명된 평화협정의 유효성에 의문이 들지라도 협정 자체를 무시할 수는 없었다. 이를 확인하기 위해서는 다음 세 가지 점만 상기해도 충분할 것이다. 첫째 국민투표에 참여한 12,808,858명의 콜롬비아 유권자들의 표 중에서 "협정 반대"는 "협정 찬성"보 다 단 55,651표 많았다. 이 표 차이는 전체 유효표의 0.43%에 불과하였다. 이것은 곧 콜롬비아 유권자 중 절반이 "협정 찬성"을 지지하였으며 이들의 찬성 의사 역시 콜롬비아 정부 및 협정 반대 진영으로부터 존중받아야 한다. 만일 찬성 의사를 보인 유권자들의 의견을 무시한다면 콜롬비아는 새로운 교착 상태에 직면하게 될 것이다. 더욱이 이것은 "협정 반대" 진영의 힘을 약화시키는 두 번째 원인이기도 하다. 왜냐하면, "협정 반대" 진영의 유세 운동은 앞에서 살펴본 바와 같이 상당한 유언비어에 입각해 전개되었기 때문이다. 이 점에 대해서는 "협정 반대"를 이끌었던 민주중앙당 사무총장도 인정하였고 콜롬비아 각 지역에서도 명백히 드러났다.[5] 마지막으로 "협정 반대" 진영을 이끈 지도자들은 "성 인지적 관점"에 대한 왜곡과 투표 결과에 중요한 역할을 한 많은 기독교회들의 협상 반대 목소리에 호소하였다. 이렇듯 "협정 반대" 진영들은 자신들의 반대 의지를 콜롬비아의 정치 현실과 긴밀히 연결시켜야만 했다.

반면 무장혁명군은 최상의 상황을 맞이하였다. 그들은 자신들이 내건 조건들을 지켜냈으며 다양한 교회 및 시민 단체와 대화를 하였다. 무장혁명군 내의 다양한 조직들은 "정상화를 위한 중립지역"이 곧 결정되어 그곳으로 향하기 위해 기다리고 있었다. "정상화를 위한 중립지역"[6]에서 무장혁명군은 협정에 의거한 절차에 따라 유엔에 무기를 이양하고 무장 해제를 하며 대원들이 일반 시민 사회로 돌아가기 위한 적응 훈련을 할 예정이었다. 임시적 상황이 계속될 수는 없었다. 평화협정에 불만을 품거나 무장 해제 이후 상황에 대해 두려움을 가지고 있는 게릴라들은 범죄 집단으로 흘러 들어갈 가능성이 있었다.

산토스 대통령은 새로운 평화협정에 대한 서명을 12월에 고려할 때 11월 내에는 국민적 합의가 이루어져야 한다고 주장하였다. 산토스 대통령은 우리베 전 대통령에게 회동을 제안하였고 그에게 새로운 협상안을 제시하기 위해 시골에 있는 그의 저택을 직접 방문하였다. 이후 우리베 전 대통령은 TV를 통해 대통령에게 새로운 협정안은 최종판이라 할 수 없으며 "협정 반대"를 이끈 지도자들과 무장혁명군에 의해 희생된 유가족들의 검토가 필요하다고 역설하며 산토스 대통령에게 단기간 내에 적절한 검토를 요청하였다. 이를 통해 우리베 전 대통령은 향후 상황에 따라 자신의 주장을 펼칠 수 있는 여지를 만들어 놓았다.

5) Luis Robayo: "Polémica en Colombia: jefe de campaña del 'No' renuncia tras confesar manipulación" en *El Nuevo Herald*, 7/10/2016.

6) "V. Así funcionarán las 23 Zonas Veredales Transitorias de Normalización" en Noticias, 24/8/2016,〈www.noticiasrcn.com/videos/asi-funcionaran-las-23-zonas-veredales-transitoriasnormalizacion〉.

새로운 평화협정안이 모든 기대를 만족시킬 수는 없을 것이다. 그 어떤 평화협정도 이해 당사자 모두를 만족하게 할 수는 없다. 새로운 평화협정은 다양한 법률적 형식을 취하게 될 것이다. 최소 1년 동안 평화협정에 대해 논의만을 하는 제헌 의회 구성안은 이미 폐기된 듯하다. 의회 역시 우리베 전 대통령의 요구안까지 포함한 새로운 평화협정을 위한 광범위한 제안들을 제시하였는데 이것 역시 새로운 가능성이 될 수 있다. 상원의원이기도 한 우리베 전 대통령은 새로운 평화협정이 자신이 제기한 "중대한 변화"를 반영한다면 평화협정 처리를 위한 준비가 되어 있다고 말하였다. 그는 이를 일반적인 법률안 처리처럼 하길 제안하였는데 이 방법대로 한다면 수개월이 소요될 것이다. 반면 몇몇 국회의원들은 협상안 실행을 위해 안건 신속처리(fast track) 방식을 원하고 있지만, 이는 국민투표의 결과를 무시하는 것으로 간주될 가능성이 있기에 상당히 위험할 수 있다.

새로운 평화협정안이 다시 국민투표에 부쳐질 가능성도 있다. 여기에 대해 산토스 대통령은 모든 가능성이 열려있다고 말한 바 있다. 어떤 경우에든 새로운 평화협정안이 포괄적인 정치적 합법성을 지니지 못한다면 그 결과는 "협정 반대" 진영의 또 다른 거부를 초래하게 될 것이다. 이 정치적 파노라마에 현재 민족해방군(Ejército de Liberación Nacional, ELN)과 콜롬비아 정부 간 평화협상이 에콰도르에서 시작할 가능성이 더해졌다. 민족해방군은 무장혁명군보다 규모는 작지만, 콜롬비아 정부 입장으로 봐서는 협정 타결이 훨씬 더 어려울 것으로 보이는 반군 단체이다. 하지만 민족해방군은 이전과 비교해 볼 때 정부와의 평화협정 체결에 적극적인 자세로 나오고 있다. 그러나 이 글을 집필하고 있는 현재 콜롬비아 정부와 민족해방군 간의 협상은 다시 연기된 상태다.

콜롬비아의 2018년 대선은 격렬한 논쟁의 장이 될 것이다. 3선의 가능성이 없는 산토스 대통령은 대선 무대에서 벗어나 노벨 평화상 수상자로서 국제적인 연설가로 활동할 것이다. 평화협정의 노련한 협상가이자 자유당원인 움베르토

데 라 카예(Humberto de la Calle)가 권력을 재장악하여 대통령 후보가 된다면 대선이 1차 선거에서 결정되지 않고 2차 선거까지 갈 공산이 크다. 구스만 바르가스 예라스(Guzmán Vargas Lleras) 부통령은 현재 비록 정부 내에서 협정 반대 의견을 내세우면서 자신의 영역을 회복해 가고는 있지만, 평화협정에 대한 모호한 태도로 인해 상당한 대가를 치르게 될 것이다. 보수 진영은 아직까지 뚜렷한 대통령 후보를 내세우고 있지 못하고 있다. 한편 좌파 진영에서는 호르헤 엔리케 로블레도(Jorge Enrique Robledo)와 클라라 로페스(Clara López) 노동부 장관 그리고 구스타보 페트로(Gustavo Petro) 전 보고타 시장 간의 대립이 좌파 세력 자체를 약화할 것이다. 아웃사이더이지만 당선 가능성이 있는 인물로는 전 메데인(Medellín) 시장이자 안티오키아(Antioquia) 주 지사를 역임한 세르히오 파하르도(Sergio Fajardo)를 들 수 있다. 독립적 행동과 부패에 대한 강경한 태도, 그리고 중앙 정치에서 벌어지는 격렬한 논쟁으로부터 일정한 거리를 유지하는 자세로 인해 많은 사람들이 그를 지지하고 있다. 그러나 무소속으로 대통령에 당선되는 것은 어려운 일이다. 움베르토 데 라 카예가 그를 러닝메이트로 지명하여 대선에 나선다면 승리할 가능성이 높다. 어떠한 경우든 2018년 대선에서 우리베 전 대통령의 추종자들이 단일대오를 형성할 예정이지만, 반(反)우리베주의자들과 비(非)우리베주의자들은 연합 전선을 형성하지 않는다면 5명 혹은 그 이상의 후보로 분열하여 표가 분산될 것이다. 만일 반(反)우리베파와 비(非)우리베파가 후보 단일화에 성공한다면 친 우리베 진영의 후보가 승리하는 것은 불가능할 것이다.

우리베 2기 정부(2006–2010)는 우리베주의자의 통치가 어떤 형태로 전개될지 우리에게 예측하게 해 준다. 통치자는 국민과 가깝지만 권위적이고, 입법부와 사법부가 행정부에 예속되거나 통치자로부터 그 권위를 무시당하고, 야당을 포함한 반정부 세력들은 악마처럼 간주되며, 언론의 자유는 눈에 띄게 축소될 수 있다. 새롭게 출범할 행정부는 평화협정안에 따라 게릴라들을 사면할 것이다. 이들에 대한 사면은 우리베 전 대통령 역시 제안한 바다. 하지만 무장혁명군 고위급 지도자들은 수감되거나 격리될 것이고 베네수엘라나 쿠바 등으로 추방될 것이다. 반면 중간급 지도자들은 무장 해제를 거부하고 지속적으로 정부군과 교전을 벌이거나 마약과 같은 불법 거래에 관여하는 등 이전의 모습으로 회귀할 것이다. 여당인 민주중앙당은 이미 체결된 평화협정을 무효화하기 위해서, 또한, "국가를 재건"하고 1991년 헌법을 폐기하여 우리베 전 대통령이 다시 대통령직에 오를 수 있도록 하기 위해, 새로운 제헌 의회를 소집할 것이다. 이는 베네수엘라의 차베스주의와 완전히 대조적이다.

평화협정의 개정과 합의는 콜롬비아 국민들이 보여준 행동이 바탕이 되었다. 평화를 위해 노력한 학생들과 많은 시민 단체들은 지속적인 시위와 같은 열정적 행동을 전개하였다. 이는 다양한 사회적, 지역적 부문으로 확대되었는데, 특히 정부군과 무장혁명군 간 분쟁이 집중되었던 시골 지역과 "협정 찬성"을 지지했던 군사적 분쟁의 희생자들이 많이 거주하는 지역으로 확산하였다. 게릴라와의 평화는 안정적이고 지속적인 평화를 위한 필수불가결한 첫 단계다. 더는 전쟁을 원치 않는 콜롬비아 국민의 명령이기도 하다.

정동희 옮김

차베스 없는 베네수엘라의 차베스주의: 카리스마가 부재한 포퓰리즘의 표류

넬리 아레나스

베네수엘라 중앙대학교 개발 연구소 연구원

원제와 출처: Nelly Arenas, "El chavismo sin Chávez: la deriva de un populismo sin carisma", *Nueva Sociedad*, No. 261, enero-febrero de 2016, pp. 13-22.

핵심어: 카리스마, 포퓰리즘, 볼리비아 혁명, 우고 차베스, 니콜라스 마두로, 베네수엘라, 중남미, 라틴아메리카

모든 카리스마적 리더십이 꼭 포퓰리즘적인 것은 아니다. 그러나 포퓰리즘적 리더십은 언제나 카리스마적이다. 민중에게 해방을 약속하며 호소하는 형식으로 인해 포퓰리즘은 이 약속을 실현할 수 있는 능력을 지닌 특수한 리더십을 요구한다. 비록 포퓰리즘과 카리스마 간의 관계에 대한 연구가 충분하지 않다고 하더라도 일반적으로 포퓰리즘에 대한 접근들은 카리스마를 포퓰리즘의 일반적 특징으로 주목한다. 이 두 현상의 결합은 포퓰리즘에서 정치적 질서는 합리적이며 법적인 연결 고리의 산물로써 획득되는 것이 아니라, 포퓰리즘과 종교적 에토스

간의 연결고리를 수립하려고 시도했던 로리스 사나타(Loris Zanatta)가 주장한 대로 "현시된 질서"의 파생물로써 획득된다.[1] 막스 베버는 카리스마를 천상의 자질이라고 규정하였다. 그리고 카리스마는 이것을 소유한 지도자를 신의 대리인으로 간주하며 표퓰리즘적 단절을 가능하게 한다고 주장하였다.[2] 베네수엘라의 경우 우고 차베스 대통령의 특별한 카리스마가 녹아 있는 리더십은 이와 같은 단절을 추동하였다. 볼리바르 혁명의 시작과 추진은 바로 이 리더십에 기반을 둔 것이었다. 카리스마를 겸비한 리더십을 갖추고 있었던 차베스 대통령이 사망하자 볼리바르 혁명이라는 베네수엘라의 국가적 프로젝트는 차베스 본인이 사망 직전 직접 지명한 자신의 후계자에 의해 지속되어야 했다. 차베스가 지명한 후계자인 니콜라스 마두로는 차베스 전 대통령처럼 지지자들이 인정하는 카리스마를 가진 인물과는 거리가 멀었다. 카리스마에 관한 막스 베버의 이론에 입각하여, 본 글은 차베스 대통령이 보여준 포퓰리즘의 유형에 대한 살펴볼 것이다. 또한, 대중에 대한 절대적 지배력이 없는 상황에서의 정치적 노선이 볼리바르 혁명을 위해 얼마나 큰 비용을 지불해야 하는지를 검토해 볼 것이다. 핵심적 질문은 니콜라스 마두로 대통령이 보여주고 있는 카리스마 없는 포퓰리즘이 차베스 전 대통령이 수립한 사회주의적 프로젝트가 기반을 두고 있는 전술, 수단, 이념을 충실히 유지할 수 있는가다.

차베스: 포퓰리즘과 카리스마

21세기 들어 라틴 아메리카 국가 지도자 중 카리스마가 착종되어 있는 포퓰

1) L. Zanatta, "El populismo entre religión y política. Sobre las raíces históricas del antiliberalismo en *América Latina" en Estudios Interdisciplinarios de América Latina y el Caribe*, vol. 19 n 2, 2008, pp. 29-44.

2) M. Weber: *Economía y sociedad*, Fondo de Cultura Económica, México, DF, 1992.

리즘의 틀 안에 매우 용이하게 포함될 수 있는 인물이 있다면 그는 우고 차베스였다. 그는 매우 감성적인 연설을 통해 포퓰리즘적 정치의 실천을 활성화하였다. 우리는 카를로스 데 라 토레(Carlos de la Torre)가 제시한 정의에 따라 포퓰리즘은 "권력을 쟁취하기 위한 전략이자 사회를 다수 민중과 소수 특권층이라는 대립적인 두 개의 극으로 양극화하는 이원론적 담론에 입각하여 통치하는 전략"[3]이라고 규정한다. 에르네스토 라클라우(Ernesto Laclau)가 밝혔듯이 "포퓰리즘적 단절"을 기하기 위해서는 상이하면서도 불만족스러운 사회적 요구들이 연속적 사슬을 형성하여 "등가적 순간"에 도달해야만 한다.[4] 차베스 현상은 명확하게 이 개념적 공식을 구체화하였다. 그의 이름은 그의 압도적인 카리스마에 의해 강화되어 베네수엘라 사회의 열망을 집약하였다. 베버가 주장하였듯이 이러한 유형의 권위의 정당성은 차베스 지지자들이 그가 지닌 카리스마를 인정하고 입증한다는 사실에 기반을 두고 있다. 따라서 지도자가 이러한 특성을 보이지 못한다면, 카리스마와 결합한 포퓰리즘적 통치 방식이 영속적으로 제도화되길 갈망할 경우 그의 권력 계승은 하나의 심각한 문제로 나타날 것이다. 차베스가 사망할 것이라는 우려로 인해 베네수엘라 집권 여당은 혁명의 지속성을 국민들에게 확신시킬 필요성에 봉착하게 되었다. 이 문제는 차베스 대통령이 직접 해결하였다. 2011년 중반에 그는 자신의 건강 문제를 국민들에게 밝혔다. 이로부터 18개월 후에는 자신의 후계 문제에 대한 결정을 공표하였다. 2012년 8월 차베스 대통령은 마지막 대중 공개 석상에서 국민들에게 "만일 새로운 대통령 선거가 실시되어야 할 경우 니콜라스 마두로를 대통령으로 선출해 주길 요청합니다.

3) C. de la Torre: "El populismo latinoamericano: entre la democratización y el autoritarismo" en *Nueva Sociedad* No 247, 9–10/2013, disponible en 〈www.nuso.org〉.

4) E. Laclau: "Populismo: ¿qué nos dice el nombre?" en Francisco Panizza (comp.): *El populismo como espejo de la democracia*, Fondo de Cultura Económica, Buenos Aires, 2009.

그에게 투표할 것을 진심으로 부탁드립니다"라고 호소하였다.

이 담화는 베네수엘라 전체를 놀라게 하였다. 여당 내에서조차 단 한 번의 논의도 없이 차베스 대통령은 자신의 권위를 통해 직접 후계자를 선택하는 "가부장적" 권력 이양을 하였다. 베버에 따르면 카리스마적 통치에 있어서 누가 후계자가 되느냐에 대한 "자유 선거"는 불가능하고 "후계를 희망하는 인물이 카리스마를 가지고 있다는 인식"이 중요하다.[5] 차베스 대통령이 후계자를 선택하는 데는 베버의 논리가 적용되지 않았다. 마두로는 차베스와 같은 카리스마를 갖추지 못한 인물이었다. 차베스 대통령은 그를 후계자로 지명하는 데 있어서 바로 이러한 점을 간과하였다.

예상 밖의 후계자

"차베스가 마두로를 자신의 후계자로 낙점하였을 때 나는 많이 울었다. 차베스는 우리에게 매우 어려운 시험을 던져주었다. 만일 차베스가 마두로를 자신의 후계자라고 말한다면 마두로는 차베스의 후계자인 것이다. 나는 마치 군인처럼 차베스의 말을 따른다."[6] 이 말 속에는 베네수엘라 여당 당원의 체념한 듯한 불만과 사라진 지도자를 향한 무조건적 충성심이 혼재되어 있다. 마두로는 차베스가 후계자로 지명하기 전까지 모든 베네수엘라 국민들이 알고 있듯이 차베스가 가장 신뢰하던 인물 중의 한 명이었다. 마두로는 차베스의 측근 그룹에 들어가는 데 있어 불리한 점을 가지고 있었다. 즉 그는 1992년 차베스가 주도했던 쿠데타의 주요 멤버가 아니었다. 그럼에도 불구하고 그는 정부 내 요직을 거치면서

5) M. Weber: ob. cit., p. 858.

6) Héctor Briceño, José Luis Hernández et al.: *Informe de grupos focales. Expectativas de los ciudadanos*, Caracas, 2015, mimeo.

승승장구하였다. 로제르 산토도밍고(Roger Santodomingo)에 따르면 마두로는 대통령의 말을 그대로 따르는 수동적 수용자였다. 즉 "마두로는 말을 하지 않고 경청한다. 그에게 있어 차베스는 전부였다. 차베스가 없는 베네수엘라를 기억할 수도 상상할 수도 없었다."[7] 하지만 대통령의 말을 순종적으로 경청하기만 한다는 것은 시간의 경과와 함께 복종적 태도로 인해 통치권자의 총애를 받을 수 있는 요소일 뿐이다. 마두로는 또한, 균형적 상황을 자신에게 유리하게 끌고 가는 또 다른 자질을 가지고 있었다. 외무장관으로 재직 시 그는 차베스에게 있어 가장 원대한 볼리바르 혁명의 꿈 중의 하나였던 라틴 아메리카 민중의 통합 운동을 추동하였다. 이 요소는 강경한 사회주의자로서 마두로를 특징짓는다. 사회주의 연맹이라는 소규모 급진 정당의 당원이었고 쿠바 공산당에서 교육을 받았다. 그리고 무엇보다 카스트로 형제, 특히 차베스에게 진정한 신이던 피델 카스트로에게서 큰 신뢰를 받았다.[8]

대통령직을 향해, "진심으로"

"저는 지성과 카리스마, 역사적인 강인함에 대해 엄격히 말한다면 차베스가 아닙니다. 저는 차베스주의자이며 그를 위해 살고 그를 위해 죽습니다. 어떤 동지들은 저, 니콜라스 마두로가 차베스가 되길 원합니다. 그러나 저는 그럴 능력이 없습니다."[9] 자신에게 차베스가 지니고 있는 카리스마가 부재한 현실에 대한 마두로의 인정으로 인해 정부는 마두로라는 인물 자체의 이미지를 향상시키는

7) R. Santodomingo: *De Verde a Maduro*, Debate, Caracas, 2013, p. 22.

8) José Emilio Castellanos: "¿Por qué Nicolás Maduro es el hombre de los hermanos Castro?" en *Análisis Libre*, 4/1/2013.

9) "Nicolás Maduro reconoce no tener carisma de Chávez ni su fortaleza histórica" en *La Tercera*, 10/3/2013.

작업을 조기에 착수해야만 했다. 차베스는 비록 사망하였지만, 여전히 그는 베네수엘라 민중 속에 현존하는 존재였다. 따라서 선거 캠페인은 고인이 된 차베스, 즉 카리스마를 지녔던 죽은 지도자를 정치적으로 이용하는 데 집중되었다. 이런 식으로 베네수엘라 정부는 카리스마가 부재한 한 지도자에게 정당성을 부여하려고 하였다. 그런데 이러한 방식은 베네수엘라가 처음은 아니었다. 이미 몇몇 국가에서도 이와 유사한 일이 있었다. 캐롤 스트롤과 맷 킬링워스가 분석한 요세프 스틸린이 흥미로운 예다.[10] 스탈린은 레닌의 영광스러운 인물형을 재활용하여 러시아 혁명을 적법화하려고 하였다. 스트롤과 킬링워스는 스탈린에 대한 개인숭배는 그의 통치하에 있는 소비에트 연방 공화국을 합법화하려는 목적을 가지고 있었다고 주장한다. 순수한 카리스마적 통치는 매우 변동적이고 불안정하다는 베버가 제시한 카리스마에 대한 원칙을 고려할 때, 카리스마에 의존하는 통치는 지도자와 추종자들 간의 상호 작용에 의존하고 있기에 진정한 카리스마 위에서 탄생한 상태를 지속시키기 위해서는 가장 안정된 형태의 권위를 획득해야만 한다. 바로 이러한 점이 볼셰비키의 유산을 유지하기 위해서 스탈린의 카리스마를 조작할 필요가 있었음을 설명해 주고 있다. 따라서 스탈린의 권력 장악 전략은 스탈린 자신이 레닌을 숭배하는 모습을 보여주는 선택으로 연결된다. 이 전략을 통해 스탈린은 공산당의 도움을 받아 등장한 관료주의자에서 역동적인 지도자로 자기 변신에 성공하였으며 소비에트 국민들의 숭배를 이끌어 내었다.

마두로 역시 스탈린과 유사한 전략을 취하였다. 스탈린의 경우와는 시간적, 역사적 상황이 상이하지만, 정권의 안정과 지속을 위해 카리스마가 결여된 한 개인을 정당화해야 할 긴급한 필요성이 스탈린과 마두로의 경우에 동시에 나타

10) C. Strong y M. Killingsworth: “Stalin the Charismatic Leader?: Explaining the ‘Cult of Personality’ as a Legitimation Technique” en *Politics, Religion, Ideology* vol. 12 N. 4, 2011.

나기에 양자의 전략은 매우 유사한 형태를 취하고 있다.

이렇게 마두로의 대통령 후보로서의 대선 운동은 차베스 자신이 육신이 부재한 상태에서 마치 또 다른 선거 여정에 참여한 것처럼 기획되었다.[11] 여당은 차베스 추종자들의 상실감을 유도하여 대선 구도에서 유리한 국면을 장악하면서 이번 대선이 이미 사망한 차베스가 4선을 위해 나섰던 대선 캠페인의 연장이라는 이미지를 부각했다.[12] 결국 누구를 대통령으로 선택할지에 대한 결정은 "차베스! 나는 마두로에게 투표를 하겠다고 당신에게 맹세합니다"라는 슬로건을 통해 고인에 대한 충성 맹세가 되어 버렸다. 여당은 차베스에 대한 충성을 상징하는 심장을 선거 캠페인 아이콘으로 이용하였다. 여기에서 "마두로, 내 가슴으로부터, 차베스여 영원하라"라는 캠페인용 문구가 나왔다.

포퓰리즘적 유산

베버에 따르면 카리스마는 일단 일상화되면 탄생 당시처럼 작용하지 않고 이미 획득된 권리들의 기초로서 작용한다. 차베스 아래에서 볼리바르 혁명은 "일상적이며 일반적인 것의 영원한 소유"로부터 '법제화의 길'로 들어섰다. 이 노력이 보여주는 여러 표식 중 대표적인 것이 차베스 프로젝트의 사회 정치적 열망에 기초와 정당성을 부여한 볼리바르 헌법의 제정과 민중의 권력이 대통령에 흡수·집중되는 포섭이었다. 이는 차베스 대통령을 "세습 귀족"처럼 만들었고, 그의

11) 차베스는 2012년 10월 대선에서 자신의 4선을 위해 건강을 고려하지 않은 채 투표장으로 갔다. 하지만 비록 대선에서 승리를 거두었지만 그는 건강의 악화로 인해 대통령 취임 선서를 하지 못하였다. 2013년 3월 5일 그의 죽음으로 인해 다시 대선이 열렸다. 이렇게 베네수엘라는 짧은 간격을 두고 두 번이나 대선을 치루었다.

12) "Canción electoral de Nicolás Maduro. Un remix de los éxitos de Chávez" en Jingle Electoral,〈http://jingleelectoral.com/2013/03/22/ cancion-electoral-de-nicolas-maduro-un-remixde- los-exitos-de-chavez/〉, 22/3/2016.

추종자들은 마치 "가솔들", "특별한 권한을 지닌 고귀한 자들", "카리스마적 운동으로부터 삶을 영위"[13]하려는 "국가와 당을 위해 복무하는 일꾼들"로서 행동하였다. 실제 차베스로의 권력 집중과 혁명 논리에 입각한 여러 공공 권력 기관의 제도화는 차베스가 보여준 행동에 매료된 그의 추종자들에 의해 정당화되었다.

마두로가 최고 통수권자의 지위에 올랐을 때는 이미 볼리바르 혁명의 일상화가 진행되고 있었다. 진정한 카리스마적 권위가 자신에게는 없다는 사실을 인식하고 있던 마두로는 멘토였던 차베스의 포퓰리즘적 연설을 모방하여 이를 보완하려 하였고 "민중과 기득권층 간의 정치적 전선"[14]을 재생산하기 위한 노력을 기울였다. 라클라우가 지적하듯이 "적에 대한 담론적 구축 없는 포퓰리즘은 존재하지 않는다."[15] 유산의 상속자가 마이크를 잡을 때마다 하는 행위가 바로 이것이다.

"민중을 증오하는 보수주의자들에 대항하여 투쟁해야 합니다" 혹은 "이곳은 제국주의자들의 군홧발이 절대 발 디딜 수 없는 신성한 땅입니다"라는 문구는 마두로가 지속적으로 내부 및 외부의 적에 대항해 분명한 선을 긋는 표현들이다. 사회·정치적 영역에서 이러한 이분법적 선 긋기는 차베스에 대한 종교적 숭상 때문에 강화되었다. 도시건 시골이건 간에 베네수엘라 전 지역에는 고인이 된 차베스의 얼굴이나 눈이 인쇄되어 있지 않은 곳이 없었다. 정부가 직접 건설한 대규모 주택 단지들에는 차베스의 서명을 매우 크게 새겨 놓았다. 시민들에게 배당된 주택에 제공되는 침대보와 식기에도 차베스의 서명을 새겨 넣었다. 차베스가 마치 세속의 예수인 것처럼 마두로 대통령은 주택 보급 사업을 "현세에서의 차베스의 기적"으로 제시하였다. 마두로에게 차베스는 "시몬 볼리바르 이후

13) M. Weber: ob. cit., pp. 857–858.

14) F. Panizza: "Introducción" en F. Panizza(comp.): El populismo como espejo de la democracia, cit.

15) E. Laclau: ob. cit., p. 59.

앞으로 다가올 세기에 있어 가장 중요한 베네수엘라의 군사 지도자"[16]인 것이다.

마두로 대통령은 자신의 정치 행위를 다수 민중과 소수 특권층의 대립 관계로 몰고 가는 분열적 담론과 죽은 "아버지 지도자"에 대한 숭배에 기반을 두었다. 또한, 동시에 예상치 못한 놀랄만한 선물을 시민에게 주는 방식을 통해 국민에 대한 접근을 시도하였다. 대표적인 경우가 대통령으로부터 직접 새 소형 트럭을 선물 받은 중년 부인의 경우다. 그녀가 이런 기대하지 못한 멋진 선물을 받은 이유는 순전히 운 때문이었다. 이 부인은 고속도로를 주행하던 중 차량이 고장났다. 이때 우연히 대통령을 태운 차량 행렬이 이 상황을 지나게 되었다. 마두로 대통령은 그녀에게 "이 차에 있는 모든 것을 꺼내 놓으십시오. 내일 제가 타고 있는 동일한 차량을 부인에게 드리겠습니다"[17]라고 약속하였다. 또 다른 경우도 있다. 버스를 타고 어느 지역을 방문하던 마두로 대통령에게 한 여성이 대통령에게 도와 달라는 메시지와 함께 자신의 연락처를 적은 망고를 던졌다. 이것을 받아 든 마두로 대통령은 TV 방송을 통해 망고를 공개하면서 그녀에게 집을 선물하였다. 이와 같은 행동들이 대통령 홍보 수단이든 아니든 간에 이 전략은 차베스와 마찬가지로 마두로 역시 기적을 만드는 존재라는 점을 국민들에게 부각하고자 하는 것이다. 하지만 이와 같은 기적은 마두로가 집권한 이후 국가가 겪고 있는 어려움 속에서 희미해져 가는 것 같다.

난제들을 극복하고 있는 것일까?

마두로가 집권한 바로 다음 해 대중 사회의 다양한 영역과 그를 친밀하게

16) "Maduro: Chávez siempre buscó completar la obra del Libertador" en *El Universal*, 5/7/2015.

17) "Maduro sorprende a familia, al bajarla de su 'catanare' y le presta su camioneta" en *Venezolana e Televisión*, 15/4/2015.

보이게 하려는 정부의 이미지 개선 캠페인이 전개되었다. 마두로는 차베스의 이미지를 이용하였지만 국민들의 정부에 대한 불만은 멈추지 않았다. 국민과 친숙한 소박한 존재로서 자신을 제시하고자 하는 노력에 있어 마두로 대통령은 "마두로는 민중이다"라는 표제에 기대었다. 그리고 마두로 스스로 자신을 노동자, 혹은 과거 자신의 직업이었던 버스 기사로 국민들에게 지속적으로 제시하였다.

그러나 마두로 행정부는 갈수록 베네수엘라 국민들의 비판적인 평가를 받았다. 베네수엘라 국내에서 가장 권위 있는 여론조사기관인 다타날리시스에 따르면 조사 대상의 84%가 현 상황에 대해 부정적으로 인식하고 있었다. 마두로가 집권한 이후[18] 차베스주의에 대한 지지율은 반 토막이 났다. 차베스가 마지막으로 공식 석상에 나왔을 때 자신을 차베스주의자라고 여긴 사람들은 베네수엘라 국민의 44%나 되었다. 하지만 2015년 7월 여론조사에서는 이 수치가 22%로 하락하였다.[19]

정부에 대한 국민적 지지도의 급격한 하락은 사회적 불안정, 빈곤의 증대, 인플레이션 그리고 생필품 부족과 같은 베네수엘라 국민들의 삶의 질 악화와 직결된다. 라틴아메리카-카리브 경제위원회에 따르면 2012년부터 2013년 1년 사이 베네수엘라의 빈곤지수가 25.4%에서 32.1%로 증가하였다.[20] 베네수엘라 최고 명문대학교 3곳의 합동 연구는 2015년 11월 현재 베네수엘라 국민의 76%가 가계 수입에 있어서 빈곤 상태에 있다고 밝히고 있다.[21] 전문가들은 2105년 한 해

18) 우리는 스스로를 차베스주의자로 간주하는 베네수엘라 국민들의 비율 하락 현상이 마두로의 대통령 당선과 동시에 시작되었다는 사실을 기억해야 한다. 마두로 대통령은 대선에서 라이벌이자 야당 대선 후보였던 엔리께 까프릴레스(Henrique Capriles)에게 1.59%의 차이로 가까스로 승리하였다.

19) "Datanálisis: Maduro bajó a la mitad el apoyo al chavismo" en *El Nacional*, 4/7/2015.

20) Cepal: "Pobreza en Venezuela aumentó a 32,1%" en *El Nacional*, 26/1/2015.

21) Victor Salmerón: "La pobreza medida por ingresos se disparó hasta 76% en Venezuela, según Encovi" en *Prodavinci*, 20/11/2015.

베네수엘라의 물가가 236.3% 인상되었다고 계산하였는데 이는 세계 최고이자 베네수엘라 역대 최고의 물가상승률이었다.[22] 사회적 불안정 역시 베네수엘라 국민들이 현재 겪고 있는 중요한 고통의 원인이다. 실제로 베네수엘라에서는 범죄가 급증하였는데 처벌되지 않은 범죄가 전체 범죄의 90%에 달할 정도다.[23]

이와 같은 상황은 필연적으로 사회적 저항으로 이어진다. 실제로 최근 베네수엘라에서는 정부에 대한 국민적 저항 움직임이 급증하였다. 이 상황을 타개하기 위해 베네수엘라 정부는 다시 차베스의 이미지를 이용하여 대응하였다. 정부는 차베스를 역경을 헤쳐 나가는 능력을 지닌 인물로 제시하였다. 하지만 앤 윌너(Anne Willner)가 지적하고 있듯이, "대중매체는 카리스마에 대한 요구를 증진시킬 수 있는 유용한 수단이다. 그러나 그 시대를 위한 카리스마 건설의 기반이 전무하거나 빈약한 곳에서 카리스마에 대한 요구를 창조할 수 있는지는 불확실하다".[24] 마두로 대통령의 권위를 정립시키려는 지속적인 선전에도 불구하고 베네수엘라의 정치 상황은 그를 유약한 통치자로 보이게 하였다. 전직 장교로 차베스와 함께 1992년 쿠데타를 주도했으며 국회 의장을 역임한 디오스다도 카베요(Diosdado Cabello)가 마두로 정권의 전지전능한 존재로 주목받았으며 대통령의 권위에 맞먹는 권력을 흡수하였다. 군부를 기반으로 하지 않은 마두로의 약점은 볼리바르 혁명의 아버지가 남긴 유산을 상징적으로 지속하기 위해 어쩌면 카베요에 의해 보충되고 있을 것이다. 마두로 정권하에서 정부 부처 중 군부 출신이 통제하는 부서가 차베스 정권과 비교했을 때 증가하였다는 점은 매우 의미심장한 사실이다.

22) "Economistas concluyeron que la inflación anualizada en Venezuela alcanzó 236,3%", video en El Nacional, 4/12/2015.

23) "Inseguridad en Venezuela: el índice de impunidad alcanza el 90 por ciento" en *Infobae*, 9/1/2014.

24) En C. Strong y M. Killingsworth: ob. cit, p. 400.

마두로주의자가 아닌 차베스주의: 새로운 정치적 정체성인가?

2015년 초 카라카스의 한 지역에서 구성된 표적 집단은 다음과 같은 증언을 하였다.

> 나는 이 나라가 변할 것이라고 예감한다. 왜냐하면, 우리가 이미 미친 상황에 있다는 사실을 보여주는 많은 일들이 일어나고 있기 때문이다. 더 이상 우리는 식료품을 구할 수 없다. 어린아이들을 키우는 많은 엄마들이 있지만, 이들은 기저귀도 우유도 구할 수 없다. 현 정권에 대한 증오가 있다. 마두로 대통령은 그 어떤 좋은 정책도 펼치지 못하고 있기에 많은 사람들이 현실에 대해 깨어나고 있다. 마두로에게 표를 던졌던 나 자신의 선택을 후회한다.[25)]

엑토르 브리세뇨(Héctor Briceño)가 지적하였듯이 마두로가 대통령직에 취임한 2013년 4월부터 2015년 6월 사이에 "1998년부터 2013년까지 베네수엘라 정치판을 지배하였던 양극 사이에서 새로운 정치 정체성들이 출현하였다. 이들 중의 하나가 바로 '마두로주의자 아닌 차베스주의자들"이다. 이것은 차베스주의라는 거대한 빙하 혹은 다도해로부터 분리되어 나온 것이다."[26)] 새롭게 형성된 이 정체성은 고인이 된 지도자가 요청한 마두로에 대한 지지와 충성이 갈수록 약화하고 있음을 보여준다. 더욱이 이는 차베스주의를 추종하였던 사람들이 가졌던 감정적 연결 고리가 전 국민이 겪고 있는 고통에 의해 급속히 붕괴하고 있음을 나타낸다. 베버가 주장한 대로 카리스마적 지도자는 "자신에게 충성을 바친, 지도

25) H. Briceño, J.L. Hernández et al.: ob. cit.

26) H. Briceño: "Chavistas no maduristas. Los nuevos actores políticos, parte 1" en *Política, UCAB*, 4/6/2015.

자가 행복을 가져다줄 것이라고 믿는 사람들이 존재한다는 사실로 인해 신성한 사명을 증명해야만 한다. 이를 실행하지 못한다면 그는 이미 명백하게 신들이 보낸 존재가 아니다"[27] 차베스는 반신(半神)과 같은 존재로 간주되었다. 마두로는 비록 차베스의 후계자이지만 차베스와 같은 카리스마를 지니지 못했으며 더군다나 지지자들로부터 외면을 당하기 시작하였다. 이는 마두로가 자신이 소속된 정당의 기간 당원을 향한 호소문에서 잘 드러난다.

> 자기 고유의 권리와 자신의 조국을 위한 투쟁의 장을 포기하는 비정치화한 민중, 탈이데올로기화한 민중은 자기 스스로가 어떻게 파괴되는지, 차베스의 유산이 어떻게 사라지는지를 인식하지 못하는 눈먼 도구일 것입니다. 혁명의 성과와 혁명 자체의 가치를 훼손시키는 이 현상과 대결해야 합니다. 혁신과 재정치화, 재이데올로기화 그리고 우리 민중의 재도덕화를 위한 과정으로 나아가야 합니다.[28]

혁명과는 작별을 고하는가?

베네수엘라의 현 상황은 볼리바르 혁명이 단지 정치인들의 담론적 영역에만 국한되어 있으며 그 활동 에너지가 소진되기 시작하였다는 인상을 던져준다. 이런 점에 있어서 라클라우의 주장은 우리에게 매우 유용하다:

> 포퓰리즘적 단절을 통해 세워진 정권은 점차 보다 제도화된 길로 들어선다. 이러한 방식으로 상이한 논리가 새롭게 확산되고, 초기 포퓰리즘적 정체성은 갈수록

27) M. Weber: ob. cit., p. 850.

28) "Presidente Maduro alerta sobre proceso de despolitización y desideologización de algunos sectores del pueblo" en *Maduro Pueblo Presidente*, blog, 2/6/2015.

정치의 효율적 기능을 잘 통제하고 조정하지 못하는, 작동을 멈춘 공허한 언어로 변모한다. 이러한 경우 우리는 구체적인 사회적 요구와 지배적인 담론 사이에 커져 가는 간극이 종종 후자가 전자를 억압하고 후자를 폭력적으로 강요하는 방향으로 흘러가는 것을 목도한다.[29]

베네수엘라 최고 지도자가 지닌 카리스마의 일상화와 연결된 혁명 과업의 제도화는 실제 차베스 대통령과 함께 시작되었다. 그러나 정부에 대한 불만족이 팽배한 다양한 민중들이 보여주고 있는 정부를 향한 비호감과 불쾌감, 또 이들의 지속적인 요구에서 표출되는 다른 논리가 마두로 집권 이후 시작되었다. 이에 민중의 모든 요구를 응축하는 논의는 라클라우가 지적하고 있듯이 공허한 언어로 변형되어 갔다. 즉, 공허하고 반복되는 언어 속에서 민중 권력을 약화시키겠다고 위협하는 적으로 규정된 상대를 불법화하기 위해 초기 포퓰리즘적 논리와 동일한 논리를 끊임없이 재생산하고 있는 것이다.

이렇게 혁명이 좌절될 가능성이 있자 마두로는 "학살과 죽음의 시간"을 공표하였다. 입법 권력을 상실할 위기에 처하자 마두로는 "만일 우파가 의회를 장악하게 되면 매우 심각한 사태가 발생할 것입니다. 거리에서 사회적인 대결이 생기게 될 것입니다. 저는 혁명을 수호하기 위해 민중과 함께 거리로 나서는 첫 번째 투사가 될 것입니다"[30]라고 말했다.

마두로 대통령의 이러한 위협과 여당으로서 지니는 선거 구도에서의 장점에도 불구하고, 2015년 12월 6일 총선에서 야당연합인 민주통일회의(MUD)가 여당이 획득한 의석의 두 배가 넘는 112석을 얻어 승리하였다. 이와 같은 결과는 국민들이 야당에게 의회의 절대다수를 허용해 주었다는 사실을 의미하며 또한, 국가

29) E. Laclau: ob. cit., pp. 67–68.
30) Cit. en *El Nacional*, 22/6/2015.

권력의 균형을 대폭 변화시켰다.[31] 이것은 혁명에 대한 민중 주체의 정서적, 정치적 충성심의 명확한 붕괴를 가져올 수 있을 것이다. 마두로 대통령은 공식적으로 총선 패배를 인정하였지만 "새로운 2월 4일 혁명(1992년 쿠데타 발발일)을 경험할 수 있게 하는, 또한, 혁명에서 민중의 힘을 재탄생시킬 수 있도록 하는 혁명적 전략"[32]의 필요성을 주장하였다.

유가 폭락으로 인한 원유 수출액의 심각한 감소는 포퓰리즘적 분배에서 대통령이 취할 수 있는 조치를 매우 축소시켰다. 이것은 혁명이 직면하고 있는 심각한 어려움을 헤쳐나갈 수 있는 방법이 마두로에게 거의 없다는 사실을 의미한다. 마두로 대통령의 카리스마 부재는 모순을 극대화하였다. 역설적이게도, 혁명의 지속을 위해 차베스 자신이 지명한 후계자가 혁명을 심각한 위험에 빠뜨린 것이다. 그러나 차베스 행정부 때와 마찬가지로 마두로 정권의 권위적인 핵심 멤버들이 자신의 권력을 통하여 대통령의 통치권을 유지하기 위해 모든 것을 할 것이다. 하지만 이것은 통치 행위에 있어 심각한 문제들을 가져오게 될 것이다.

결론

마두로가 베네수엘라의 대통령에 당선되는 과정에서 여당은 볼리바르 혁명의 진행 과정에서 보여진 우고 차베스의 절대적인 카리스마를 부각시켰다. 그의 후계자에 있어 이와 같은 조건의 부재를 정부 여당은 여론 조작을 통하여, 또한, 포퓰리즘적 연설 내용을 대립적으로 끌고 가는 전략을 통하여 극복하려 하였

31) 의회에서 과반이 넘는 의석을 차지한 것은 다양한 권력을 행사할 수 있음을 의미한다. 예를 들어 새로운 제헌 의회를 소집할 수 있고 정부 조직법을 조정할 수 있으며 대법원 판사를 해임할 수 있고 시민 권력 기관의 장을 선출할 수 있다.

32) "Marea de pueblo acompañó a Maduro en asamblea popular" en *Aporrea*, 10/12/2015.

다. 그리고 대립적 각을 세우는 마두로의 이러한 연설은 갈수록 공허해졌고 동일한 내용을 반복하였다. 베네수엘라 국민들이 현재 경험하고 있는 급격한 삶의 질 악화로 인해 볼리바르 혁명의 연속성은 심각한 위기에 직면하고 있는 듯하다. 총선에서 야당의 명백한 승리는 이런 상황과 일치한다. 마두로 대통령이 보여주고 있듯이, 카리스마가 부재한 정부의 포퓰리즘적 전략은 차베스에 의해 시작된 혁명을 지속할 수 있는 능력이 없음을 나타내고 있다. 더욱이 원유 수출액의 급격한 하락이라는 상황 속에서 베네수엘라 정부의 능력 부재는 한층 더 드러나고 있다.

정동희 옮김

야권이 된 아르헨티나 페론주의의 한계와 도전

호세 네이턴슨

기자, 정치학자, 《르몽드 디플로마티크》 국장

원제와 출처: José Natanson, "Límites y desafíos del peronismo en la oposición: Un Terminator de metal líquido", *Nueva Sociedad*, No. 266, noviembre–diciembre de 2016, pp.45–56.

핵심어: 페론주의, 크리스티나 페르난데스 데 키르츠네르, 마우리시오 마크리, 아르헨티나, 중남미, 라틴아메리카

2015년 10월 대통령선거에서 중도우파 마우리시오 마크리(Mauricio Macri) 후보의 승리는, 페론주의로 하여금 민주주의가 회복된 이래 유례없는 자기반성의 과정에 직면하게 했다. 12년간의 키르츠네르 정부를 마감한 이번 페론주의의 패배는 1983년 재민주화 이후 세 번째인데, 아르헨티나의 가장 중요한 두 개의 구역인 부에노스아이레스 시와 부에노스아이레스 주에서뿐만 아니라 전국적으로 그 패배가 뚜렷했다. 이번 사태는 큰 혼란을 야기했다(1999년 대통령선거에서 페론주의가 패했을 때는 쇼크가 덜했다. 대부분의 주(州) 정부에서 페론주의가

정권을 유지했고 온갖 일에도 불구하고 페론주의의 두 지도자, 카를로스 메넴(Carlos Menem)과 에두아르도 두알데(Eduardo Duhalde)가 버텨냈기 때문이다).

1940년대 중반 후안 도밍고 페론(Juan Domingo Perón)을 중심으로 형성된 페론주의는 실세 정당으로 태어나 70년간이나 살아남았으며, 지금도 아르헨티나의 가장 강력한 정치적 정체성이다. 국민이 반대편에 서 있는 불편한 상황에서, 페론주의는 신흥정부에 대해 온건적인 반대를 표하는 분파(어떻게 보느냐에 따라, 비판적으로 협조하는 파), 전면적인 반대를 행사하는 키르츠네르주의 분파, 그리고 갈팡질팡 망설이고 있는 세 번째 파로 나뉘어있다. 본 글은 페론주의의 현 상황과 미래를 위한 도전에 대해 분석할 것이다. 그러나 그에 앞서 어떻게 해서 페론주의가 현재에 이르게 되었는지 이해할 필요가 있다.

패배

왜 페론주의는 패했을까? 첫 번째 이유는 경제적인 것이다. 2003년 5월 네스토르 키르츠네르(Néstor Kirchner)가 집권하면서 보인 눈부신 성장과 사회지표 개선이 2008년부터 주춤하기 시작했다. 당시 아르헨티나 경제는 세계금융위기에 의한 충격을 겪었다. 정권 초기의 약진을 설명해주는 요인들, 즉 원자재 가격 상승과 유휴인력 활용 덕분에 기업 및 금융부문의 높은 수익률을 중·하층민을 위한 복지 확대와 잘 융합한 능력은 더 이상 과거처럼 효력을 발휘하지 못했다. 순풍이 역풍으로 선회하기 시작함에 따라 에너지, 세계 매장량, 자본재 등의 재고가 점차 소진되었다. 2008년부터 줄곧 연간 25%를 상회하던 인플레이션은 이런 긴장 상황을 잘 보여준다.

아르헨티나 역사에서 숱하게 그랬듯이, 무역흑자는 일정 기간의 성장 후 적자로 변하였다. 산업 부문에서의 수입 증가, 에너지 수지의 불균형, 심지어 관광수지 적자로 인해 우려스러운 '대외 긴축'을 다시 도입했다. 경제학자 알도 페레르(Aldo Ferrer)는 대외 긴축을 아르헨티나 국가 경제의 '태생적 결함'으로 규정하였다.[1] 실제로 어느 시점부터 농업 수출부문의 흑자가 경제의 나머지 분야를 보충할 만큼 충분치 않았다.

이런 긴장 상황에 대한 키르츠네르 정부의 대응은 일련의 경제적 규제(수입의 통제와 환율의 실질적 이중화)와 국가 개입주의(아르헨티나 석유공사 YPF의 국영화)를 통한 '결핍 관리' 정책이었다. 이 정책의 목적은 사회지표를 유지하고 2015년 10월 선거 이전의 파열을 피하는 것이었다. 마티아스 쿨파스(Matías Kulfas) 전직 경제부장관의 말대로, '모델 심화'에서 '모델 유지'로 전환한 것이다.[2] 이 전략은 복합적인 결과를 낳았다. 과거 경기순환이 사회분열, 금융위기, 정치적 갈등으로 끝났던 것과 달리, 키르츠네르주의는 경제의 총체적 위기를 면하는 데에는 성공했다. 하지만 그 유산으로 그리 전도유망하지 실망스러운 상황을 가져왔다.

그런 점은 다음 자료에서 뚜렷이 드러난다. 네스토르 키르츠네르의 임기(2003~2007) 동안 8.8%에 달하던 연평균 GDP 성장률이 크리스티나 페르난데스(Cristina Fernández)의 첫 임기(2007~2011)에는 6.2%, 두 번째 임기(2011~2015)에는 겨우 1.1%밖에 되지 않았다. 그 외에, 같은 기간을 거치며 산업생산의 성장률은 10.4%에서 8.6%로, 그리고 다시 0.8%로 하락했으며, 건설업 성장률은 15.6%에서 5.7%로, 그리고 2.1%로 하락했다. 노동시장에서는 공식부문 고용이 키르츠네르 정부의 첫 임기 동안 아주 큰 폭인 10.6% 성장했고, 두 번째 임기 때 1.9%, 세 번째 임기에는 단지 0.4% 증가했다. 첫 임기 동안 21.2% 증가한 수출은

1) A. 페레르: "아르헨티나 경제의 태생적 결함"(El pecado original de la economía argentina), 《르몽드 디플로마티크》 남부원뿔꼴국가 판 177호. 2014년 3월 발행.

2) M. 쿨파스: 『세 개의 키르츠네르주의』(*Los tres kirchnerismos*), Siglo xxi, 부에노스아이레스, 2016.

두 번째 임기에 5.2% 증가했고, 세 번째 임기에는 4.2% 하락했다. 인플레이션은 11.4%에서 22%로, 그리고 다시 28.2%로 증가했다. 전반적인 여건을 보면, 아르헨티나 경제는 2003년 이래 지역 평균보다 더 많이 성장했지만 2012년부터는 성장이 내리막길을 걷기 시작했다.[3)]

이러한 경제적 지표의 쇠퇴와 더불어, 페론주의가 선거에서 패배한 두 번째 이유는 그때까지 정부를 지탱하던 사회적 동맹의 느리지만 확연한 위기다. 완전한 포퓰리즘으로서 다(多)계급주의적인 키르츠네르주의는 자신의 선거기반을 형성하는 다양한 집단을 위한 구체적인 전략을 구사했다. 그 결과, 가장 빈곤한 부류들과 전형적인 페론주의 관계를 형성하였다. 그 전략에는 페론주의에서 나타나는 가장 환상에 가까운 "상징적인 포함 이외에, 완전에 가까운 고용, 인플레이션을 상회하는 급여인상, 자녀수당(AUH)[4)]과 퇴직연금, 소비재 공급, 파벌기관의 효율성이 포함되었다.

다양한 중산층 부류와 키르츠네르주의와의 관계는 덜 일률적이었다. 키르츠네르주의는 전통적인 또는 상위 중산층과 반목적인 관계를 유지했다.[5)] 전통적 중산층은 10년간 거시경제의 안정, 소비 확대, 그리고 관광업을 높이 평가한 반면, 동시에 부패와 달러 매입 규제 같은 수단을 문제 삼았다(아르헨티나 중산층에게는 값싼 달러화가 자산을 보호하는 중요한 피난처이자 최우선으로 필요한

3) 같은 책에서 택한 출처, 48-49쪽.

4) 자녀수당(Asignación Universal por Hijo: AHU)은 실직자, 불법노동자, 최저임금 이하의 소득자들에게 제공하는 아르헨티나의 사회보장제도다. 18세 미만 자녀나 장애아가 있는 시민을 대상으로 한다-옮긴이.

5) 엑토르 팔로미노와 파블로 다예의 자료에 따르면, 상류층(대기업주, 중견기업주, 최고위 임원)은 인구의 0.8%에 해당하는 한편 상부 중산층(자유전문직, 소기업주, 평임원, 월급을 받는 전문직)은 10.3%에 상당한다. H. Palomino y P. Dalle: "직업변화가 아르헨티나 사회구조에 미치는 영향: 2003-2011년"(El impacto de los cambios ocupacionales en la estructura social argentina: 2003-2011), *Revista del Trabajo* año 8 No 10, 7-10/2012.

것이다). 10년 동안 정반대의 두 입장, 즉 중산층을 증오하는 '고릴라'[6]로 대표되는 소수 과격 키르츠네르 지지세력과 성난 '냄비 시위자들'[7]로 대표되는 소수의 극단적인 키르츠네르 비판론자들이 정부에 대한 가장 강력한 목소리를 냈다.

정치적으로 의미 있는 또 다른 중산층 부류는 신흥 중산층이다.[8] 키르츠네르 정부는 고용, 재산업화, 노조 활성화에 관한 대책으로, 자동차, 철강, 제련의 근대산업 부문의 공식 노동자, 소상공인, 자영업자 등으로 이루어진 사회집단을 확산하는 데 기여했다. 역설적인 점은, 라틴아메리카의 다른 국가들, 특히 브라질에서 증가 추세에 있는 이런 사회적 부류가 크리스티나 페르난데스의 두 번째 임기 이래 특히 두 가지 논제와 관련해 정부와 정치적 불화를 빚었다. 그 첫 논제는 상위 10% 고소득자에게 타격을 주는 '소득세'에 대한 것이고, 두 번째 논제는 이 사회 부류의 지리적 위치(부에노스아이레스 주의 광역도시권) 때문에 이들에게 영향을 미치는 도시 치안 악화, 개인 보안 서비스 문제, 그리고 직업 유형이다. 키르츠네르주의가 2001년 위기의 잿더미에서 재건한 신흥 중산층의 조합 대표인 우고 모야노(Hugo Moyano)의 이름을 딴 '사회적 모야노주의'에 관한 것이었다. 그럼에도 불구하고 모야노는, 이 신흥 중산층은 자신을 제지하고자 거의 아무것도 하지 않은 정부에 반대하는 축 중의 하나로 변했다.[9] 앞으로 이 글에서 분석하겠지만 신흥 중산층의 상당수가 페론주의 분파를 지지했고, 그렇게

6) '고릴라(Gorila)'는 역사적으로, 반페론주의자들에게 붙인 경멸적인 용어다.

7) 키르츠네르 정부에 반대하는 '냄비 시위'를 가리킨다.

8) 팔로미노와 다예의 의견에 따르면 '하부 중산층'은 마이크로 기업가(직원이 5명 이하인), 자신의 설비를 갖춘 독립사업경영인, 기술자, 교육자, 복지 노동자, 행정직원으로 구성되어 있다. 여기에 숙련노동자 중 가장 상부에 있는 분야가 더해진다. 이들은 전체 인구의 36.1%에 상당한다. H. Palomino y P. Dalle: 같은 책.

9) 모야노 노동조합위원장은 2010년까지만 해도 크리스티나 페르난데스 대통령을 지지했으나 페르난데스 대통령이 전국노동자총연맹(CGT)에 반감을 드러낸 것으로 알려지면서 '반 페르난데스 전선'의 핵심 인물 중 한 명으로 부상했다 – 옮긴이.

해서 2015년 선거에서 키르츠네르주의의 앞길을 막아섰다.

마지막 원인은 엄밀히 정치적인 것이다. 키르츠네르주의의 제도적 지주였던 지지자들은 적어도 2011년부터 점진적으로 분열하였다. 본질적으로 키르츠네르의 패배는 2011년 대선 확신에 대한 크리스티나 페르난데스의 잘못된 판단의 결과였다. 민주주의에서는 대다수의 일이 항상 유동적이라는 점을 잊은 채, 재선 때 획득한 54%의 득표율이 영원히 유지될 것이라고 착각하고 새로운 부류와의 교류를 뒷전으로 했다. 키르츠네르주의는 일종의 '소수의 포퓰리즘'을 고집했고, 그렇게 해서 중요한 사회 부류, 특히 전에는 키르츠네르주의와 함께 했던 신흥 중산층을 멀어지게 했다. 이들은 키르츠네르주의에 분노해서 그것을 거부했다기보다는 싫증이 나거나 무감각해지면서 멀어진 것이었다. 키르츠네르주의는 중산층을 '선하거나 악한 존재가 아니라 그저 바꿀 수 없는 존재로 단정했고, 중산층을 운에 맡기기로 한 것이었다.

2013년 의회선거 패배에서 명확해진 정부의 약화를 되돌리려는 시도가 있었지만, 결과적으로 역효과를 냈다. 2003년 5월에 출범한 이래 키르츠네르주의는 정치·경제를 변화하겠다는 의지와 사회질서를 확보하겠다는 의지 사이에서 매우 생산적인 양면성을 드러내 왔다. 다른 위대한 양대 페론주의 지도자인 페론과 메넴처럼 키르츠네르는 변화를 일으킬 뿐만 아니라 질서를 구축했다. 키르츠네르는 개혁주의자였으나 긴장을 잔뜩 한 개혁주의자였고, 우고 차베스보다 원기가 덜하지만 마찬가지로 불안했다. 키르츠네르주의는 관리와 변화, 일과 업적 사이에서 내내 갈피를 못 잡다가 2010년 네스토르 키르츠네르 전직 대통령이 서거하면서 차츰 균형을 잃었다. 크리스티나의 정권에서는 권력은 키르츠네르 정권보다 더욱 이념적이고 중앙집권적이며 덜 실용적이 되었다. 결국, 사회를 피곤하게 만드는 하나의 담론이 된 것이다.

여타 라틴아메리카 정부에도 존재하는 현실과 담론의 괴리[10]는 정부와 동행하던 사회적 기반 중의 일부가 나타낸 불쾌감에서 비롯되어, 키르츠네르주의 공무원들의 부패에 대한 비난이 확산되면서 악화하였다. 부패 그 자체가 선거를 결정짓지는 않지만[11] 분노의 요인으로 작용하고, 결정적인 역사적 순간에 극적 흥미를 더하는 요인으로 작용한다. 부패는 항상 존재한다. 어떤 정부도 부패로부터 자유롭지 못하다. 그러나 사회가 부패에 대한 폭로를 귀담아듣게 하는 분위기가 조성되어야 한다. 2015년 말엽에는 그런 분위기가 형성되었다.

끝으로, 페론주의의 패배는 다니엘 시올리 주지사가 나선 선거 구도 자체로 설명된다. 시올리는 여러 차례 자신의 충절을 보여주었음에도 과거에 메넴을 지지한 이력, 개인적 스타일, 그리고 평판이 별로였던 지방관리로서의 경험 때문에 키르츠네르주의의 순혈로 여겨지지 않았다. 최근 몇 년간 키르츠네르주의 정부는, 선거잠재력을 갖추고 동시에 자신의 이념을 풍부한 표현력으로 전달할 수 있는 지도자들이 없어서 난항을 겪었는데, 그 결과 네스토르 키르츠네르와 크리스티나 키르츠네르라는 두 거물에게 집중하는 방식으로 정치 구도를 설계하였다. 선거철이 되어서야 크리스티나 키르츠네르 대통령은 부분적으로만 키르츠네르주의를 대표하는 시올리를 선택했다. 그러나 시올리 이외의 후보가 될 만한 사람들은 거의 알려지지 않거나 부정적 이미지가 강한 인물들이었다. 그중에서도 바로 부에노스아이레스 주지사 후보로 출마한 내각의 수장 아니발 페르난데스(Aníbal Fernández)가 대표적이다. 결국 키르츠네르주의의 '견고한 핵심'과는

10) 파블로 스테파노니: "여명인가, 황혼인가? 21세기 사회주의의 지형과 긴장"(¿Alba o crepúsculo? Geografías y tensiones del socialismo del siglo xxi), Andrés Malamud, Marcelo Leiras y P. Stefanoni: 『왜 좌파는 후퇴하는가?』(*¿Por qué retrocede la izquierda?*), Capital Intelectual / Le Monde diplomatique, Buenos Aires, 2016.

11) 세바스티안 페레이라: 『정치와 투명성. 공동문제로서의 부패』(*Política y transparencia. La corrupción como problema público*), Siglo xxi, Buenos Aires, 2013.

무관하지만 유명하고 인기 있는 대선후보, 그러면서도 부통령과 입법부의 상당 부분이 충실한 키르츠네르주의자일 대선후보를 뽑은 것이다. 이는 약함과 절박함에서 비롯된 모순이자 전술적 교활함이라고 할 수 있다.

야권 진영

페론주의는 2015년 선거 이후 크게 약화된 상태다. 정부의 지휘권과 선거 전략이 페론주의의 내적 분파인 키르츠네르주의의 손에 있었지만, 위기는 당 전체로 확산되었다. 페론주의는 30년 만에 처음으로 연방정부의 지배권, 부에노스아이레스 주의 지배권, 부에노스아이레스 자치시의 지배권을 동시에 잃었다. 즉, 아르헨티나의 가장 중요한 세 개 정부에 대한 지배권을 잃은 것이고 여기에는 예산, 자원, 기구 등을 포함한다. 또한, 20년 전부터 통치한 후후이 같은 주에서 패하였고, 부에노스아이레스 주 광역도시권의 6개 시(市)에서도 패배했는데 이 시들은 인구 면에서 실질적인 주(州)에 맘먹는다. 그리고 결정적으로 모든 주요 도시에서 완전히 패배했다. 패배 이후의 분열로 인해 페론주의자들은 하원 의회 의석 대다수를 빼앗겼다. 다만 상원에서는 자신들의 연합체를 유지하고 영향력을 행사하는 데 성공했다.

이런 상황에서 페론주의가 분열되는 건 전혀 이상하지 않다. 대통령제 민주주의 국가의 상당수가 그렇듯이 아르헨티나에서 정치권의 주요 조직자는 정부고, 나머지 행위자들은 정부 주변에서 구축되고 입장을 취한다. 그러므로 페론주의가 분열된 첫 번째 이유는 마크리 정부와의 관계 때문이다. 패배가 알려지던 때부터 두 개의 입장이 두드러졌다. 한쪽은, 개혁전선(Frente Renovador)에 몸담고 있는 페론주의 이탈자들이다. 개혁전선은 2013년 의회선거에서 키르츠네르주의에게 승리했으며, 2015년 대통령선거에서도 선전하여 세 번째로 높은 득표를 했다. 시장을 역임했고 키르츠네르 정부에서 고위공직자로 일했던 젊은 세르히오 마사(Sergio Massa)가 이끄는 이 정파는 부에노스아이레스 주의 여러 시장, 아르헨티나에서 두 번째로 중요한 주인 코르도바의 주지사, 그리고 키르츠네르의 오래 집권 기간 동안 요직을 맡았던 다수 인물들의 지지를 받고 있다. 개혁전선이 선거 캠페인에서 제안한 공약은 키르츠네르주의와 마크리주의 사이에 제3의 길('중도적 대로')을 건설하는 것이다. 이는 개혁전선이 자본세탁과 같은 가장 논쟁적인 법안을 포함해 정부가 제출한 법안 대부분을 지지하리라는 것을 가리킨다. 그리고 동시에 페론주의 연합체와 함께 해고 배상금 총액을 올리는 법안 같은 자신들이 발의한 법들을 추동하리라는 것을 나타낸다. 해고 배상금 총액 관련 법안은 추후 마크리 대통령이 거부권을 행사하였다.

개혁전선은 무엇인가? 불만에 찬 이 페론주의 분파에 대한 정치적·이념적 정의를 찾기는 어렵다. 왜냐하면, 그들의 문제 제기는 기본적으로 전술적 필요성과 지도자의 직관에 의해 동기가 부여되기 때문이다. 개혁전선은 보통 이전 정권의 '포퓰리즘'과 현 정권의 '신자유주의'에 대한 대안으로 소개된다. 그럼에도 불구하고, 마사의 리더십 아래에서 일어난 빈번한 탈당과 재입당을 비롯한 불안정하고 변동이 심한 상황에 대해 더 많이 논의된다. 내년 부에노스아이레스 주의 의회선거에서 마사가 우위를 점할 가능성이 높다고 여러 설문조사가 일치된 결과를 보이는 것이 안 그랬으면 필시 사방으로 흩어질 수도 있는 세력을 하나로 유지하는 데에 기여하고 있다.

마사가 이끄는 페론주의 이탈자들에 맞서 키르츠네르주의는 타협하지 않는 야당으로 소개된다. 키르츠네르주의는 페론주의와 공식적으로 단절하지 않은 채 의회 내에서 영향력을 유지하고 있다. 약 하원 30명, 상원 15명인 키르츠네르주의 의원들은 거의 모든 여당의 발의에 반대표를 행사했고, 그중에는 나머지 페론주의 대표자들이 참여한 발의도 있었다. 이 입장은 물론 이전의 경제정책과 대조적인 마크리의 신자유주의 정책에 대한 비판과 궤를 같이한다. 페론주의의 키르츠네르주의 분파가 이런 역할을 가능하게 한 것은 권력의 제도적 분배다. 정권에서 물러난 후 키르츠네르주의는 지방 정부들에서도 거의 세력을 유지하지 못했다. 산타크루스 주와 몇 안 되는 시정부에서의 요새를 제외하면 키르츠네르주의는 지방정부를 장악하지 못하여, 자금, 업무, 예산을 놓고 연방정부와 부득이하게 협상할 필요도 없다. 이런 의미에서, 키르츠네르주의는 정부와의 관계에서 '자유로운 손'을 가지고 행동할 수 있는 중대한 자율을 누리고 있다.

그러나 이 명백한 장점은 결과적으로 위험할 수 있다. 관리의 부담이 없는 키르츠네르주의는 페론주의의 나머지 분파들과의 연합 시나리오를 구상할 가능성을 스스로 거부할 유혹에 빠질 수 있기 때문이다. 키르츠네르주의는 십여 년 만에 처음으로 페론주의 분파들을 통솔하지 않는다. 크리스티나 키르츠네르를 제외하고 키르츠네르주의 지도자들이 선거에서 잠재력이 부족하다는 사실 때문에 문제는 더욱 악화된다. 이런 틀에서 보면, 키르츠네르주의는 미래 지향적 사회에 새로운 것을 전혀 제시하지 못한 채 사회적 분위기를 잘못 해석할 우려가 있으며, 자화자찬하며 오로지 과거에 얻은 것을 지키려는 담론에 갇혀버릴지도 모른다. 여기에서 미래 지향적 사회란 도시 젊은이처럼 매스컴의 영향력은 많지만 선거기회가 제한적인 중산층의 정치·문화적 흐름을 가리킨다. 크리스티나 키르츠네르 본인도 '시민연합' 형성을 다소 모호하게 계획하면서 그 흐름에 신경을 썼던 것 같다. '시민연합' 형성은 약간의 개방성을 암시하는 것 같으면서도 키르츠네르주의를 통합한 다양한 집단에 의해 아무 구체적인 변화도 가져오지 않았다. 그것은 아마 그들이 어떻게 변화시켜야 할지 모르기 때문인 것 같다.

페론주의의 대다수는 양극단인 마사주의적 협상된 협력 전략과 키르츠네르주의의 반대 입장 사이에 위치한다. 이들은 주지사(24명 중 16명), 시장, 국가와 주 정부의 입법자 등으로 구성된 '국민적 보수주의'의 범주 아래에서 이념적으로 통합 가능한 이질적인 집단이다. 이들은 아르헨티나의 주요 정치세력이자 영토와 입법에 있어서 큰 영향력을 끼치는 세력인데, 오늘날 모든 이로부터 인정받는 리더십은 부족하지만 이들의 주지사들은 큰 영향을 끼치고 있다.

이런 점에서 아르헨티나가 연방정부에 일부러 권한을 위임한 경우를 제외한 주지사들이 모든 권력 수단을 유지하는 연방 국가라는 점을 기억할 필요가 있다. 다시 말하면, 주지사들이 자신의 관할구역 내에서 보건, 교육, 치안을 책임지고 공무원의 3분의 2를 관리하며 세금을 결정할 권한을 가지고 있다. 그럼에도 불구하고 재정 면에서는 취약하다. 최근 수십 년간 재정의 중앙 집권화는 주지사들로 하여금 자신의 생존을 위해 점점 더 중앙정부에 의존하게 만들었다. 실제로, 지방정부는 지출의 60%를 집행하지만 고작 30%만 징수한다. 이러한 약한 부분을 통해 연방의 헤게모니가 주지사들에게 침투한다. 그리고 오늘날 그 통제 장치는 마크리주의의 수중에 있다.

이런 그림은 두 가지 이유로 인해 악화된다. 지방에서 집행되는 자금의 일부, 특히 토목공사에 집행되는 자금 일부가 중앙정부에 의해 다소 임의로 배분된다. 그러나 자동으로 분배되는 그 자금(중앙정부가 매달 주 정부로 송금해야 한다는 법에 따라 조성된 자금)조차 부족하고, 결국 이로 인한 주 정부에서의 만성적 적자는 중앙정부로부터 매달 분배되는 자금을 미리 당겨쓰는 상황까지 가져왔다. 이로써 주 정부는 재차 중앙정부의 재량 아래에 놓인다.

일반적으로 각 주들은 정치의 하부조직으로 기능하고, 그 안에서 주지사는 오로지 자신이 통치하는 선거구민들의 표와 중앙정부와의 협의에 의존한 채 얼마 안 되는 내부적 보상을 받으며 일종의 '미니대통령'처럼 활동한다. 키르츠네르주의는 10년간 통치하며 노력했지만 성벽 같은 주지사들의 요새에 들어가지 못했고, 기껏해야 주지사들과 전술협정을 맺었을 뿐이다. 키르츠네르주의와 가장 빈틈없는 이데올로기적 조화를 이뤘던 소수의 주지사들은 임기가 끝났다.

권력은 있으나 재정적으로 의존적인 주지사에 대한 정치적 반응은 중앙정부의 하원의원과 상원의원의 표결인데, 이들은 대개 마크리 정부의 발의에 우호적으로 반응하고 마크리는 이를 통해 성공적 입법을 하나하나 이루어냈다.

물론, 이런 상황을 영원히 보장해주는 건 아무것도 없다. 비록 지금은 주지사들이 실제적인 힘을 행사하고 또 피난처의 기능을 해 주는 자신의 관할 주에서 권력을 유지하는 것만큼 중앙정부 정책에 대해 저항하는 일에 큰 관심을 두고 있지 않다. 하지만 평판이 나쁜 중앙정부와 동행할 수는 없으며, 그렇다고 국가적 대안을 건설할 때는 야망 때문에 때가 되어도 스스로 빠져나올 수 없다.

페론주의의 야권을 형성하는 세 개의 분파, 즉 키르츠네르주의, 개혁전선, 주지사들이 주도하는 나머지 페론주의는 이념적으로 다른 내부 노선들로 보일 리 만무하고 뚜렷하게 분리된 세력으로 보이지도 않을 것이다. 지도자들, 입법자들, 그리고 내부 집단들이 오고 가고, 모이고 계산하며 그 경계를 활발히 이동한다. 이들 외에, 페론주의 내에는 상당히 영향력을 행사하는 또 다른 권력 분파 두 개가 활동한다. 사회운동, 그중에서도 실업자, 서민 노동자, 협동조합 운동주의자를 핵심적으로 다루는 사회운동이 대도시 근교에서 두드러지게 눈에 띈다. 그리고 힘겨운 재통합 과정을 막 마친, 그리고 마크리 경제정책의 신자유주의적이고 탈산업적인 국면에서 차츰 중심적인 지위를 차지하고 있는 노동조합운동이 두드러진다.

선거

아르헨티나 역사상 민주적으로 선출된 최초의 우파 대통령 마크리는 집권 이후 일련의 거시 경제적인 구조조정 정책(이자율 상승, 무역개방, 공공지출 삭감, 대외적 채무)을 실시하며 키르츠네르주의로부터의 변화를 가져왔다. 그 결과,

실업이 증가하면서 사회가 급속히 퇴보했다. 현재 실업률은 9.3%이고, 빈곤율은 32.2%에 달한다.[12] 그러나 동시에 마크리주의는 키르츠네르주의에 의해 만들어진 광범위한 사회보장제도는 손대지 않고 확장하였고, 페론주의의 대표인 주지사와 입법자, 노동조합원과 사회운동가들과 대화하고 교섭하기 위해 매우 유연하게 행동하며, 설문조사에서 사회경제적 상황을 고려해 볼 때 놀라울 정도의 지지율을 유지하고 있다.

아르헨티나 정치에서 기존과 전혀 다른 새로운 성격의 정부 앞에서 페론주의는 분열되어 있다. 반세기 전 사회복지정책, 공업화, 페론의 복위 이후 페론주의는 항상 비유기적이고 운동 지향적인 성격을 지녀왔다. 페론주의는 어떤 이에게는 전통적인 정당이라기보다는 정치 정체성이다. 그리고 페론주의는 1955년에 페론을 권좌에서 축출한 첫 쿠데타에도, 이후 18년간의 추방과 박해에도, 1973년 지도자인 페론의 귀환에도, 1976년 군부독재로 이어지는 내전에도 살아남았다. 그뿐만 아니라 1983년 민주주의가 회복된 후 치른 첫 선거의 패배에도, 1990년대 카를로스 메넴의 연임 정부 하에서의 신자유주의로의 환원에도, 2001년의 경제위기에도, 그 후 키르츠네르주의에도 살아남았다.

60년간의 역사에서 페론주의는 시대에 적응하는 모방 능력을 보여주었다. 이런 의미에서 두 개로 나뉘었다가 다시 합쳐질 가능성이 페론주의의 큰 장점이다. 페론주의는 영화 〈터미네이터〉 시리즈의 두 번째 편에 등장하는, 액체금속으로 만든 터미네이터 T-1000처럼 다양한 형태를 띨 수 있고, 점액질의 덩어리로 분리될 수도, 또다시 하나로 결합해 계속 걸어 다닐 수도 있다. 그러기 위해서는 민주주의의 필수적인 도움이 필요하다. 1983년 이후 페론주의는 선거를 통해 내부적 갈등을 해결했다. 안토니오 카피에로(Antonio Cafiero)가 이끈 혁신파

12) 국립통계센서스연구소(Datos oficiales del Instituto Nacional de Estadísticas y Censos)의 공식자료.

는 정당 밖에서 입후보하면서 에르미니오 이글레시아(Herminio Iglesias)의 정통성보다 우위를 점했다. 그 후 메넴은 1988년 카피에로에게 승리했고, 키르츠네르는 2003년 대통령선거에서 메넴을 이겼으며(메넴의 기권때문에), 끝으로 크리스티나 페르난데스는 2005년 의회선거에서 두알데주의를 격파하였다.

따라서 2017년 선거는 페론주의의 미래를 결정짓게 될 것이다. 특히 크리스티나를 대권후보로 내세우길 꿈꾸는 키르츠네르주의와 마사가 이끄는 인물들이 경합을 벌이게 될 부에노스아이레스 주의 선거 결과가 그러할 것이다. 그 결과는 페론주의가 마크리주의와 맞서는 2019년 대선에 관한 정당의 힘의 균형을 기울이기 시작할 것이다. 현재 주지사, 시장, 입법자들로 이루어진 다수파는 리더십에 대해 고민하고 있다. 그 고민이 끝날 때, 우리는 페론주의가 어디를 향하고 있으며, 새로운 역사적 시기에 성공적으로 적응할지 알게 될 것이다.

조혜진 옮김

제2부 경제

라틴아메리카의 노동시장: 과거, 현재 그리고 미래

다니엘 올레스커

우루과이 공화국 대학교 경제학 교수

원제와 출처: Daniel Olesker, "El mercado laboral en América Latina: pasado, presente y futuro", *Nueva Sociedad*, No. 264, julio-agosto de 2016, pp.63-71.

핵심어: 노동자계층, 워싱턴 합의, 사회적 권리, 고용, 중남미, 라틴아메리카.

예전의 상황

라틴아메리카에서 노동에 대한 전망은 현재에서부터 출발해야 한다. 그러한 의미에서 우리는 1960년대 후반부터 21세기 초반에 이르는 기간 동안 라틴아메리카가 겪은 임금과 고용 환경의 심각한 쇠퇴 과정의 단절을 부각시킬 필요가 있다. 라틴아메리카에서는 워싱턴 컨센서스를 토대로 강력한 개방 및 탈규제 과정이 시작되었는데 이러한 과정은 그때 당시까지 지배적이었던 국가주의 논리를 약화시켰다. 1970년대(대부분 군사독재 치하 시절)에 시작되어 1980년대에

굳건히 자리를 잡은 경제개혁조치들은 외부에 대한 개방과 내수 시장의 자유화를 주요한 축으로 삼았다. 따라서 국가의 개입은 최소한으로 축소하였고 사회복지의 상품화, 해외직접투자 유입 및 금융의 원활을 위한 개방 및 탈규제, 그리고 공기업의 민영화가 강조되었다.[1] 노동시장의 경우 이러한 정책은 노동조건의 유연화 및 탈규제로 나타나 노동계층에 대한 보호를 매우 약화시켰다.

자유화, 탈규제 및 개방 모델의 결과는 어떠했는가? 우리가 분명히 말할 수 있는 점은 이 기간에 노동자 계층에 대한 사회적 차별과 더불어 실업 증가, 고용 불안 증가, 실질 임금의 정체 또는 감소가 있었다는 것이다. 즉, 90년대에는 라틴아메리카 노동자 계층의 생활이 크게 퇴보하였다.

90년대 라틴아메리카의 GDP가 증가하였는데 이는 경제적 성장이 반드시 급여 개선과 고용의 양적, 질적 개선을 가져오는 것은 아니라는 것을 보여준다. 경제성장은 단지 이런 것들이 가능하도록 하는 조건에 불과하다. 수학용어로 말하자면 필요조건이지 충분조건이 아닌 셈이다. 경제 성장이 노동자 계층을 끌어안고 분배하는 성장으로 전환되기 위해서는 구체적인 정책들이 요구된다. 다시 말해, 경제의 성장이 노동자 계층의 삶을 개선하는 성장으로 전환되느냐 아니냐는 공공정책 입안자들의 정치적 의지와 노동자들 스스로의 투쟁과 조직에 달려있다.

2000년대

개방적, 집중적, 배타적인 자유주의 모델이 초래한 심각한 위기 이후, 라틴아

1) 저자는 우루과이의 경우에 대해 이러한 모델을 "LACE(자유주의적, 개방적, 집중적 및 배타적) 모델"이라는 명칭을 부여하여 이론화하였다. D. Olesker Crecimiento y exclusión: nacimiento, consolidación y crisis del modelo de acumulación en Uruguay(1968–2000), Trilce, Motevideo, 2001. 참조.

메리카에서는 사회 및 노조 투쟁의 발전 프레임 내에서 노동자 계층에 중요한 영향을 미친 공공정책의 변화를 겪었다. 이러한 변화들은 양적뿐만 아니라 질적인 차원에서도 이루어졌고 사회 내에서 구조적 변화를 촉발하기도 하였다. 주요 변동 요인들을 분석하자면 크게 다음과 같다.

- 2000년에서 2014년 사이 고용이 평균 56%에서 58%[2]로 증가하였음. 이는 생산 가능 연령에 있는 사람들 중 약 2%가 이 시기에 추가적으로 직장을 얻었음을 의미함.
- 사회보장을 제공받는 고용의 증가로 대변되는 고용의 질적 개선이 이뤄짐. 이는 노동의 안정성, 임금, 퇴직에 영향을 주는 노동의 비공식성의 감소를 의미함.
- 사회복지에 대한 노동자들의 접근성 개선이 이뤄짐. 특히, 보건과 교육 제도에 있어 접근성 개선이 이뤄짐. 비록 이러한 상황은 모든 국가에서 동일하지는 않지만, 라틴아메리카 전체적으로 의료개혁과 노동 공식화를 통해 보건체계에 대한 접근성이 많이 개선되었으며 또한, 노동계층의 평균 취학률 증가로 나타난 교육 제도의 포용성도 향상되었음.
- 실질 평균 임금의 상승.
- 최소임금의 상승과 이로 인한 임금 격차의 축소.

변화의 원인들

노동자 계층의 생활여건에 기여한 이러한 변화들을 가능케 한 원인은 무엇이

2) 고용률은 생산가능 인구 중 취업자 수로 측정.

었을까? 분명 경제활동에 있어서의 변화는 발생하지 않았다. 왜냐하면, 이 두 시기에 경제는 성장하긴 했기 때문이다. 하지만 자유주의적 모델 하에서는 성장과 함께 소득의 편중 그리고 노동자 계층의 삶과 근로 조건의 악화와 같은 문제가 있었던 반면, 2000년대는 이런 문제에 대한 반동으로 분배와 삶의 질 개선이 나타났다.

우리의 생각은 이러한 변화의 원인은 사회의 상부구조(superstructure)에 있다는 것이다. 즉, 변화의 원인은 이러한 변화를 지탱하는 공공정책들에 있고 또한, 자본과 노동 간의 힘의 관계에 있다는 것이다. 비록 나라마다 처한 현실은 다르지만, 전반적으로 구조적, 제도적 특징의 변화들은 다음의 내용과 관련한 일련의 정책들로 요약할 수 있다.

- 노동과 임금 조건에 대한 단체 협상
- 사회복지(특히 보건, 교육)에 대한 접근에 있어서의 전체적인 개혁
- 노동자들의 평균 교육 수준의 유의미한 향상
- 노동의 비공식화에 대한 통제 정책
- 최저임금의 상승과 이를 통한 농업, 가사돌봄, 상업, 서비스업의 저소득 노동자들의 임금 개선 촉발

앞서 언급한 개선들을 가능케 한 이러한 제도적 변화들은 사회와 노동의 측면에서 사회·경제적 활동에 대한 국가의 규제방식을 바꾸는 구조적 개혁들로 구체화하였다. 이 개혁들은 동시에 대다수 국가에서 노조 활동을 성장할 수 있게 했다. 이러한 노조 활동의 성장은 협상과 노조의 자유에 관한 법률을 개선시켰고 이러한 법률은 90년대와는 매우 다른 자본과 노동 간의 힘의 관계를 만들었다.

다시 말해, 성장을 분배와 포용의 모델로 전환시킨 요소은 다름 아닌 상부구조의 조건들(공공정책과 노동자 투쟁의 발전)이었다.

현행 문제점

앞서 언급한 개선에도 불구하고 여전히 중요한 문제들이 남아있다. 동시에 경제적 어려움은 이러한 개선들을 어떻게 지속해 나갈 것이며 또한, 있을지도 모르는 퇴보에 어떻게 대처할 것인가에 대한 논쟁을 야기한다. 따라서 노동 부문에 아직 남아있는 문제점들을 분석하기 전에 우리 경제에 대한 성찰이 필요하다. 이와 관련하여, 나라에 따라 가시적인 진전을 이루었음에도 불구하고 2000년 이후 10년간 생산과정의 구조적 측면에서는 의미 있는 변화가 없었다는 점을 분명히 할 필요가 있다. 즉, 사회 복지의 변화와 함께 이뤄져야 할 지역 생산 기반의 변화가 제대로 이뤄지지 않았다는 것이다. 이것은 초보적이고 균형적이지 못한 수출 구조에 계속 의존한다는 것을 의미한다. 또한, 생산 및 수출 부가가치는 여전히 낮고 고부가가치 및 첨단기술 제품은 여전히 수입에 의존함으로써 선진국에 대한 경제 구조적 종속이 줄어들지 않았다는 것을 의미한다.

우리는 다음과 같이 간추려 단언할 수 있다. 2000년대에는 분배와 포용에 주안점을 둔 사회 및 노동 발전이라는 목표와 소득의 편중을 양산하는 생산구조 간의 모순이 드러났다. 경제 성장(부분적으로 1차 산품에 대한 수요 증가와 가격 상승에 의한)을 거둔 10년 동안 라틴아메리카는 생산구조를 분배와 포용의 방향으로 전환하지 않고서도 사회·노동적 변화에 있어 진전을 경험할 수 있었다. 왜냐하면, 사회·노동적 개선은 노동자들의 가계 소득에 긍정적 영향을 미쳤고, 이는 내수 시장에서 재산과 서비스에 대한 수요를 증가시켰으며, 결국 경제 성장의 중요한 기둥으로 작용했기 때문이다. 이제 이러한 과정을 지속시키고,

특히 사회·노동적 측면과 생산구조의 변화를 완성하는 데 초점을 맞추기 위해서는 과감한 발걸음이 필요하다. 이에 대해서는 논문 마지막에 다시 말하기로 한다.

노동시장에 계속 남아있는 문제점들

두드러지는 문제점들은 아래와 같다.

- 언급된 기간 동안 임금의 개선이 이뤄졌음에도 불구하고 평균적 삶을 위한 적정 조건에 훨씬 미치지 못하는 급여로 버티는 근로자의 수가 상당함.[3)]
- 비율이 다소 내려가긴 하지만, 비숙련 노동자들과 가장 낮은 소득 10분위에 속하는 사람들에게는 여전히 비공식 고용과 고용 불안정이 큰 문제로 남아있음.
- 고위직으로의 승진과 임금에 있어 남성과 여성 간의 격차가 여전히 존재함.
- 실업률은 청년층, 특히 여성 청년층이 더 높은데, 이는 사회의 미래를 볼 때 큰 장애로 작용할 수 있음.
- 노동자들의 평균 교육수준 향상에도 불구하고 높은 수준의 정식 교육(고등교육 이상의 교육)을 받는 비율은 낮은 편임.

이러한 상황 앞에서 어떻게 할 것인가?: 국제적 환경

국제적 상황은 원자재의 가격이나 수요의 부침에 국한되지 않는다. 새로운 글로벌 생산 모델이 자리를 잡고 주요 가치사슬의 구성과 통제에 대한 정의가 내려

3) 우루과이에서는 이러한 노동자들이 주당 48시간을 일하고 15000페소(월 500달러) 이하의 임금을 받는다는 것을 가리켜 그들을 "quincemilpesistas"라 부른다.

진 상황에서, 중심 국가들의 더디고 불안정한 위기 탈출과 중국에서의 축적모델[4]의 변화는 종속적 국가들로부터 자본 유출을 유발하는 것이 분명하다. 여기에 연일 최저점을 찍는 원자재 가격과 투자유치의 문제점들이 더해져 수출로 벌어들이는 수입(收入)을 감소시키고 있다. 수요와 공급 간의 단기 조정 사이클의 구성요소로 해석될 수도 있는 이러한 현상들은 라틴아메리카 경제에 직접적인 충격을 주고 있다.[5] 따라서 이러한 자본주의의 새로운 국면에 대처하기 위해서는 외부 상황을 해석하고 국가 간, 지역 간에 필수불가결한 연합을 이끌어 내는 것이 필요하다.

이러한 상황 앞에서 어떻게 할 것인가?: 글로벌 정책

우선 이 글의 주요 논점을 되짚어 볼 필요가 있다. 사회와 노동 문제의 방향을 결정짓는 것은 객관적인 경제 조건들이 아니라 상부구조, 규제 제도, 정치적 결정 및 사회 내부적 힘의 관계에 의존한다. 따라서 변화의 연속성을 유지하는 것이 진전을 의미한다. 그리고 이러한 것은 다음과 같은 것을 전제로 한다.

- 가치를 부가하고 지역 간 상호교환을 강화하며 가치사슬의 높은 부가가치 단계에서 세계 속에 편입되기 위해서는 생산부문에서 필수불가결한 변화를 시작해야 한다.
- 양질의 고용 창출에 기여함과 동시에 개발에 대한 국가적 모델의 경제적 기초를 지탱해 줄 공공투자의 흐름을 유지해야 한다.

4) 중국이 남미와 관계강화를 추진함에 있어 단계적으로 천천히 관계를 축적해가는 모델－옮긴이.

5) 본고에서 저자가 요약하고 있는 외부상황에 대한 이러한 본질적인 견해는 José Mujica 대통령 집권시절 우루과이 산업부 장관이었던 저자의 동료 Roberto Kreimerman으로부터 도움을 받은 것이다.

- 소외되어 있거나 제공받는 서비스의 수준이 낮은 부문에 있어서 사회복지에 대한 접근의 보편화를 통한 개혁을 지속해야 한다.
- 노동개혁의 지속, 특히 권리의 확장, 임금 개선, 고용 불안의 축소와 같은 개혁이 필요하다.
- 중소기업을 위주로 한 제대로 된 일자리의 창출을 통해 자율적인 생산 활동을 장려해야 한다.
- 생산수단 소유에 대한 대안적 방식, 특히 생산의 자주적 관리 방식을 추진해야 한다.

최종성찰

1990년대 노동자 계층의 삶의 조건이 크게 퇴보하였다. 이러한 퇴보는 대기업의 이익을 대변하는 유연화 정책의 틀 속에서 국가가 유발한 것이나 다름없다. 그리고 2000년대는 통합적, 분배적 그리고 포용적 가능성과 노동자 계층의 사회·노동적 여건의 향상을 통해 이전 정책들에 변화가 일어난 시기다. 또한, 최근 1년 반 전부터 여건들이 바뀌었다. 첫째, 경제 성장을 위한 여건에 있어 변화가 일어났다. 둘째, 아르헨티나, 브라질과 같은 일부 라틴아메리카 국가의 정치-이데올로기적 방향에 있어 변화가 일어났다. 셋째, 아직 좌파가 집권하고 있는 국가에서 경제적 여건들은 갈등을 증폭시키고 있으며, 기업가들은 노동자들이 이전에 달성해 놓은 성과들을 저버리기 위해 경제적 쇠퇴를 이용하려고 한다. 이러한 결과 우파가 정권을 되찾은 국가들의 경우 포용적 성장을 뒤집는 상황이 발생하고 있다. 그런데 우리는 좌파정부들에게서도 이전의 과정들을 늦추거나 심지어 수정하는 퇴보가 발생하는 것을 목격한다. 임금의 비(非)물가연동화, 예산 축소, 세제 조정 및 사회 정책의 변화는 이러한 상황을 보여주는 다양한 사례들인데 이들 사례는 브라질에서 노동자당의 집권 기간에도 우루과이에서 좌파연합인 광역전선(Frente Amplio)의 세 번째 집권 기간 동안 이미 볼 수 있었던 것들이다.

따라서 2000년대부터 시작된 과정을 지속하는 것이 필요함을 우리는 다시 한번 주장한다. 이를 위해서 노조의 투쟁과 사회 운동이 매우 필요하며, 그래야만 좌파가 집권을 이어가는 국가들에서는 정치적 토론의 시기가 열릴 것이다. 경제적 역동성이 미약한 와중에 부의 분배를 둘러싼 갈등은 가속화하고 있으며, 뒤로 물러서지 않기 위해서는 경제 권력을 쥐고 있는 세력에 좀 더 과감히 맞서는 것이 요구된다. 이것은 적어도 다음과 같은 것을 전제로 한다.

- 라틴아메리카 일부 국가에서 나타나는 경향과는 반대로, 사회와 노동 개혁을 포함시켜 경제 정책을 수립하고 생산 방향의 토대를 수정하는 것.
- 진전을 멈추거나 혹은 후퇴하는 일 없이 사회보호망을 넓혀가면서 사회 개혁의 범위를 확대하는 것.
- 노동개혁을 심화시키고 단체협상과 노동자들의 권리를 최대한 확대하는 것.
- 내수 시장을 자극하고 외수 시장의 부정적 효과를 대처하는 임금 상승 정책을 지속해 나가는 것.
- 이러한 상황에서 반 순환적 정책의 일환으로 지출과 공공투자의 강한 충격파 요법을 지속하는 것.
- 임금과 연관된 갈등과 여성 및 청년들(특히 저소득 계층)의 고용과 비공식 노동과 관련된 갈등을 해결하는데 모든 수단을 사용하는 것.

오늘날 우리는 커다란 딜레마에 직면해 있다. 사회와 노동 부문에서 포용과 분배 정책의 지속이 위기에 처해있는데 이는 비단 경제적 여건에 있어서의 변화 때문만이 아니다. 중요한 것은 부의 배분을 둘러싼 갈등을 논의의 중심으로 가져오고 노동자 계층의 이익을 옹호하려는 정치적 결정이다. 지금까지의 진전을 계속 이어나가는 방향으로 갈 것인지 아니면 퇴보하는 방향으로 갈 것인지는 각국 정부와 사회적 투쟁에 달려 있다. 다른 선택의 여지는 없다. 이 글이 시도하는 바는 지속성을 위한 논의에 기여하는 것이다.

심상완 옮김

고갈되어가는 칠레의 정치경제 모델

오스발도 토레스

칠레 중앙대학교 교수, 인류학자

원제와 출처: Osvaldo Torres G., "Chile: economía política del *desgaste*", *Nueva Sociedad*, No. 266, noviembre–diciembre de 2016, pp.72–83.

핵심어: 좌파, 사회운동, 신자유주의, 칠레, 중남미, 라틴아메리카

글로벌 불확실성의 시대에 하나의 개별 국가가 어디로 가고 있는지 묻는 것은 의미가 없을뿐더러 도착지가 있다고 생각하는 것 자체가 낡은 사고방식이다. 그러나 그 질문은 치열하게 제기하지 않을 수 없다. 구성원들의 명분과 이익이 상충하는 한 그것은 권력에 관한 질문이기 때문이다. 또한, 그것은 사회에 영향을 미치는 정치적 분쟁(선거전이나 텔레비전 토론에서 아무리 적게 비춰진다 하더라도)에 관한 질문이기도 하다. 공적 공간에서 집단적 의지를 표현하는 방식으로서의 정치가 국제 금융시장 앞에서 약해질수록 시민들은 정치권을 통해 자신의 이익을 대변하기 힘들어짐을 인식하고 더욱 목소리를 높인다.

라틴아메리카는 정치적 우파의 신자유주의적 공세에 시달리고 있다. 이들은 신자유주의적 경제 정책을 넘어서서 신자유주의 사회로 가고자 하며 이를 위해 민영화, 비정치화, 국가개입 반대를 외치고 있다. 반면, 신좌파는 갈 곳을 잃었다. 브라질의 노동자당(Partido de los Trabajadores, PT)과 아르헨티나의 승리를 위한 전선(Frente para la Victoria, FPV)의 실패, 칠레의 누에바 마요리아(Nueva Mayoría)가 직면하고 있는 난관들, 볼리비아의 에보 모랄레스(Evo Morales)의 개헌 국민투표 패배, 콜롬비아의 평화협정 결렬 등의 사건들이 좌파의 정책적 결함으로 인한 시민으로부터의 지지 상실을 시사한다.

이와 관련해 두 개의 핵심 질문을 던져볼 수 있다. 첫 번째는 발전 모델에 관한 것이고, 두 번째는 정치 체제와 민주주의에 관한 것이다. 국제 시장에서의 원자재 가격 상승에 힘입어 신좌파 정부들은 대규모의 사회복지정책을 추진했고, 정부 보조금이나 교육, 공공보건, 주거 정책에 대한 투자 등 다양한 경로를 통해 국민들의 삶에 긍정적인 영향을 미쳤다. 그러나 양극화를 줄이는 데에 실패했고, 국외 자본이 라틴아메리카에 강요한 1차 산업 위주의 자연 파괴적 개발정책을 넘어선 새로운 국가개발전략을 수립하는 데에도 실패했다. 이런 상황은 칠레 경제학자 아니발 핀토(Aníbal Pinto)가 분석했던 "좌절된 개발"을 떠올리게 한다.

정치 체제에 관해서는 안토니오 그람시(Antonio Gramsci)의 말을 상기해볼 만하다. 선거에서 각각의 표가 동등한 가치를 지닌다 하더라도 그것은 "몇몇 개인, 적극적인 소수, 엘리트, 지도자들의 효율성, 영향력, 설득력, 즉 그들의 합리성, 사실성 혹은 구체적 기능성을 측정"[1]하는 지표이다. 즉, 표의 숫자만 가지고는 충분치 않고, 나아가 시민들의 의식을 제고하고 그들의 마음을 얻어 신좌파적

1) 안토니오 그람시(A. Gramsci). 「대의정치체제에서의 숫자와 특징」(El número y la cualidad en los regímenes representativos), 『앤솔로지』(*Antología*), 마누엘 산크리스탄(Manuel Sacristán) 편역, Siglo XXI, 멕시코시티, 1970, p. 398.

정책에 대해 납득시킬 필요가 있다는 것이다. 이렇게 본다면 라틴아메리카 신좌파 정부들이 실천해왔던 민주주의란 "민중의 정부"가 아닌 "정치인의 정부"[2]에 기반을 둔 민주주의와 다름없다. 선거에서 승리했다는 것은 그들의 담론과 국정이 어느 정도 효율적이었음을 뜻하지만, 민의를 반영하지 않고 정치를 한다면 사회모델 및 국가개발전략 논쟁에 있어 지지의 기반을 잃게 된다. 아르헨티나와 칠레의 경우가 그러하다.

여기에서 현 라틴아메리카의 상황에 대해 또 다른 문제를 제기할 수 있다. 과연 소득을 재분배하고 정치와 개인의 자유를 확대하는 방향으로 변화를 추진할 수 있는 역사적 주체는 누구일까? 소득수준의 향상과 교육 범위 확대를 통해 중산층 인구를 늘리면서, 노동자 계급의 태도를 바꾸려는 논의가 많다. 그러나 이는 시장에서 형성된 소비자 정체성과의 문화적 전쟁이기에 피할 수 없는 것은 아니다. 또한, (마르크스주의의 훌륭한 역사 주체인) 산업 노동자 계급이 쇠퇴하면서, 정책, 정부 사업, 유토피아를 넘어 우리 사회의 미래를 설계하는 과정에 영향을 미칠 수 있는 다른 형태의 사회적 집단들까지 사라졌는지 여부도 확실하지 않다. 게다가 20세기를 통해 진행돼온 "역사적 주체"에 대한 논쟁이 좌파 정당과 신좌파 정당의 근본적 차이를 일부 설명하는 라틴아메리카에서는 그 질문이 지금도 유효하다. 농민들이나 도시 빈민층에 전략적 역할을 부여했던 이들도 있었고 신흥 중산층에 전략적 역할을 부여했던 이들도 있었다. 바꿔 말하면, 어떤 역사적 조건과 시점에 행동에 나서며 새로운 사회조직 형태를 구성하는 집단적 주체는 이론적인 논쟁과 상관없이 형성되었다. 이와 관련해서 라틴아메리카의 좌파는 무엇을 했는가? 구체적으로, 좌파 정부들은 무엇을 했는가?

이러한 맥락에서 칠레가 헤쳐 나가고 있는 상황이 어떤 것인지 파악할 필요

2) 호세 눈(J. Nun). 『민주주의, 민중의 정부인가 정치인의 정부인가?』(*Democracia. ¿Gobierno del pueblo o gobierno de los políticos?*), FCE, 부에노스아이레스, 2002.

가 있다. 민영 연금(AFP)이나 민영 의료보험(Isapre)의 사례에서 볼 수 있듯이, 칠레 경제를 좌우하는 기업들은 고이윤을 유지하기 위해서 더 많은 자본과 네트워크를 가진 초국가 그룹에 회사를 합병시키거나 팔아버려야 하는 지경에 이르렀다. 또한, 타국으로 투자처를 옮기고 제품을 팔기 위한 신시장을 개척하기 위해 외교부의 지원을 받아 궁여지책을 만들어내고 있다. 칠레에서 재화와 서비스 시장은 완전히 자유화되었다. 대기업 규제는 사실상 형식적이고 금융시장에 대한 감독도 약하다. 지난 1년도 못 되는 기간 동안, 은행 및 금융기관 감독원(Superintendencia de Bancos e Instituciones Financieras)이 아닌 피해자들에 의해 드러난 주주 및 개인투자자 대상 대형 사기 사건이 최소 5건이다.

과도한 자유화는 대가를 낳고 있다. 시민들은 기업의 횡포를 깨달아 가고 있다. 대기업 사회는 피라미드 사기, 탈세, 좌우를 막론한 불법정치자금 등으로 인한 소송을 진행하고 있다. 일부 기업들은 해외에서도 조사를 받고 있다(란칠레(LAN Chile)는 미국과 아르헨티나에서 칠레제지(Compañía de Papeles y Cartones)는 콜롬비아에서). 여기에 칠레의 주요 수출대상국인 중국을 비롯한 국제 경제의 침체, 그리고 교육시스템 소유에 세금을 부과하는 정부의 세제 개혁과 노동개혁이 더해진다.

이런 상황은 독재기에 도입되어 민주화 이후에도 계속되고 있는 신자유주의적 개발 모델이 고갈되어 감을 반증한다. 하지만 이것이 최후의 위기를 의미하지는 않는다. 1차 산업 위주의 발전모델은 "초기 자본축적"에 근거하고 있기 때문인데, 이는 광업, 펄프·제지업, 연어가공업 도급업자들의 불안한 고용과 해외투자와 임산업 보조금에 의존하는 과도한 자연 개발에 바탕을 두고 있다. 초기에 축적된 자본의 상당 부분은 노동조합(노동자의 18%만 조직화 되어 있음)의 약화, 자본의 횡포에 대한 항의나 정치적 결속을 지원하지 않았던 정당들의 소극적 태도, 그리고 1차 산업 투자에 대한 환경보호적 제재를 요구하는 단체들의 취약성으로 인해 가능했다. 이러한 경제 논리의 고갈은 "벌거벗은 시장 임금님"으로 수렴된다. 시장의 부패, 불평등, 부당이윤, 부정은 대중들에게도 명백히 드러났고, 시민들은 다양한 동기로 인해 길거리, 심지어 마을이나 영토를 점거하면서 다음 세 가지를 외치고 있다. 첫째, 기업가, 정치인, 종교인, 군인, 로비스트를 막론하고 현상을 유지하고 싶어 하는 일부 계층이 과도한 특권을 행사하고 있다. 둘째, 엘리트들은 민중에 대한 정당성을 잃었고 지배 체제에는 균열이 생겼다. 셋째, 대기업-정치인 뇌물 스캔들이 반증하듯 신자유주의의 물결이 중도좌파와 우파를 모두 휩쓸었고 대의제의 위기는 심화하였다.

지배 엘리트들에 대한 여론은 몹시 악화하여 시민들의 불신이 정치와 의회에서 기업 과점체제 자체로 확대되기에 이르렀다. 일부 지식인은 엘리트의 죽음[3)]을 선언하고 정치체제 정당성의 위기를 말했지만, 여전히 대인이 없는 상태다. 국민의 대표자로서 국가, 즉 국민의 대표로 선출된 정권은 모든 이들을 대표해야 한다는 사회적 계약을 이행할 수 없게 되었다. 더욱 심각한 것은 이 빈사 상태가 성공적인 경제 모델과 빈곤 감소에 기대어 유지되었던 사회적 공동체 의식을 파괴한다는 점이다.

이런 상황에서 칠레는 개혁주의자 미첼 바첼레트(Michelle Bachelet)이 주도하는 권력의 재구조화를 시작하였다. 기업가들과 정파를 아우른 정치인들의 개혁에 대한 반응을 보았을 때, 엘리트들의 네트워크는 과거 콘세르타시온(Concertación)을 만들었고 현재는 공산당(Partido Comunista)과 함께 누에바 마요리아(Nueva Mayoria) 연합정부를 구성하고 있는 정당들까지 폭넓고 밀접하게 형성되어 있음을 알 수 있다. 오늘날 엘리트들은 "과거의 성공" 덕분에 지탱하고 있는 신자유주의 모델을 사수하고 "합의의 민주주의"를 회복하고자 하는데,

3) 알베르토 마욜(A. Mayol). 『부검: 칠레 엘리트들의 사인(死因)은 무엇인가?』(*Autopsia. ¿De qué se murió la elite chilena?)*, Catalonia, 산티아고, 2016.

이는 선거체제와 다양한 국가기구(헌법재판소, 국가 텔레비전 위원회 등)에서 과잉 대표로 인해 소수의 거부권을 가능하게 한다. 하지만 이것만으로는 부족하다. 다양한 사회적 행위자들이 엘리트들이 이해하지 못하거나 처리하지 못하는 수준으로 정치화한 복합적인 요구를 제기하기 때문이다.

학생운동은 이미 2006년에 그 조직력과 정치화의 정도를 보여준 바 있다. 학생들은 대규모로 또 지속적으로 거리에 나와 높은 교육비를 성토하고 교육의 질을 보장하도록 헌법 개정을 요구했다. 이에 정부 내 좌파는 중도파 및 우파와의 합의하에 학생의 재정 수준에 따라 받을 수 있는 교육의 질이 달라지는 현 교육구조를 피상적으로 수정하려 했으나, 학생들과 시민들의 반대로 인해 폐기되었다.

학생들은 2011년에 다시 돌아왔다. 이번에는 독재 이후 첫 우파 정부인 세바스티안 피녜라(Sebastián Piñera) 정부 하에서였다. 경험을 쌓은 학생들은 더욱 조직화된 방식으로 시위를 전개했고 이 운동은 1990년 이래 최고의 정당성을 획득하며 전국으로 퍼져나갔다. 학생운동에 앞서 환경, 영토, 성정체성과 관련한 시위들도 있었다. 정권에 대한 비판은 이런 시위대들 뿐 아니라, 시위대의 요구에 근거를 제공하며 그들의 열망을 정치적 목표 수립, 정책 비판 또는 정책 제시로 바꿔낸 새로운 비판적 지식인층에 의해서 더욱 지속적으로 이루어졌다.

사회운동이 활발해지며 지역주의 운동(Punta Arenas, Aysén, Calama), 환경운동(Hidroaysén 댐, Maipo 협곡, Puelo 강), 성적 다양성 운동(동성결혼 법제화, 낙태 비범죄화)이 심화하였다. 이러한 운동들은 사회적으로 다양하게 구성되었고 시민 사회를 재활성화하며 불통 정권에게 "거리의 목소리"를 듣고 부름에 답하라 요구하였다. 사회운동에 참여한 시민들은 신자유주의의 완전무결성과 시장 중심적 "해답"을 위기에 몰아넣었고, 시민의 참여 없이 수립된 기술 관료적 위기 대처에도 문제를 제기했다. 부패가 여러 분야에서 터져 나오고 사회보장정책 또한, 제한적이었기 때문에 칠레 사회운동의 핵심 주도자들은 계속 바뀌었고 덕분에 5년이 넘게 참여자들을 성공적으로 끌어 모을 수 있었다. 어느 시점에는 교육 문제가 화두에 올랐고 다른 시점에는 교육이, 연금 체계가, 여성 인권이 그러했다. 지난 10월에는 5만 명이 넘는 시민들이 여성 혐오 살인에 항의하며 시위했다.

오늘날 사회운동은 사회적 이슈에 대한 해법을 제시하지는 못할지라도 정치적 의제를 세우는 데 있어서는 충분히 강한 영향력을 발휘하고 있다. 그런 의미에서 가장 잘 구조화하고 정치화한 운동은 칠레학생연맹(Confech)을 중심으로 한 대학생 운동과 새로운 연금모델구축을 촉구하며 150만 명 규모의 전국행진을 3회(2016년 7월, 8월, 10월) 추진한 No+AFP(민영연금 반대)운동이다.

학생운동은 과격한 60년대 좌파를 비롯해 다양한 조류의 영향을 받았다. 60년대 좌파는 다양한 좌파 단체들의 기원이 되었으나 이러한 단체들은 급진적 교육 시스템을 만들기 위해 뜻을 합하지 못했다. 학생운동 참가자들은 다양하게 구성되어 있다. 다만 지도부는 피노체트 독재정권에 항거했던 중산층 출신이라는 점이 특징이다. No+AFP의 참가자들도 다양한 계급과 세대를 아우른다. 그들은 개인연금시스템을 폐지하고 정부, 노동자, 사용자의 삼중 기여 시스템, 그리고 세대와 소득 수준을 고려한 사회보장 개념의 연금시스템을 도입할 것을 요구하고 있다. No+AFP는 지도부가 좌파의 전통 아래에 있긴 하나 정당들을 불신하기 때문에 특정 정당과 연계되어 있지 않다.

칠레 사회 운동의 가장 큰 취약점은 노동조합이 처한 현재 상황이다. 노조들은 전국노동조합조직위원회(Coordinadora Nacional Sindical)를 통해 1980년대 반독재 운동에서 핵심 역할을 수행했다. 시민회의(Asamblea de la Civilidad)가 활동하던 시절에는 노조를 중심으로 다양한 사회운동이 결집했다. 피노체트 불신임을 이끌어낸 1988년 국민투표에서도 노동조합의 활약이 컸고 같은 해 칠레노동자총연합(Central Única de Trabajadores, CUT)을 출범시켰다. 그러나 민주화 이행기 동안 그들의 리더십은 약해져서 핵심 지도자 중 일부는 의회로 진출하였고 나머지는 종신직으로 노조에 남았다. 최근 20년 동안 CUT는 정권들의 지원을 받으며 민주정당 연합에 협조하는 그저 그런 조직이 됐다. 국가로부터의 자율성을 확보하지 못했으며 당시의 두 노동 개혁에도 영향력을 행사하지 못했다. CUT의 취약성과 무능력을 보여주는 가장 정확한 사례는 올해 8월의 임원 선거다. 부정행위, 간접투표, 지연 개표에 따른 불신으로 점철된 이번 선거는 칠레의 핵심 노동조합을 위기로 몰아넣었다. 칠레의 노동조합 조직률이 높지는 않지만, 과거 사회 운동에서 노동조합의 역할은 그 상징성과 경제적 영향력으로 인해 언제나 중요했다. 하지만 변화의 시기에 노동조합은 새로운 시나리오에 맞춰 진화하는 데 실패했다.

눈여겨볼 만한 또 다른 사회운동은 임업 기업과 "칠레 개척자들"에 대항해 무력으로 자신들의 권리를 주장했던 마푸체(Mapuche)족의 결집이다. 개척자들은 1883년 침략을 자행해 원주민의 토지를 차지하고 20세기에는 법에 의거한 "원주민 재판"을 열어 토지 찬탈과 사기 매매를 범했다. 이 운동은 점점 더 구체화하는 동시에 다양한 정치 프로젝트들을 통해 분열하는 모순을 겪었다. 이는 시민들의 요구를 정치 시스템에 반영하는 데 있어 하나의 당파적인 대표성이 존재했던 1990년대 이전의 운동들과 매우 다른 양상이다.

이런 상황에는 좌파 정당들의 사회운동 관련 정책들이 일조했다. 정당 조직들은 "우리는 숫자가 적으면 적을수록 좋다"라는 논리를 따르는 듯하다. 따라서 현재 칠레 좌파의 상황에 대한 분석이 필요하다. 첫 번째 이슈는 좌파가 민주주의 이행기에 마르크스, 레닌주의 분파–민주운동당(Movimiento Democrático Popular, mdp)과 범좌파사회주의당(Partido Amplio de Izquierda Socialista, pais)을 구성했던 칠레공산당(Partido Comunista, pc), 혁명좌파운동당(Movimiento de

Izquierda Revolucionaria, mir), 사회당(Partido Socialista, ps)－의 전략을 택했다는 것이다. 그들은 대중 봉기를 통한 급진적 반독재운동 전략을 추진했고 의회(Asamblea Constituyente)와 함께 임시정부를 구성하려 투쟁했었다. 그러나 이 전략은 여러 요인들로 인해 힘을 잃었고 피노체트의 반대세력 탄압으로 실행 불가능하게 되었다. 인민연합(Unidad Popular)이 변화와 자유민주주의에 미온적이었기 때문에 패배했음을 읽은 '재건 좌파'는 큰 조직적 기반 없이도 핵심 역할을 맡을 수 있었고 연설 및 중앙 정치와의 관계를 통해 사회적으로도 영향을 행사했다. 사회당이 통합되고 칠레민주당(Partido por la Democracia, PPD)이 창설된 이후 좌파 내부에선 기독민주당이 초반에는 다수당으로서, 1997년 이후엔 중도좌파 연합의 일부로서 의사결정에 영향력을 행사했다.

이 시기에 콘세르타시온[4] 외부의 좌파는 선거에서도 정치적으로도 영향력이 없었다. 2005년의 선거에서 훈토스 포데모스 마스(Juntos Podemos Más: 칠레공산당, 인본주의당(Partido Humanista) 및 기타 정당의 연합)는 5.4%를 득표했다. 선거구당 2명의 당선자를 뽑는 2석제 선거 시스템하에서 그들은 의석을 차지할 기회가 없었다. 이 계열의 좌파는 칠레 사회의 사회문화적 변화를 읽을 수 있는 방법을 몰랐기에 별 효과 없는 선동적 비판 연설을 펼쳤다. 이들은 2011년과 그 이후의 사회운동에서도 비슷한 행보를 반복한 끝에 영향력이 매우 제한되었고 존재감도 없어져 버렸다.

이행기 정부들에 참여했던 좌파는 사회참여 분위기를 형성하는 데 있어 핵심 역할을 수행했다. 그들의 민주화 전략은 긴장이나 파열이 아닌 설득과 동의를 통해 변화를 추구하는 것이었기 때문이다. 그들은 사회적 요구를 풀어내는 동시에 기대에 부응할 만한 선거 결과를 만들어냈다. 그러나 다음 세 가지 이슈를

4) 칠레공산당, 인본주의당, 녹색생태환경당(Partido Ecologista-Verde)

중심으로 얽힌 정치적 매듭은 풀지 못했다. 권위주의적이고 제한된 민주주의 시스템, 다원적이고 개방적인 사회에 대한 요구와 가톨릭교회와 기업이 지지하는 보수주의의 충돌, 마지막으로 소득, 영토, 교육, 보건의 양극화가 그것이다.

이런 관점에서 보았을 때, 정부 내 좌파들은 1차 산업 위주의 경제 모델과 시장 헤게모니에 대해 비판적이지 않았다. 일반적인 좌파는 정부 지출과 정책을 통해 사회보장을 실현하고자 하지만 이들은 그러지 않았다. 이런 무비판적인 포지션은 "인간의 얼굴을 한 대처주의"[5]가 대두된 유럽 좌파의 재구성 시기의 영향을 받았을 수 있다. 영국에서는 1980년대에 노동조합이 붕괴하였고 이후 노동당이 자유주의 노선을 채택했다. 프랑스에서는 프랑수아 미테랑(François Mitterrand) 정부가 1983년 긴축통화정책[6]으로 전환한 바 있다. 문제는 칠레 정부 내 좌파들이 1997년부터 "안주"와 "채찍" 논쟁에 묻혀있었다는 것이다. 사회당 내에서 좌파 정책의 대표성 위기가 일었던 2009년까지도 그 논쟁은 지속했다.

좌파의 엘리트화는 에두아르도 프레이(Eduardo Frei)가 콘세르타시온의 대선 후보가 되며 정점을 찍었다. 당원들이 참여적 프로세스를 요구하고 시민들은 공약 불이행으로 인해 정부에 대한 불신이 팽배한 상황이었으나 지도부는 이를 모두 무시하고 대선 후보를 지명했다. 이에 앞서 이미 대중교통과 보건에 대한 사회적 불만이 누적되어 있었고 2006년에는 학생 시위도 있었다. UN 개발계획(UNDP)도 시민들의 불만, 권력의 부패, 국정 운영방식이 야기하고 있는 사회 변화에 대해 여러 편의 보고서를 통해 경고한 바 있었다. 좌파의 자유주의적

5) 에른스트 힐브란드(E. Hillebrand). 「유럽 사회민주주의의 위기」(La crisis de la socialdemocracia europea), 『누에바 소시에다드』(*Nueva Sociedad*), No. 261, 1–2/2016. 〈www.nuso.org〉

6) 카트치크 데어고우가시안(K. Der Ghoughassian). 「냉전 이후의 좌파」(La izquierda después de la Guerra Fría), 『누에바 소시에다드』(*Nueva Sociedad*), No. 261, 1–2/2016. 〈www.nuso.org〉

헤게모니가 시험대에 오른 것은 2009년 말의 대선이었다. 세 명의 지도자가 사회당을 나와서 대선에 출마했는데, 전 당대표이자 전 장관인 호르헤 아라테(Jorge Arrate)가 6.2%를 득표했고, 전 하원의원 마르코 엔리케스-오미나미(Marco Enriquez-Ominami)는 20.1%를 득표했으며, 전 상원의원 알레한드로 나바로(Alejandro Navarro)는 결국 출마를 철회했으나 신당을 창당했다. 사회 양극화와 미흡한 민주주의, 과도한 중앙집권화와 대통령 권한에 대한 프레이의 진단과 공약이 나머지 두 후보의 것과 비슷했는데, 이는 "독립 200주년 기념" 헌법 개정에서 참여·직접 민주주의의 형태가 보장될 것임을 암시했다. 이 시기에 정당과 정책에 대한 시민들의 불신이 팽배했으며 새로운 정책뿐 아니라 새로운 리더십이 요구되었다.

2009년 선거에서 좌파의 페배는 이론적이고 정치적인 논쟁으로 이어지지도 않았으며 좌파 내 균형점을 찾는 계기가 되지도 않았다. 오히려 그것은 우파 기업인 세바스티안 피녜라에게 대통령직을 물려준 미첼 바첼레트 전 대통령에 대한 여론이 좋아지고 그녀가 다시 정부로 복귀할 여건을 마련해주었다. 미첼 바첼레트 전 대통령은 칠레가 한계에 다다랐고 정치·경제적 개혁을 통해 민주주의 형태 안에서 자유와 평등의 확장을 꾀해야 한다는 진단을 공유했다. 그녀는 정치적 균형은 맞추되 당에 구애받지 않고 정치, 경제 실무팀을 꾸렸으며 다양한 인사들이 참여해 만든 공약들을 내걸었다. 이 팀은 정치적으로 개혁주의적이었고 옛 콘세르타시온의 울타리를 벗어나 정부 사업들을 추진할 수 있도록 세대교체를 도모했다.

그러나 부분들의 합이 하나의 단일체로 이어지는 것은 아니다. 현 정부는 세제 개혁을 승인했고 교육과 노동 개혁도 승인했다. 이 개혁들의 기획과 추진은 지지자들과 반대자들에게 격렬한 비판을 받았고 집권 연합 내에 정치적 소모전을 불러일으켰다. 그럼에도 불구하고 결국은 2석제 선거 시스템을 청산했고,

우파가 20년 동안 두려워했던 재외 칠레 국민의 투표도 인정했다. 부패를 척결하기 위한 바첼레트의 개혁은 이미 효력을 다한 시스템을 통한 너무 늦은 시도일 수도 있다. 이는 민주주의에 관한 UNDP의 최신 보고서에도 드러나는데, 시민들은 민주주의가 제대로 작동하지 않고 있음을 강도 높게 비판하며 국민투표와 같은 직접민주주의적 장치와 부패한 의원에 대한 처벌을 요구한다. 또한, 헌법 개정의 필요성과 이 문제가 국민투표에 부쳐져야 한다는 것에 동의하면서도 정당과 그 대표자들에 대해서는 강한 냉담을 드러내고 있다.

이상 살펴본 바와 같이 칠레에서는 시민들의 정치화가 정당과 단절되어 이루어지고 있으며, 따라서 정치 체제를 재편하는 데 있어 이를 매우 중요하게 고려해야 할 것이다. 정치권은 더 이상 미래의 정치에 대해 민주적 논쟁을 할 수 있는 곳이 아니다. 이는 의회가 정부에 대해 확신하지 못해서일 수도 있고, 좌파들이 유리한 위치를 이용하는 법을 몰라서일 수도 있다.

10월 23일의 지방 선거는 칠레 선거 역사상 최고 수치인 65%의 기권율을 기록하며 시민들의 정치 불신을 여실히 드러냈다. 중도 좌파는 상징적인 선거구들을 잃고 득표수뿐 아니라 자치단체장 자리들도 잃었다. 놀라운 것은 칠레에서 2번째로 인구가 많은 도시인 발파라이소에서 31세의 호르헤 샤르프(Jorge Sharp)가 당선되었다는 점이다. 전 학생회장이자 변호사이며 좌파 자치주의운동(Movimiento Autonomista)의 리더인 샤르프는 진보적 시민운동의 지지에 힘입어 현 우파 시장과 누에바 마요리아의 후보를 제치고 당선되었다.

2017년 대선에서 새로운 연합 정당이 형성될 가능성은 열려있다. 누에바 마요리아의 외부에서 좌파 성향 유권자들을 유혹할 대안이 만들어질 수도 있고, 기독민주당이 사회당과의 연합, 즉 바첼레트 정부의 개혁에 대해 중도주의적 거부권으로 중도좌파 연합을 지탱해온 것을 저버릴 수도 있다. 신자유주의 모델이 양극화를 해결하지 못하고 적절한 규제를 마련하지도 못한 채 쇠하는 상황에서 좌파들은 사회정의, 민주화, 개인의 자유 확대를 위한 공약을 정교하게 제시할 것을 요구받고 있다. 이를 위해서 좌파들이 먼저 뜻과 의지를 통합해야 할 것이다.

김보영 옮김

쿠바 비즈니스 환경과 우리 기업의 대응

기현서

한·중남미 경제협력센터 상임고문, 前 주 칠레 대사

핵심어: 쿠바, 비즈니스, 시장, 기업, 대한민국, 미국, 투자, 중남미, 라틴아메리카

Ⅰ. 들어가며

최근 우리 기업의 쿠바 시장에 대한 관심이 높아지고 있다. 한국과 쿠바는 미수교 관계에 있음에도 불구하고 KOTRA는 2005년 9월 아바나에 무역관을 개설하였고 그 이후 현재까지 양국 간에 상당한 수준의 인적 물적 교류가 이어지고 있다. 특히 2004년 12월 17일 미국과 쿠바가 국교 정상화를 선언하고 그에 따른 후속 조치를 구체적으로 실행하자 쿠바 개혁개방에 대한 기대가 높아졌고 우리 기업의 쿠바 시장에 대한 관심도 증대했다.

그러나 쿠바 시장은 사회주의 경제체제에 기초하고 있고 미국의 경제제재 조치를 받고 있는 데다가 현지 정보의 부족으로 인해 실제 진출에는 많은 어려움과

시행착오가 발생할 가능성이 매우 높다.

이러한 상황을 고려하여 본 글에서는 여러 관련 자료를 활용하여 국가, 무역, 투자 등 세 부문에서 쿠바 비즈니스 환경을 객관적으로 살펴보고 우리 기업의 대응방안을 제시하여 향후 쿠바 시장에 진입에 참고가 될 수 있도록 하고자 한다.

Ⅱ. 국가 환경

(1) 역사적 유산: 반세기 넘게 미국에 대항하고 있는 공산주의 국가

쿠바는 인구 11,047백만 명(2014년 추정), 면적 10.6 평방킬로미터의 도서 국가로 미국 플로리다 주 최남단 키 웨스트(Key West)로부터 약 90마일 떨어져 있는 인접 국가이다. 약 400여 년 동안 스페인 식민지로 있다가 1898년 미-스페인 전쟁에서 스페인이 미국에 패한 후 일시 미국의 통치 시기를 거쳐 1902년 5월 20일 정식으로 독립하였다.

이후 쿠바는 1959년 피델 카스트로(Fidel Castro) 공산주의 정권이 들어설 때까지 미국의 정치·경제적 영향으로부터 벗어나지 못했다. 1959년 친미 바티스타(Batista) 군부정권을 붕괴시키고 집권한 피델 카스트로는 공산주의 정권 수립을 선언하고 쿠바 내 미국 자산을 몰수하였으며 강력한 반미정책을 시행하였다. 미국도 이에 대응하여 1960년부터 쿠바에 대한 경제제재를 시작하였고 이후 다양한 입법 조치를 통해 그 강도를 높여왔다. 이러한 일련의 경제제재 조치를 총칭해서 쿠바 경제봉쇄정책이라고 부르고 있다.

1991년 소련의 붕괴로 냉전체제가 종식되자 쿠바 경제는 고난의 시기에 봉착하게 되었다. 스스로 '특별시기(Special Period)'라고 규정하고 있는 이 어려운 경제 상황을 해결하기 위해 쿠바 정부는 기간 중 관광산업 개방, 외국인투자 유인, 개인기업 제한적 허용 등 사회주의 이념에 반하는 시장주의 경제정책을 시행하였다. 그러나 2000년대에 들어 경제 상황이 다소 회복되자 이러한 조치들을 점차 축소되거나 폐지하였다.

2006년 공산주의 이념에 투철한 피델 카스트로가 건강상의 문제로 2선으로 물러나고 실용주의적 성향의 라울 카스트로(Raul Castro)가 새로운 실권자로 등장하면서 특히 농업부문의 생산성 향상을 도모하기 위해 다시 시장주의 경제정책이 제한적으로 도입되는 개혁조치가 취해졌다.

2010년 6차 공산당대회와 2016년 7차 공산당대회에서는 쿠바의 개혁개방 정책 방향을 공식적으로 설정하고 승인하였으며 계속 갱신하였다.[1] 단, 개혁개방의 범위와 깊이는 쿠바 정권 지도부 내의 강경론자들과 실용주의자들의 타협의 결과이기 때문에 이 모든 개혁조치들은 쿠바 사회주의 혁명이념의 이름으로 그 운용에는 실제 많은 제한을 수반하고 있다.

2014년 12월 미국과 쿠바 양국은 국교 정상화를 선언하였다. 곧이어 양국은 대사관 재개설, 정상회담개최, 일부 경제제재 조치 완화 등 관계개선 조치를 실시하여 상호 우호적인 분위기가 조성되었다. 그러나 2016년 11월 쿠바에서는 피델 카스트로가 사망하고 2017년 1월 미국에서는 쿠바에 강경노선을 견지하고 있는 공화당의 트럼프(Donald Trump) 정부가 들어서면서 양국의 관계개선은 다시 불확실한 상황에 접어들게 되었다.

(2) 중앙집권 계획경제 체제

쿠바는 50년 넘게 쿠바 공산당 1당 독재정권이 지배해왔고 경제도 고도로 통제된 중앙집권 계획경제 체제다. 국영기업이 모든 재화와 서비스 생산

1) 제6차 공산당대회에서 채택된 쿠바경제사회정책방향(Lineamientos de la Politica Economica y Social del Partido y la Revolucion)

을 담당하고 있고 무역과 소비는 국가기관이 규제하고 있다. 특히 쿠바 혁명군(Revolutionary Armed Forces)이라고 불리는 군부가 농업과 서비스 부문 사업을 독점하고 있다.

쿠바 헌법상 입법기관은 인민의회(National Assembly of Popular Power)와 국가평의회(Council of State)가 담당하고 있고 집행기관은 각료 회의(Council of Ministers)와 각 부처(Ministries)가 된다. 인민 회의는 최고 입법기관으로 1년에 2회 개회하며 법률(Law)을 제정한다. 같은 입법권을 가지고 있는 국가평의회는 상설기구로 법령(Decree-Law)을 만들 수 있는데 국가평의회 의장이 국가원수 자격을 가지고 있다. 각료 회의는 집행기관 자격으로 명령(Decree)을 각 부처는 이에 따른 결정(Resolution)을 입안 공표할 수 있다. 현재 라울 카스트로가 국가평의회와 각료 회의 의장이고 그 후계자로 지목되고 있는 미겔 디아즈-카넬(Miguel Diaz-Canel)이 제1 부의장이다.

외국 기업 측면에서 볼 때 쿠바 측 사업 당사자는 국가고 그 의사결정은 해당 국가기관에서 중앙집권적으로 이루어지므로 각 기관별 의사결정의 권한, 범위 그리고 과정을 이해해야만 적절한 경영적 대응을 할 수 있다.

(3) 취약한 산업구조와 부족한 인프라: 외국인 직접투자 유인 절실

EIU 자료에 의하면 2015년 기준 쿠바 무역적자는 약 92억 불이다. 수출은 41억 불로 사탕수수, 니켈, 담배 등이 주요 수출품목이다. 수입은 133억 불로 식품, 석유, 공산품(기계 및 장비, 전자제품, 자동차 및 관련 제품, 화학제품) 등이 주종 수입품목이다. 116억 불에 달하는 무역수지 적자는 서비스부문 흑자가 보전해주고 있는데 이 부문의 흑자는 주로 관광수입, 의료인력 수출[2] 및 해외거주

2) 약 4만 명의 의사가 66개 국가에 진출해 있다. 베네수엘라와 브라질이 최대 파견국들이다.

자 국민으로부터의 송금 등으로 이루어지고 있다.

2015년 경상수지는 약 15억 불 흑자를 기록했는데 기간 중 대외채무 원금상환액이 37억 불, 이자가 18억 불임을 고려하면 쿠바의 어려운 외환 사정이 드러난다. 특히 그동안 일당 10만 배럴의 특혜 석유를 주어왔던 베네수엘라 경제 상황이 급격하게 악화되면서 규모가 줄어들고 있어 앞으로 외환 사정은 더 어려워질 것으로 전망되고 있다.

국내저축 부족 상황은 현재 쿠바 정부가 목표로 하고 있는 4~5% 지속적인 경제성장을 어렵게 만들고 있다. 따라서 계획된 성장목표를 달성하기 위해서는 발전, 운송, 통신, 도로 등 인프라 부문과 농업 및 제조업 부문에 외국자본을 유치하는 일이 매우 절실하다.

라울 카스트로 정부는 이러한 상황을 인식하고 외국인투자를 '쿠바 경제발전에 있어서 필수불가결한 요소'로 규정하면서 신 외국인투자법(법률 118호)과 마리엘 특구법을 제정하여 외국인투자 유치를 확대하기 위한 법적 제도적 그리고 물리적 장치를 마련하였다. 쿠바 정부는 연간 20억 불의 외국인 직접투자를 목표로 노력하고 있다.

(4) 미국의 경제제재 조치

미국의 쿠바 경제봉쇄정책은 쿠바 혁명정부가 쿠바 내 미국 민간인 자산을 몰수한 것에 대한 보복 조치로 1960년 10월부터 시작되었다. 미국은 이후 50년 동안 다양한 형태의 입법 조치를 통해 쿠바에 대한 경제제재 조치를 확대해 나갔다.[3)]

3) Foregn Assistance Act(1961), Proclamation 3447(1962), Cuban Assets Control Regulations(1963), Export Administration Act(1979), Cuban Democracy Act(1992), Helms–Burton Act(1996), Trade Sanction Reform and Export Enhancement Act(2000), 각종 Amendment(2009, 2010, 2011, 2012)

따라서 미국의 쿠바 봉쇄정책은 이러한 일련의 제재를 총칭한 것이며 다양한 형태의 법률과 행정명령으로 이루어진 다층적 구조로 되어 있다. 그런데 문제는 미국의 경제봉쇄정책 여파가 단지 쿠바에만 국한되는 것이 아니고 쿠바와 경제 관계를 가지고 있는 제3 국에게도 미치고 있다는 것이다.

예를 들면 1992년에 공표된 쿠바 민주화 법(Cuban Democracy Act)은 해외 소재 미국기업의 자회사들이 쿠바와 경제 관계를 갖는 것을 금지하고 있다. 또한, 1996년의 헬름스-버튼 법(Helms-Burton Act)은[4] 제3국 기업이 몰수된 미국자산을 가지고 운영하고 있는 쿠바 국영기업과 거래한 경우 미국법에 의해 소추받을 수 있도록 했다.

미국의 쿠바 경제봉쇄정책의 최종 목표는 현 쿠바 공산정권의 붕괴다. 미국은 경제봉쇄정책 철폐 조건으로 자유 선거에 기초한 민주주의 실시와 언론자유 보장 그리고 시장경제체제를 수용하라는 것인데 쿠바 입장에서 볼 때 이 조건들이야말로 지난 50여 년 동안 지탱해온 쿠바 정치 및 사회체제를 붕괴시킬 수 있는 사안들이기 때문에 타협의 여지가 매우 좁다. 쿠바 정부는 이 상황을 극복하기 위해 EU, 중국, 역내 중남미 국가 등과 경제 관계 다변화를 추진하고 있다.

(5) 쿠바 경제개혁

쿠바는 공산주의 이념에 기초한 중앙집권 계획경제체제를 운용하고 있는 국가이기 때문에 여기에서 논하는 경제개혁이란 자본주의적 시장경제 체제 도입을 의미한다. 쿠바 경제개혁 흐름은 크게 특별시기(1990~2000), 후퇴기(2000~2006) 그리고 라울 카스트로 개혁시기(2006~현재) 등으로 구분할 수 있다.

4) 원래 명칭은 쿠바자유민주연대법(Cuban Liberty and Democratic Solidarity Act)이다.

1) 특별시기: 1990–2000년

1991년 소련이 붕괴되고 냉전이 종식하자 그동안 소련의 지원에 의존해왔던 쿠바 경제는 심각한 경제적 난국에 봉착하게 되는데 이 시기를 쿠바 정부 스스로 '특별시기'라고 규정하였다. 참고로 1991~1994년 기간 중 쿠바는 국내총생산이 1/3 감소하는 경험을 하였다.

쿠바 정부는 이러한 경제 난국을 극복하고자 일시적으로 이념을 포기하고 제한적인 범위 내에서 시장주의 정책을 도입하게 된다. 우선 부족한 외환확보를 위해 관광산업을 활성화하고 외국인투자를 유치했다. 광업부문도 일부 시장 개방하였는데 이때 현재에도 왕성한 활동을 하고 있는 캐나다 쉐리트(Sheritt)사가 니켈 광산에 투자한 것이 그 예다. 농업부문 생산성 제고를 위해서는 개인이 생산한 잉여농산물을 시장에서 판매할 수 있도록 허용했다. 또한, 고용증대 방안으로 소규모 가정식 식당 등 개인 자영업을 제한적으로 허용하였다.[5] 특히 외국인 직접투자를 유치하기 위해 쿠바 정부는 헌법도 일부 수정하고 외국인투자법(1995년, 법률 77)을 제정하였다. 1993년에는 미국 달러화 국내 통용을 허용했다. 이 결과 미국에 거주하는 쿠바인들의 송금이 증가하였다.

2) 후퇴기: 2000–2006년

경제가 다소 회복하고 베네수엘라가 쿠바의 새로운 후원 국가로 등장하자 쿠바 정부는 지난 10년 동안 취해왔던 시장주의 경제정책을 점차 폐기하거나 축소하기 시작했다. 자영업 허가 규모가 줄어들었고 영업 중인 기존 자영업자에게는 높은 세금을 부과하고 규제를 늘렸다.

2004년에는 달러화 통용도 중지시켰다. 그 대신 달러화와 동등한 가치를

5) 1996년까지 약 200,000명의 자영업자가 생겨났다.

지닌 태환 페소(CUC)를 발행 사용하고 있는데 달러화를 태환 페소로 환전할 때 미국에 대한 보복의 상징으로 10%에 해당하는 수수료를 부과한다. 따라서 1달러를 환전하면 0.9 태환 페소가 된다. 반면 유로화나 엔화 등에는 환전 수수료를 부과하지 않는다.

3) 라울 카스트로 개혁 시기: 2006-현재

2006년 하반기 중 공산주의 이념에 투철한 피델 카스트로가 건강상 문제로 2선으로 후퇴하고 실용주의적 성향이 강한 라울 카스트로가 정권 전면에 등장하면서 쿠바 경제개혁은 다시 동력을 회복하기 시작했다.

우선 라울 카스트로는 경제 생산성을 높이기 위해 각종 규제를 해제하였는데 여기에는 개인소유 자산과 부동산의 매매, 농업생산 증진을 위한 국유지 임대, 잉여농산물 시장판매 허가, 자영업 확대 조치 등이 포함되었다. 2012년에는 협동조합법을 만들어 농업생산, 수송, 서비스, 제조업 부문에서 민간인들이 협동조합을 결성하여 허가를 받으면 정부의 통제를 받지 않고 사업을 수행할 수 있도록 하였다. 2012년 10월에는 국외 출국허가 제도를 폐지하여 2013년 1월부터 쿠바인들은 자유롭게 출국과 입국을 할 수 있게 되었다.

그러나 라울 카스트로 정부의 경제개혁 조치는 소기의 경제적 성과를 내지 못했다. 여기에는 여러 가지 요인이 있겠지만 우선 앞서 언급한 개혁조치를 지탱해줄 재원의 부족과 물리적 인프라가 미비한데 근본적인 원인이 있고 다음에는 어떠한 경제개혁 조치도 모두 사회주의 경제이념과 틀 속에서 이루어져야 한다는 한계 때문인 것으로 보인다. 쿠바 정권은 경제적 이득을 위해 정치적 위험을 감수할 생각이 없다. 시장주의 경제정책의 도입은 단지 사회주의 혁명 이념을 달성하기 위한 수단일 뿐이다.[6] 쿠바 정부는 경제적 부를 축적한 중산층의 부상

6) 제6차 공산당대회에서 채택된 쿠바경제사회정책방향(Lineamientos de la Politica Economica y Social del

을 경계하고 있는데 중산층의 증가는 계층 간 불평등을 야기하고 결국은 정치적 불만으로 이어질 것으로 판단하고 있다.

향후 쿠바 경제개혁의 방향과 범위 그리고 운용방식은 라울 카스트로를 포함한 집권세력의 정치적 이익과 국가의 실질적 경제적 이익이 만나 형성하는 교집합의 크기에 달려있다. 그리고 그 교집합의 범위와 수준이 쿠바의 중요한 무역 및 투자환경을 구성한다.

(6) 국제경제와 쿠바

쿠바는 북한과 다르게 국제경제사회로부터 고립되어 있지 않고 WTO, ACP, ALADI, ALBA, WIPO 등 역 내외 경제기구에 가입하고 있으며 UN, OAS, LAIA, ACS, CELAC 등 역 내외 정치기구의 정회원국이기도 하다. 또한, 61개국과 투자보장협정을 체결하고 있다.[7] 즉, 쿠바 정부는 그동안 국내외 정치·경제적 어려움에도 불구하고 경제적으로 고립되는 상황을 극복하기 위해 노력해왔다. 이러한 일련의 노력은 경제 관계 다변화를 통해 과거에 경험했던 미국 그리고 소련 일변도 의존 경제로부터 탈피하는 데 목적을 가지고 있다.

쿠바는 1947년 만들어진 GATT에 최초로 서명한 23개 국가 중 하나이다. 1995년에 WTO가 만들어지면서 당연하게 정회원국가로 가입했다. 따라서 WTO의 최혜국대우세율(MFN Tariff Schedule)이 적용된다. 참고로 쿠바는 1948년에 창설된 미주기구의 창설회원이었다. 그러나 피델 카스트로 정권수립 이후 미국과 반목하면서 1962년에 미주기구 회원자격이 정지되었다. 그러나 역내 중남미

Partido y la Revolución)에서도 모든 개혁 조치는 사회주의혁명을 완수하기 위한 것임을 명백하게 규정하고 있다.

7) 영국, 프랑스, 이태리, 스페인, 핀란드 등 유럽 국가, 멕시코, 브라질, 아르헨티나, 콜롬비아 등 역내국가, 중국, 말레이시아, 라오스, 베트남 몽고 등 아시아 국가 등이 포함되어 있다. 한국은 미수교국으로 투자보장협정이 체결되어 있지 않다.

회원국의 강력한 요청과 미국의 입장 선회로 2009년에 회원자격 정지상황이 중지되고 다시 회원국이 되었다.[8)]

(7) 높은 교육수준의 우수한 인력 그러나 비생산적 인력배치

쿠바 인력이 우수하다는 것은 널리 알려진 사항이다. 2014년 유엔 인간개발보고서에 의하면 15세 이상 성인 비문맹률은 99.8%에 이르고 있고 초등학교 취학률 98.3%, 중고등학교 진학률 92.1%, 대학교 진학률 47.8%의 매우 높은 교육수준을 가지고 있다. 그러나 문제는 높은 교육 수준에도 불구하고 이를 충분하게 활용할 수 있는 일자리 등 사회적 조건이 갖춰져 있지 않거나 고용의 경직성으로 인해 전문성과 관련이 없는 곳에 인력들이 배치되어 있어 생산성이 높지 않다는 것이다. 특히 외국 기업들이 쿠바에서 사업을 인력을 고용할 때도 필요한 인력을 직접 고용하지 못하고 정부에서 추천한 후보자들 속에서 선정해야 한다.

Ⅲ. 무역환경

(1) 수입시장 규모

EIU 자료에 의하면[9)] 2011~2017년(전망치) 기간 중 쿠바의 연간 수입규모는 대강 140억 불 내외에서 움직이고 있다. 이는 같은 기간 인구 940만 명의 도미니카 공화국의 수입 규모가 약 170억 불 수준임을 감안해 본다면 인구 1,100만을 가지고 있는 쿠바의 수입시장이 상대적으로 작다는 것을 알 수 있다. 쿠바 수입시장은 정부가 독점적으로 지배하고 있기 때문에 국민들의 소비수요가 극도로 억제되어 있다. 따라서 쿠바 혁명 이후 50년 넘게 억눌려온 소비수요에 더하여 전력,

8) 2009. 6. 3. 미주 외무장관 Resolution AG/RES 2438

9) EIU Country Report Cuba June. 2016

통신, 수송, 도로, 주거 등 각종 사회적 인프라 부족과 노후 상황은 앞으로 대폭적인 수입수요 증가로 이어질 수 있는 잠재력을 가지고 있다. 물론 이러한 상황의 도래는 쿠바의 정치·경제적 상황 개선을 전제로 하고 있다. 일례로 일명 올드 아바나(Old Habana)라고 불리는 아바나 구시가지를 상정해 보자. 올드 아바나는 유네스코(UNESCO) 세계문화유산으로 지정되어 있는데 시내에 있는 모든 식민지 시대 건축들이 매우 노화되어 리모델링하는 것이 시급하다. 이 경우 소요될 수 있는 건자재 수입수요를 생각해 보라. 쿠바 수입시장은 현재적 가치보다는 미래적 가치가 더 크다.

(2) 무역의 주체: 국영기업

외국 기업이 쿠바 시장에 진출하고자 할 때 가장 어려운 일은 최초 접촉선을 확보하는 일이다. 정부가 모든 생산과 분배를 독점하고 있기 때문에 무역도 당연하게 정부가 통제하고 있다. 따라서 외국 기업이 쿠바와 무역을 한다는 것은 쿠바 정부가 무역 당사자가 된다는 의미이다. 국영무역이다. 따라서 외국 기업이 쿠바와 부역거래를 실현하기 위해서는 어떤 국영기업을 어떻게 접촉해야 하는가 하는 현실적인 문제가 있는데, 사실상 이 문제는 쿠바에 처음 진출하는 외국기업에게 매우 생소한 무역환경을 구성하고 있다.

쿠바에서 무역 관련 1차 정보를 제공해 줄 수 있는 기관은 쿠바상공회의소(www.camaracuba.cu)이다. 일반적으로 상공회의소는 민간 기구이지만 쿠바에는 민간 기업이 없으므로 쿠바상공회의소는 사실상 정부 기관이다. 따라서 외국 기업이 쿠바와 무역거래를 추진하고자 할 때 일단 쿠바상공회의소를 매개로 정보를 입수하고 해당 기관을 접촉해 나가야한다.[10)]

10) 우리 기업의 경우는 쿠바에 소재하고 있는 아바나무역관을 접촉하면 된다.

1) 국영기업 구조

쿠바의 각 부처(Ministries)는 산하에 무역, 제조, R&D, 서비스 등을 담당하는 다층적 국영기업을 가지고 있다. 그리고 이들은 홀딩기업을 중심으로 집단화되었는데 각 홀딩기업 집단에는 무역전담 국영기업이 있다. 무역전담 국영기업은 홀딩기업 집단 내 무역수요를 의뢰받아 외국기업과 무역거래 업무를 수행한다.

쿠바 내 전체 기업규모는 총 1,992개사며 이 중 무역을 할 수 있는 권한을 가진 기업 수는 124개사다. 이들 기업이 소위 구매자 또는 판매자가 된다. 그 구성을 보면 각 부처별로 홀딩기업 집단을 가지고 있고 그 산하에 무역업체를 가지고 있는데 국방부, 대외무역부, 산업부, 정보통신부, 문화부, 관광부 순으로 무역업체를 많이 보유하고 있다.[11)]

〈그림 1〉 부처 산하 기업구조

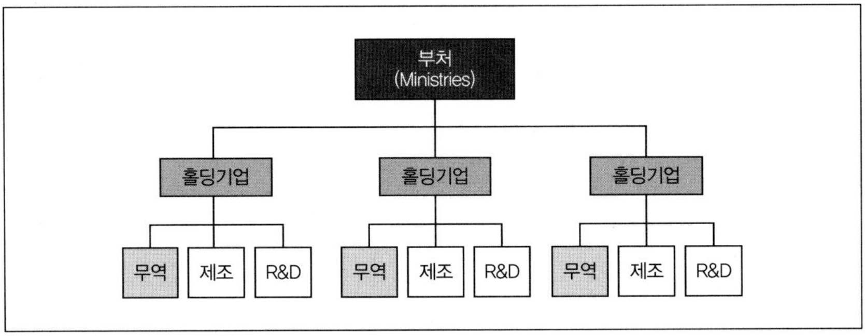

11) 국방부(홀딩: GAESA) 13개사, 대외무역부(홀딩: GECOMEX) 12개사, 산업부(홀딩: GEIC, GESIME, GEIL) 12개사, 정보통신부(홀딩: COPEXTEL) 11개사, 문화부 8개사, 관광부 7개사, 식품산업부(홀딩: GEIA) 6개사, 교통부 6개사, 에너지광업부(홀딩: UNE, CUPET, CUBANIQUEL) 6개사, 농업부 5개사, 보건부 4개사, 건설부 3개사, 바이오그룹(BIOCUBAFARMA) 7개사, 설탕산업그룹(AZCUBA) 3개사

2) 국영기업 거래절차

쿠바 국영기업과 거래하기 위해서는 판매자 등록이 필수적이다. 그러나 판매자 등록을 위해서는 사전 기업홍보와 함께 해당 국영기업과 신뢰 관계를 구축하는 것이 필요한데 그 과정이 용이하지 않고 많은 시간과 노력이 필요하다. 판매자 등록에 필요한 서류는 정관, 사업자등록증, 위임장, 거래은행 레퍼런스, 재무제표, 기업 프로파일, 기타 요구 서류 등이다. 모든 서류는 스페인어로 번역, 공증하여야 한다.[12)]

국영기업의 구매입찰은 판매자들을 대상으로 비공개로 이루어진다. 기술평가와 가격평가 과정을 거치며 최종적으로 업체가 선정된다. 기술평가는 수입의뢰 국영기업이 하며 가격평가와 낙찰업체 선정은 무역전담 국영기업이 수행한다. 낙찰이 되면 이어서 무역전담 국영기업과 무역계약 체결을 하고 상품 및 서비스 공급 그리고 대금 지불 및 회수 과정이 이루어진다. 쿠바 국영기업의 일반적인 지급조건은 신용장 360일 조건이며 각 국영기업의 지급여력에 따라 더 길어질 수도 있다.

(3) 현실적 상황: 쿠바 내 무역 중개상 역할

국영기업과 거래하기 위해서는 해당 국영기업에 판매자등록을 해야 하지만 그 과정이 용이하지 않다. 기업홍보, 인맥 만들기, 다양한 서류제출 및 검토, 관료주의, 부패, 늦은 의사결정 등으로 많은 비용과 시간이 요구된다. 특히 한국기업은 양국 간 외교 관계가 없기 때문에 보다 많은 어려움이 있다.

따라서 기업들이 처음에는 의욕을 가지고 쿠바 시장에 접근하지만 첫째 이러한 복잡하고 지루한 과정에 적응하지 못하고 둘째 불리한 지불조건과 금융거래의

12) 정관, 사업자등록증, 위임장은 주 멕시코 한국대사관 및 쿠바영사관 영사확인이 필요하다.

어려움까지 겹쳐 진출을 포기하기 쉽다.

이 경우 쿠바 내에서 활동하고 있는 중개무역상을 활용할 필요가 있다. 쿠바 내에 지사를 두고 중개무역 활동을 하고 있는 외국기업은 약 650개사 정도로 파악되고 있는데[13] 이들을 활용하면 앞서 언급한 판매자등록을 할 필요도 없고 대금회수에 대한 부담도 없다. 단 수출업체 마진이 줄어드는 것은 당연하다. 참고로 외국 기업이 쿠바에 지사를 설치하기 위해서는 최근 3년간 연평균 50만 불 이상의 거래실적이 필요하다. 현재 한국 기업은 대부분 중개무역상을 통한 간접교역을 하고 있다.

Ⅳ. 투자환경

(1) 외국인투자에 대한 쿠바 정부 관점 변화 추이

1959년 쿠바 혁명 이후 외국인투자에 대한 쿠바 정부의 관점 또는 입장은 크게 다섯 단계로 변화해 왔다. 우선 혁명 직후 쿠바 정부는 미국 의존 경제 탈피, 다국적기업 배격, 시장 경제 부정을 주장하며 쿠바 내 미국기업과 자산을 몰수하였고[14] 미국은 물론이고 기타 외국기업의 쿠바 내 투자를 허용하지 않았다. 당시 쿠바 정부는 외국인투자의 허용은 쿠바의 자주권, 사회주의 계획경제 모델, 마르크스-레닌 그리고 피델 카스트로의 정치 이념에 배치된다고 생각하였다. 그러나 1990년대 소련이 붕괴하고 경제가 어려워진 소위 특별시기에 쿠바 정부는 미국을 제외한 캐나다, EU, 중남미 국가들의 투자를 제한적으로 허

13) 스페인 165개사, 파나마 81개사, 이태리 41개사, 중국 41개사, 캐나다 36개사, 멕시코 34개사, 프랑스 21개사, 독일 19개사, 버진 아일랜드 17개사, 러시아 13개사, 기타 149개사

14) U.S. Foreign Claims Settlement Commission에 의하면 당시 몰수된 미국 자산은 1960년 가격 기준 19억 불에 달한다.

[표-1] 쿠바 정부의 외국인 직접투자에 대한 관점변화 추이

1기 (Phase1) 1960년대 혁명시기	2기 (Phase2) 1990년대 소련 붕괴 이후 시기	3기 (Phase3) 2000년대 반동의 시기	4기 (Phase4) 2000년 중반~말 사회주의 연대 시기	5기 (Phase5) 2011년~현재 양면 가치적 시기
국수주의 외국투자자 자산 몰수	외국인투자 자유화 (외국인투자법 _법률 77호)	외국인투자자유화 축소 및 취소	베네수엘라, 중국, 브라질 등 사회주의 및 좌파 국가 국영기업 연대 강화	경제개혁 및 반부패 추진(외국인투자법_ 법률 118)

출처: Richard E. Feinberg, Open for Business: Building the New Cuban Economy: Five Phases of Cuban Policies toward Foreign Direct Investment

용하였다. 이때 제한적이기는 하지만 관광, 니켈 등 광업, 소비재 중심 제조업 부문에 외국인투자가 실행되었다. 1995년에는 최초로 외국인투자법(법률 77호)을 제정하여 외국인투자에 대한 법적 제도적 장치를 마련하였다.

2000년대 들어서 쿠바 경제가 특별시기를 극복하고 어느 정도 회복하자 피델 카스트로는 다시 사회주의 이념 우선을 내세우며 외국인투자에 대한 부정적인 입장을 보이고 직간접적인 제한을 하였다. 그러나 2008년 동생인 라울 카스트로가 쿠바의 공식적인 국가수반이 되자 외국인투자에 대한 입장이 다시 변화하였다. 즉 '외국인 직접투자는 사회주의 경제체제를 저해하지 않는 범위 내에서 쿠바 경제발전에 보완적으로 필요하다는(supplementarily necessary) 논의'가 받아들여졌다. 이후 쿠바는 베네수엘라, 중국, 브라질 등 사회주의 국가 또는 좌파 국가들로부터 오는 산업 및 인프라 투자를 받아들이기 시작했다.

외국인 직접투자에 대한 관점의 획기적 변화는 2011년 4월에 개최된 제6차 공산당 대회다. 여기에서 공식적으로 채택된 '쿠바경제사회정책방향'에는 총 313개의 경제사회정책 방향이 있는데 이 중 12개가 외국인투자에 관련된 것이다. 동 정책방향에서 나타난 쿠바 정부의 외국인투자에 대한 관점을 보면 표면

적으로 '외국인투자는 여전히 쿠바 사회주의 경제체제 건설 및 유지를 위한 보완적인 수단'에 불과하다. 즉, 외국인 직접투자는 '선진기술에 대한 접근, 경영기법의 전수, 수출시장 다변화 및 확대, 수입대체, 고용창출, 외부금융에 대한 접근'을 위한 수단'일 뿐이고 사회주의 경제체제를 강화하기 위한 목표를 가지고 있다는 것이다. 그럼에도 불구하고 결과적으로 볼 때 쿠바 정부는 이 문건을 통해 외국인투자의 실체적 필요성과 존재를 공식적으로 인정한 것이 된다. 이러한 입장은 2014년에 제정된 신 외국인투자법(법률 118호)과 2013년의 마리엘 특구법(법률 313호)에 그대로 반영되었다.

(2) 외국인투자법: 법률 118호(2014. 3. 29.)

2011년 4월 16일에 개최된 제6차 쿠바 공산당대회에서 외국인투자에 대한 쿠바 정부의 관점이 공식적으로 변화하였지만, 쿠바 정부와 공산당 내부의 강경론자들은 여전히 외국자본의 쿠바 유입에 대한 불신을 숨기지 못하고 있다. 이러한 불신은 전술한 12개 정책방향에 여러 가지 표현으로 나타나고 있고[15] 2014년의 신 외국인투자법(법률 118호)에 반영되어 있다. 따라서 외국인투자는 최근 그 필요성이 매우 강조되고 있지만 강경론자들의 경계와 불신이 공존하고 있다는 측면에서 신 외국인투자법 운용 시 외국인투자에 대한 사전검토와 사후관리를 엄격하게 할 것이다. 이 결과 외국인 투자자는 투자 전후 모두 많은 보이지 않는 경영상의 어려움을 경험할 것으로 보인다.

1) 외국인 투자자 보호

외국인투자 자산은 공공의 이익에 반하지 않는 한 몰수되지 않는다. 공공의

15) 즉, '외국자본은 국내저축에 대한 보완적인 성격을 갖는다.', '외국자본은 국가계획경제와 조화되어야 하고 국가정책목표를 충족시켜야 한다.', '외국자본에 부여된 프로젝트는 엄격하게 모니터링 되어야 한다.' 등이다.

이익에 반하여 몰수를 할 경우에도 완전한 보상을 보장한다. 외국인 투자기업이 정부의 허가기간 만료 전에 재연장을 신청하면 허가기간이 자동으로 연장된다.

2) 부동산 개발과 소유권

신 외국인투자법은 1995년 외국인투자법(법률 77호)과는 달리 외국인이 거주 또는 관광 목적으로 쿠바 내에서 부동산을 소유할 수 있도록 하고 있다. 이에 따라 외국기업은 쿠바에서 주거 임대 또는 관광목적으로 부동산 개발 사업을 추진할 수 있다. 이 경우 재무부와 각료회의 승인이 필요하다.

3) 투자 형태

투자형태는 합작투자, 국제동반자협정, 지사 또는 자회사 등 세 가지가 있다. 합작투자는 쿠바 측과 지분을 나누어 쿠바 법에 따라 별도의 합작회사를 창설하는 것이다. 국제동반자협정은 쿠바 측 회사와 계약을 통하여 외국인투자가가 쿠바 내에서 회사를 경영하는 것인데 호텔경영계약이 그 대표적인 사례이다. 100% 단독투자는 법률상으로 언급되어 있지 않지만 외국투자가가 원할 경우 매건 대외무역투자부(MINCEX)와 협의를 해야 한다.

4) 경영관련 주요 내용

외국인투자기업은 그 형태와 무관하게 소정의 계약기간을 설정하지만 구체적 기간은 법률에 명시되어 있지 않다. 따라서 투자규모, 자본회수기간 등 제반 요인을 감안하여 계약 시 기간을 결정하는데 기간 만료 6개월 전에 연장신청을 하면 자동 연장된다.

각종 세제 특혜는 상기한 계약기관과는 관계없이 법률에 일률적으로 규정되어 있다. 예를 들면 법인소득세의 경우 설립 이후 최초 8년은 완전 면세며 8년 이후에는 15%가 적용된다. 참고로 쿠바 국내법인의 법인소득세는 35%이다. 국방, 교육, 보건, 방송통신 부문에 대한 외국인투자는 허용되지 않는다. 대외무역투자부는 2012년 쿠바 정부가 희망하는 외국인투자를 선정하여 공표해왔는데 이 리스트는 쿠바상공회의소 홈페이지에 게재되어 있으며 매년 갱신하고 있다.[16)]

외국투자기업은 계약기간 이내라고 하더라도 필요시 자산을 타 외국기업 또는 쿠바 기업에 매각하고 자본을 철수할 수 있다.

수출입은 쿠바 내 무역회사를 경유하지 않고 직접 할 수 있다, 단 수출 후 획득한 외환은 국내 외환계좌로 입금되며 수입 시에는 별도로 외환을 배정받아야 가능하다.

지분 소득 및 과실은 자유롭게 본국 송금을 할 수 있으나 그 구체적 실행은 실행 당시 '유동성 운용시스템(CL)'의[17)] 여건에 따라야 한다.

(3) 노동 및 고용관련 사항

외국인투자기업의 경영 및 기술 인력으로 쿠바 이민법상 외국인은 쿠바 노동법 적용을 받지 않는다. 그러나 영주권을 가지고 있는 외국인은 쿠바인으로 대우를 받는다.

외국인투자기업이 현지 노동력을 고용할 때 임의로 하지 못하고 필요한 고용인원과 요건을 고용전담 관청에 통보하면 고용관청은 관련 인력을 일정한 절차를 거쳐 선발한 후 보내주는데 이때 고용하면 된다.

임금도 외국인투자기업이 고용전담 관청에 태환 페소(CUC)로 일괄 지불한다. 고용전담 관청은 지불받은 태환 페소 임금을 피고용자에게 그대로 지불하지 않

16) Cartera de Oportunidades (Portfolio of Opportunities) 2016–2017.

17) Capacidad de Liquidez (Capacity of Liquidity) System

고 같은 숫자만큼의 쿠바 페소(CUC)로 지급한다. 즉 외국인투자기업이 600 태환 페소(CUC)를 지급하면 고용관청은 피고용자에게 600 쿠바 페소(CUC)을 지급하는 것이다. 현재 환율이 1 태환 페소(CUC)가 24 쿠바 페소(CUP)인 것을 감안하면 1불당 23 쿠바 페소는 정부가 수거해가는 셈이 된다.

(4) 2016-2017년 쿠바 투자기회 명세표

쿠바 대외무역투자부가 선정 발표한 2016-2017 쿠바 투자기회 명세표에는 총 395개 프로젝트가 열거되어 있다. 이를 세분해 보면 관광 114개, 석유 87개,

[표-2] 쿠바 투자기회 명세표(2016-2017)

분야	프로젝트 수	프로젝트 예시
관광	114	호텔, 빌라, 리조트, 골프장 신축/리모델링/경영, 승마클럽, 에코단지 건설 등
석유	87	유전 탐사 및 개발(멕시코만 심해유전, 연안, 내륙)
농업 및 식품	76	가축사육, 가공, 양계, 과일재배, 쌀생산 등
에너지	22	태양광, 풍력, 바이오매스 발전설비 등
산업	16	전등, 스포츠용품, 종이, 차량, 밧데리, 태양광 패널, 전선, 몰드
바이오 의약	15	의약품 개발 및 생산
광업	13	지질탐사, 광물개발 등
수송	10	크루즈 항구개발, 조선소 운영, 선박정비센터 등
건설	10	건자재 생산, 중장비 정비소, 판넬 제조 등
상업	7	도매유통(하드웨어, 건자재, 자동차 부품, 원단), 냉장차 등
물 관련사업	5	생수생산, 파이프 생산 등
시청각	3	VOD 서비스, 시청각 센터, 방송 인프라 개선 등
보건	3	의료관광센터 구축, 스포츠 의학 서비스 등

출처: 아바나 무역관 정덕래 관장, 쿠바시장 접근전략(2017. 2)

농업 및 식품 76개, 에너지 22개, 산업 16개, 바이오 및 의약 15개, 광업 13개, 운송 10개, 건설 10개, 상업 7개, 물 관련 사업 5개, 시청각 3개, 보건 2개 등이다.

(5) 마리엘 특구(Mariel Special Zone)

쿠바 정부는 2013년 9월 법률 313호를 통해 마리엘 특구(Mariel Special Zone)를 설치하였다. 마리엘은 아바나 서쪽 30마일 지점에 위치한 항구지역으로 특구로 설정된 전체 지역의 규모는 약 465.4 평방 킬로미터 이다.

마리엘 항구에는 현재 브라질 정부의 지원으로 대형 컨테이너 부두가 건설되었고 창고와 경공업이 입주할 수 있는 시설 등이 준비되었다. 기타 철도를 포함한 인프라도 마련되고 있다.

마리엘 특구법(법률 313호)과 신 외국인투자법(법률 118호)은 쿠바 정부의 외국인 직접투자를 유인하기 위한 양대 축을 구성하고 있다. 특히 마리엘 특구법은 신 외국인투자법보다 6개월 전에 공표되었음에도 불구하고 신 외국인투자법에 포함된 제반 특혜가 모두 포함되어 있다. 그러나 신 외국인투자법에 포함되지 않은 특혜도 있다.

1) 투자 주체 및 형태

외국인 및 쿠바인 모두 마리엘 특구에 투자할 수 있다. 투자형태는 신 외국인투자법에 언급된 세 가지 투자형태 모두 가능하나 쿠바 정부는 합작투자를 선호하고 있다. 마리엘 특구 내 100% 외국인자본 투자는 신 외국인투자법에 의한 경우보다 더 용이하나 이 경우 각료회의 허가가 필요하다.

쿠바 업체의 투자는 대외무역투자부의 결정(Resolution)을 통해 이루어진다. 합작투자 및 국제동반자협정의 경우 투자주체가 특구청장에게 허가를 신청할 수 있고 특구청장은 사전에 구성된 위원회 승인을 거쳐 기업설립을 허가한다.

2) 허가의 종류

허가의 종류는 양허(Concession)와 사용자허가(User Permit) 두 가지만 존재한다. 양허는 주로 발전, 수송, 통신, 건설, 특구 내 기타 인프라 서비스 부문에 라이선스를 주는 것이며 사용자허가는 제조, 보세무역, 기술개발 등의 사업을 할 수 있도록 특구 사용을 허가하는 것이다. 특구청장이 허가권을 가지고 있다.

3) 수입관세

특구 내에서는 기자재 및 중간자재 수입관세가 전면 그리고 계속 면제된다. 이는 신 외국인투자법 상 외국인투자가가 특구 외 지역에 투자할 경우 최초 수입 기자재만 면제받는 것과는 차이가 있다.

마리엘 특구 입주업체가 수입하는 자동차와 운송용 차량의 수입관세도 면제되는가 여부는 특구법에 명시되지 않아 현재 불확실한 부분이다.

4) 면세

특구 내 기업의 법인소득세는 10년 동안 면제된다. 이는 신 외국인투자법의 8년보다 더 길다. 면세기간이 끝나면 12%의 법인소득세율을 적용받는데 이 경우에도 신 외국인투자법의 15% 보다 낮은 수준이다. 판매세와 공공시설사용세도 면제된다.

5) 노동

신 외국인투자법과 동일한 조건이다.

6) 은행

특구 투자업체는 미국 은행계좌를 개설할 수 없을 뿐만 아니라 미국은행을 통한 금융거래를 수행할 수 없다.

(6) 기타

2013년 마리엘 특구법, 2014년 신 외국인투자법이 공표된 이후 쿠바 정부의 외국인투자 유치성과를 보면 쿠바 정부가 기대했던 것과 같은 긍정적인 성과는 나오지 않고 있다. 그 이유는 외국인투자를 저해하는 쿠바 국내외적인 장애요소 때문인 것으로 분석되고 있다.

최근까지 성과를 보면 재투자 14건, 마리엘 특구 투자 승인 15건, 마리엘 특구 외 지역 투자승인 54건 등으로 약 13억불 수준이다.[18] 쿠바 정부는 매년 약 20억불 투자유치를 목표로 하고 있다.

V. 우리 기업의 대응

우리 기업의 입장에서 볼 때 쿠바는 그다지 매력적인 시장은 아니다. 우선 인구 1,100만 명, GDP 897억 불(2015 잠정, EIU)의 소규모 시장이고 우리 기업에게 익숙하지 않은 사회주의 국영무역을 하고 있으며 미국의 경제적 제재를 받고 있다. 또한, 미수교국인 관계로 은행 간 거래도 없어 직접교역도 어렵다. 쿠바 측 무역대금 지불조건도 매우 불리하다.

또한, 오바마 2기 정권 때부터 개선되기 시작한 미국과의 관계도 공화당의 트럼프 정부가 출범하면서 불확실성이 높아지고 있다. 사회주의 이념에 투철하고 카리스마가 강한 피델 카스트로가 사망했으므로 향후 쿠바 정권이 보다 과감한 개혁개방 정책을 취할 것이라는 기대가 나오기도 하지만 2008년 라울 카스

18) Cuba: Open to Foreign Investment. Idalberto Aparicio Gonzalez, Mincex 외국인투자부국장

트로 집권 이후 정치 및 경제 권력을 과점하고 있는 사회주의 기득권층(Socialist Oligarchy)이 과연 기득권을 위협하게 될 개혁개방을 할 것인지는 매우 불투명하다.

그리고 우리나라와의 수교 관계도 쿠바 정부의 정치적 이념 그리고 쿠바–북한 관계, 대미 관계 등 사안들이 얽혀 있어 그 전망이 밝지 않다.

그렇다면 '이러한 비우호적인 무역투자 환경에도 불구하고 우리 기업이 비용과 시간을 감수하며 쿠바 시장에 진출해야만 하는 이유는 무엇이고 또 진출해야 한다면 어떻게 하는 것이 좋은 것인가?' 라는 의문이 생긴다. 본 장에서는 이 의문에 대해 그 이유와 방향을 정리해 본다.

(1) 진출환경을 구성하는 한–쿠바 수교 전망: 미수교 상황 당분간 지속

쿠바는 1949년 7월에 한국 정부를 승인하였으나 1959 쿠바 혁명 이후 외교관계를 단절했다. 그 이후 양국은 미수교 관계를 지속하고 있다. 우리 정부는 그동안 재수교를 위해 직간접적으로 노력을 해왔으나 아직까지 성과를 보지 못하고 있다.

2000년대 들어 양국 간 경제 및 문화 교류는 크게 증가하고 있다. 우선 경제교류는 1990년대 중반부터 자동차, 가전, 타이어 등이 캐나다, 파나마 등 제3국 에이전트를 통해 간접교역 형태로 쿠바시장에 진출한 이래 계속 확대되고 있다. 특히 2005년~2007년 기간 중 현대중공업이 이동식 컨테이너 발전기 총 544대(총 7억 5,000만 불)를 수주받아 2010년까지 설치를 진행하여 쿠바 정부로부터 큰 호평을 받기도 했다.[19] 또한, 삼성, LG 가전 및 통신 제품의 현지 성가도

19) 현대중공업의 발전기 납품으로 인해 쿠바전력 상황이 크게 호전되어 태환페소인 CUC 지폐(10 CUC) 도안에 현재중공업의 발전기 그림이 사용되는 등 현대중공업의 사례는 한국제품이 쿠바시장 진출에 가장 성공적인 모델로 손꼽힌다.

매우 높고 현대, 기아차도 2014년까지 연간 3천 대 이상 판매되었다. 전체적으로 볼 때 2015년 기준 한국의 대 쿠바 무역규모는 수출 5,150만 불, 수입 560만 불로 쿠바의 22위 교역대상국이며 아시아에서는 중국, 베트남에 이어 3위이다.

2005년 9월 KOTRA는 아바나에 무역관을 설치했다. 미수교 관계에도 불구하고 쿠바 정부가 아바나무역관 설치를 허가한 것은 한국을 일단 경제적 파트너로 인정하고 경제 관계 확대를 희망한다는 상징적인 조치로 이해되고 있다. 물론 KOTRA도 아바나무역관 설치를 위해 1990년대 중반부터 아바나 국제박람회(FIHAV)에 꾸준히 참가하면서 쿠바 정부를 설득하고 경제협력확대에 대한 신호를 지속적으로 보내는 등 개설활동을 추진해온 바 있다.[20)]

양국 간 재수교 문제가 원활하게 진전되고 있지 않은 이유는 여러 가지가 있겠으나 우선 쿠바 정부의 한국에 대한 인식문제가 보이지 않는 가장 큰 이유로 보인다. 즉, 쿠바 정부는 북한에 대해서는 공산주의 이념에 기초한 강한 연대의식을 보여주면서 한국은 역사적으로 미국의 견고한 동맹국이라는 인식을 가지고 있는 것이 그것이다.[21)]

이러한 인식은 쿠바 정부 및 공산당 내부의 강경론자들의 분위기를 반영하고 있는데 향후 쿠바 지도층의 세대교체가 이루어질 경우 어떻게 변화할 것인가는 현재 전망하기 어렵다.[22)]

2016년 6월 한국 정부는 윤병세 외교부 장관이 아바나에서 개최된 제7차 카리브국가연합(ACS) 정상회의(2016. 6)에 옵서버로 참석하는 계기를 활용하여 양

20) KOTRA는 2002–2003년 기간 중 멕시코 소재 중남미지역본부를 통하여 아바나 무역관 설치를 위한 활동을 적극적으로 수행하여 2004년 허가를 받고 2005년 설립을 완료하였다.

21) 필자가 2003년 아바나 무역관 개설 가능성 타진을 위해 쿠바 외무부 벨라스코 아태국장 면담 시 그는 '한국과 쿠바는 적(Korea and Cuba are enemies)'이라고 말했다.

22) 2016년 라울 카스트로 후계자로 지목되고 있는 국가평의회 제1부의장인 미겔 디아즈 카넬이 평양을 방문하여 북한에 연대감을 표시한 바 있다.

국 외교부 장관 회의를 개최하고 재수교 문제를 논의한 바 있다.

참고로 북한과 쿠바는 1960년 8월 수교하였고 이듬해 상호 상주공관을 설립하여 현재에 이르고 있다. 쿠바 정부는 오랫동안 북한과 반미 공동전선을 형성하면서 한반도 문제에 북한을 지지해 왔다.[23] 최근에도 긴밀한 관계를 계속 유지하고 있는 것으로 파악되고 있는데 2013년 북한 청천강호 파나마 억류 사건으로 드러난 양국 무기거래, 북한-쿠바 바터무역협정체결(2016. 1), 디아즈 카넬(Diaz Canel) 국가평의회/각료회의 제1 부의장 북한방문(2016. 5), 피델 카스트로 사망(2016. 11)시 3일 애도 기간 선포 그리고 김정은 쿠바대사관 조문 등이 그 상징적인 사건들이다.

쿠바 정부는 한반도 문제와 관련 북한은 군사 및 정치적 동맹 관계, 한국은 경제적 협력 관계를 추구한다는 투 트랙 정책을 유지하고 있는 것으로 보인다. 현재 쿠바-북한 간 우호 관계는 계속 유지되고 있으며 최근 쿠바의 대미관계 개선에도 불구하고 양국 관계가 약화되고 있다는 신호는 없다.[24] 오히려 쿠바 정부는 대북 외교행위를 의도적으로 보여주면서 미국이 쿠바에 요구하고 있는 자유선거에 기초한 대의 민주주의와 신자유주의 경제정책 실시 등을 거부하고 공산주의 이념과 체제를 지키겠다는 의사를 간접적으로 표명하고 있는 듯하다.

(2) 진출해야만 하는 이유: 쿠바의 전략적 가치

쿠바는 50년 넘게 사회주의 경제체제를 고수하면서 21세기 글로벌 경제체제

23) 1960년 체 게바라 방북, 1986년 피델 가스트로 방북, 1988년 서울 올림픽 보이코트, 1968년 라울 카스트로의 '쿠바와 북한은 모든 관점에서 일치된 의견을 가지고 있다'라는 발언 등을 들 수 있다.

24) 브루노 로드리게즈(Bruno Rodriguez) 쿠바 외무장관은 2016년 3월 '쿠바는 서방세계의 국내문제 간섭을 배격한다는 입장에서 국제적으로 고립된 북한정권에 연대감을 표시 한다'라고 발언했고 같은 해 5월 24일 미겔 디아즈 카넬 국가평의회 제1 부의장이 쿠바 공산당 사절단을 인솔하여 방북, 북한 노동당과 회담을 개최하기도 하였다.

에 들어가지 못하고 있지만 몇 가지 미래의 전략적 가치를 가지고 있다. 미국, 캐나다, 스페인, 프랑스 등 유럽 국가, 중국, 말레이시아, 베트남 등 아시아 국가 들은 이러한 미래 가치를 우호적인 진출환경으로 평가하고 있다.

첫째 50년 동안 억눌린 소비의 폭발 가능성이다. 여기에서 말하는 소비는 민간부문 소비뿐만 아니라 공공부문 지출을 포함한다. 식품, 가정용 전기·전자, 통신, 의류 등 일반 소비재에 대한 민간소비 수요가 급증할 것으로 예상되고 공공부문에서도 전력, 통신, 운송 및 도로, 도시 재개발,[25] 관광 인프라 등 사회간접자본 확충을 위한 투자가 증대할 것으로 전망되고 있다.

둘째 쿠바의 비교우위 산업이다. 바이오·제약, 신생에너지, 유전개발, 관광산업 등이 그것들인데 쿠바의 미래가 걸린 산업이다.

쿠바는 전체의약품 수요의 65%를 자체생산으로 조달하고 연간 6억 불을 수출할 정도로 바이오·제약 산업이 발달해 있다. 해외 50여 개 국가에 800여건의 의약품을 등록했으며 1,800여 개의 특허를 취득했다. 18개국 30개 해외병원과 협력하여 의약품을 임상실험 중이고 기술이전사업도 활발하게 진행하고 있다. 특히 백신에 관한 원천기술을 보유하고 있는 것으로 알려지고 있다. 또한, 다양한 목적으로 5만 명의 의료진을 해외에 파견하고 있는데 이 중 27개 국가에는 상업적 목적을 가진 의료서비스 수출이다.

쿠바 서부지역과 배타적 경제수역을 포함하는 'North Cuban Basin' 지역에는 약 46억 배럴의 원유, 9.8조 입방피트의 천연가스, 9억 배럴의 액화 천연가스가 매장되어 있는 것으로 알려져 있다.[26] 쿠바 정부는 이들 지역의 원유 및 가 탐사와 개발을 추진하기 위해 외국자본을 유치하고 있지만, 현재 미국의 기술과 자

25) 유네스코 세계문화유산으로 지정된 올드 아바나(Old Habana)가 리모델링 된다고 생각해 보라. 얼마나 많은 건자재 수요가 발생할 것인지.

26) 미국 지질조사국(USGS 2004년) 발표.

본이 참여하지 않는 상황에서 많은 성과를 내지 못하고 있다. 쿠바는 일당 5만 배럴의 원유와 2만 배럴의 천연가스를 생산하여 내수에 사용하고 있다.

쿠바 정부는 바이오매스, 풍력, 태양광 에너지 부문에 외국인투자를 집중적으로 유치하고 있다. 전력생산의 95%가 화석연료에 의존하고 있는 상황을 개선하기 위해 쿠바 정부는 자국이 풍부하게 가지고 있는 바이오매스(사탕수수), 풍력, 태양광을 활용한 신생에너지 발전비중을 현재의 4.65%에서 2030년까지 24%로 확대할 계획을 가지고 범정부적으로 노력하고 있다.[27)]

관광산업은 쿠바의 최대 자금원(Cash-box)이다. 2015년에는 352만 명의 관광객이 입국하여 약 25억 불의 관광수입을 올렸다. 특히 미-쿠바 관계 개선으로 2016년 상반기 중 미국인 관광객 수는 전년 동기 대비 83.9% 증가했는데 향후 쿠바 관광산업은 크게 성장할 것으로 전망된다. 따라서 관광 인프라 건설이 시급하다. 현재 쿠바가 보유하고 있는 호텔 객실 수는 64,000실(65%는 4성급 이상)인데 2030년까지 108,000실까지 늘릴 계획이다. 이 중 30,000실은 외국인투자에 의존할 계획으로 있다. 이와 관련 미국, 스페인, 중국 등의 관심이 높다.

셋째 쿠바는 미국과 지리적으로 가장 가까운 카리브 국가이다. 현재 미국의 경제제재 조치를 받고 있지만, 중기적으로 미국과 관계가 원만해지면 미국 시장에 우회적으로 접근할 수 있는 전략적 위치에 있다. 이러한 관점에서 마리엘 특구의 미래적 가치를 평가해 볼 필요가 있다. 여기에 쿠바가 가지고 있는 카리브 지역 중심 국가적 위상과 높은 수준의 인력을 고려한다면 그 전략적 가치가 더 커진다.

27) 2012. 12. 대통령 3호로 '2014-2030 신생에너지개발정책 수립을 위한 정부위원회 창설'령, 2014. 6. '신생에너지개발정책' 각료회의 승인, 2014. 6. 인민의회 승인, 2016. 11. 프로젝트 포트폴리오 제안

(3) 우리 기업은 어떻게 해야 할 것인가: 진출의 방향

1) 우리 기업 입장에서 본 쿠바 진출환경 분석

KOTRA 아바나 무역관이 분석한 우리 기업 입장에서 본 쿠바 진출환경 SWOT 분석을 보면 다음과 같다.

〈그림 2〉 쿠바 SWOT 분석

Strengths

- 자동차, 발전기, 가전, 휴대폰, 건설 정비 등 한국산 제품 성가 인정
- 한류 저변확대로 국가, 문화, 상품 이미지 제고
- 양국 경협위 발족, KSP 사업으로 경협기반 조성
- 쿠바 전략육성 산업부문(SOC, 에너지, 의료)에 대한 세계적 수준의 기술과 경험 보유
- KOTRA를 베이스 캠프로 중소기업 수출 및 투자활동 지원가능

Opportunities

- 미국과의 관계개선으로 비즈니스 환경 개선
- 신재생 에너지 2030년까지 24% 확대 추진
- 관광산업 호황으로 수입증대
- 자영업 성장으로 구매력 상승
- 일본, 유럽 등 채권국의 부채탕감, 채무재조정으로 대외신용도 개선
- 국제무대에서 쿠바의 중재자 역할 증대 (콜롬비아 내전 중재)

Weaknesses

- 한-쿠바 미수교로 우리 기업 보호장치 취약과 벤더등록 등 서류 구비 시 복잡한 행정절차
- 한-쿠바간 은행 코레스 부재로 과다한 금융비용 발생, 대금송금 및 수취 어려움
- 우리 기업 대 쿠바 직접 수출 경험 부족
- 쿠바 사회주의 경제시스템 및 비즈니스 관행 이해 부족에 따른 시행착오 투자활동 지원 가능

Threats

- 중국, 유럽, 러시아, 일본, 브라질 등 경쟁국가 쿠바 진출 노력 가속화
- 베네수엘라 경제위기로 쿠바경제 불확실성 증대
- 계획경제 시스템으로 관료주의 및 부패 만연
- 부의 축적을 막기위한 민간경제 제한
- 금융제재로 교역시 미화 사용 불가
- 사무소 개설 시 높은 장벽(3년간 연간 50만불 이상 교역실적)

출처: 아바나 무역관 정덕래 관장, 2017 쿠바 진출전략(2017. 2)

2) 진출의 방향

가) 수교 전략

한-쿠바 국교수립은 우리 기업이 쿠바에 진출하는데 매우 중요한 환경이다.

국가 간 외교 관계가 없다는 것은 문제가 발생했을 때 적절한 해결 창구가 없다는 것을 의미한다. 그동안 우리 정부는 쿠바와 수교를 위해 많은 노력을 해왔다. 그러나 쿠바 정부는 현재까지 미온적인 태도를 보이고 있다. 이 배경에는 우선 앞서 언급한 바와 같이 쿠바 정권의 사회주의 이념 그리고 국제정치적 여건이 자리하고 있는 것으로 분석된다. 그럼에도 불구하고 양국 간 경제 및 문화교류는 계속 확대하고 있다. 지식공유사업(KSP)도 추진하고 있고 한-쿠바 경제협력위원회도 발족하였다.

그렇다면 수교에는 미온적이면서 기타 부문 교류확대를 계속 추진하는 이유는 무엇일까? 여러 가지 추측과 분석이 있을 수 있지만 우선 쿠바 정부 의사결정기구 내부에 사회주의 이념을 고수하고 있는 혁명세대 원로 강경론자(hardlincrs)들의 영향력이 아직 유지되고 있기 때문인 것으로 보인다. 이러한 분위기 속에서 한-쿠바 수교와 같은 정치적 의사결정 사안은 확실하고 객관적인 여건이 조성되지 않으면 실용주의 입장을 대변하는 소장 정치인들이나 관료들이 적극적으로 나서지 않는다. 공격을 받기 때문이다. 그들이 얘기하는 소위 '단계적 접근(Step by Step Policy)'의 배경이 여기에 있다.

그러므로 우리 정부도 쿠바 관료들을 상대로 하는 조급한 접근보다는 자연스럽게 수교여건을 조성시키는 것이 빠른 길일 수 있다. 즉, 쿠바가 필요하고 원하는 부문을 찾아 경제협력을 강화해주면 실용주의자들이 강경론자들의 공격을 받지 않고 자연스럽게 수교 필요성을 주장할 수 있는 객관적인 환경이 조성되는 것이다.[28)]

쿠바는 사회주의 국가이기 때문에 모든 정보가 한곳에 고도로 집중되어 정치

28) KOTRA는 아바나 무역관을 개설하기 위해 2002-2003년 중 이러한 방법을 사용했고 그 결과 2004년 아바나 무역관 개설 허가를 받아 2005년 설치를 완료한 바 있다.

적으로 분석되고 평가된다.[29] 이에 대응하는 차원에서 우리 정부 및 민간 부문도 쿠바 관련 사업을 추진할 때 분명한 전략적 관점을 가져야 한다. 이렇게 하면 쿠바 정부는 한국과 함께 추진되는 사업들의 전략적 흐름을 분석하고 이를 신호로 인식하며 객관적인 수교여건이 조성되어 가고 있는 것으로 판단한다. 쿠바 관련 사업을 전략적으로 추진하기 위한 민관합동기구가 필요한 이유가 여기에 있다.

나) 수출

우리 기업이 쿠바 국영기업과 무역거래 할 때 애로사항은 크게 세 가지인데 1년 외상거래 요구, 국영기업 인맥형성, 쿠바 은행 발행 L/C 인수거절 등이 그것들이다. 여기에 미수교 상황과 경험부족이 더해진다.

이러한 상황 속에서 우리 기업과 쿠바 국영기업 간 직접교역은 당분간 어려울 것으로 보인다. 따라서 현실적으로 볼 때 지금은 자금력과 경험이 많은 외국 중개상을 통한 간접교역을 추진하는 수밖에 없다. 현지에서 활동하고 있는 외국 중개상을 활용할 경우 앞서 언급한 애로사항들이 해소되나 이윤은 낮아질 수 있음을 참고해야 한다. 현재 쿠바 내에는 58개국 650개의 외국 중개상 연락사무소가 있다. 쿠바와 교역하는 140여 개 우리 기업 대부분이 이들을 통한 간접교역을 하고 있다.

한-쿠바 은행 간 거래 관계 구축이 필요하다. 현재 우리나라 은행은 쿠바 은행과 환거래약정이 없기 때문에 쿠바 은행 L/C를 우리 은행이 인수하지 않는 경우도 있다. 이 경우 불가피하게 제3국 은행을 통해 대금을 회수해야 하는 상황이 발생한다. 따라서 외국계 은행을 통지 은행으로 하거나 컨펌 은행으로 지정하

29) 각료회의 및 국가평의회

기도 하는데 추가 금융비용이 발생하여 수출단가에 영향을 미친다.

중장기적 수출확대를 위해서는 지사를 설립해야 한다. 지사를 설립하면 수출입 권한을 가진 120여 개 쿠바 국영기업에 판매자 등록을 한 후 입찰을 통해 수주를 할 수 있다. 지사 설립을 위해서는 3년간 연평균 50만 불 이상의 직거래 실적 누적이 필요하다. 우리 수출 유망품목은 의료기기, 에어컨, 독립식 발전기, 식품가공기계, 식품포장기기 및 설비, 스마트폰, 건자재 등이다.

다) 투자

쿠바 정부는 '신 외국인투자법'과 '마리엘 특구법'을 양축으로 하여 매년 20억 불의 외국인투자를 유치하고자 노력하고 있다. 그러나 역내 국가와 비교해 볼 때 투자승인절차가 복잡하고 시간이 길다. 따라서 쿠바 투자는 쿠바 정부가 필요로 하는 중점투자분야인지 여부를 먼저 분석하고 접근하는 것이 시간과 비용을 줄인다.

쿠바 정부는 매년 11월 '투자 포트폴리오'를 발표하는데 여기에는 프로젝트 개요, 담당 쿠바기업 정보 등이 수록되어 있다. 따라서 투자 포트폴리오를 분석한 뒤 관련 기관과 서면접촉, 방문상담, 협상 등을 추진하면 된다.

앞서 언급한 쿠바 투자환경에서 볼 수 있듯이 외국인투자를 위한 쿠바의 법적 제도적 장치는 마련되어 있지만 국내외적 정치경제 환경은 매우 취약하다. 참고로 쿠바에 투자 진출한 기업들은 투자 이전 이미 오랫동안 수출 그리고 서비스 계약 등을 통해 쿠바 시장에 대한 이해와 지식을 쌓은 경우가 대부분이다. 따라서 충분한 시간 투자와 치밀한 시장조사가 없이 섣부른 쿠바 투자는 위험성이 매우 높다는 것을 염두에 둬야 한다.

| 참고 문헌 |

김진오 2015, 최근 쿠바 정치경제 현황 및 전망

정덕래 2017, 쿠바 비즈니스 접근전략

정덕래 2016, 2017 쿠바 진출전략

Blair Turner 2016, Latin America: The World Today Series 2016–2017

Brian Blout and Olwyn M. Blouet · 2010, Latin America and the Caribbean: a Systematic and Regional Survey

David L. Clawson 2006, Latin America and the Caribbean: Lands and Peoples

EIU 2016, Country Report Cuba

Gary Clyde Hufbauer and Barbara Kotschwar 2014, Economic Normalization with Cuba

Idalberto Aparicio Gonzalez , Cuba: Open to Foreign Investment

Law No.118 Foreign Investment Act

Mauro Guillen, Mauro Diaz Cala and Gustavo Arnavat 2015, The Road to Cuba: Purocuba 2016, Oferta Exportable de Bienes y Servicios

Richard Fineberg 2016, Open for Business: Building the New Cuban Economy

Rosell Guerra Campana, Development of Renewable Energy Sources in Cuba

Samuel Ramini 2016, The Diplomat: The North Korea–Cuba Connection

Sergio Guerra Vilaboy and Roberto Gonzalez Arana 2015, Cuba a la Mano

SINERLEX 2014, Foreign Investment in Cuba

The Oppoertunities and Risks for US Business

남아메리카, 글로벌 금융위기 이후

마르틴 아벨레스·세바스티안 발데칸토스

마르틴 아벨레스: 유엔 라틴아메리카·카리브 경제위원회(CEPAL) 부에노스 지부장
세바스티안 발데칸토스: 유엔 라틴아메리카·카리브 경제위원회(CEPAL) 소속 경제전문가

원제와 출처: Martín Abeles Y Sebastián Valdecantos, "América del Sur, recesión y después…", *Nueva Sociedad*, No. 265, septiembre–octubre de 2016, pp.14–21.

핵심어: 다변화, 원자재, 취약성, 남아메리카, 중남미, 라틴아메리카

세계 경제가 상당히 불확실한 가운데 2015년 남미 주요국 평균 GDP 성장률은 −1.7%를 보인데 이어 2016년에는 −2.1%로 더욱 하락할 것으로 예상되어 라틴아메리카의 경제 상황은 나아지지 않을 것으로 예상된다. [표−1]에서 볼 수 있듯, 이러한 상황은 남미 전체 GDP의 약 75%를 차지하는 아르헨티나, 브라질, 베네수엘라뿐만 아니라 남미의 다른 국가들(페루 제외)의 전반적인 성장률 둔화에서부터 기인한다.

남미의 성장률 둔화는 국가 간 다소 차이가 있지만 2012년부터 드러나기 시작했으며, 2014년 하반기 국제 원자재가격의 하락으로 심화하였다. 같은 시기에

[표-1] 남미 주요국의 GDP 성장률(2011~16)

(단위: %)

국가	2011	2012	2013	2014	2015	2016 (예상)
아르헨티나	6.1	−1.1	2.3	−2.6	2.4	−1.5
볼리비아	5.2	5.1	6.8	5.5	4.8	4.5
브라질	3.9	1.9	3.0	0.1	−3.8	−3.5
칠레	5.8	5.5	4.0	1.8	2.1	1.6
콜롬비아	6.6	4.0	4.9	4.4	3.1	2.7
에쿠아도르	7.9	5.6	4.6	3.7	0.3	−2.5
파라과이	4.3	−1.2	14.0	4.7	3.0	2.8
페루	6.3	6.1	5.9	2.4	3.3	3.9
우루과이	5.2	3.5	4.6	3.2	1.0	0.5
베네수엘라	4.2	5.6	1.3	−3.9	−5.7	−8.0
평균	4.8	2.6	3.4	0.3	−1.7	−2.1

출처: CEPAL: *Estudio económico de América Latina y el Caribe 2016. La Agenda 2030 para el DesarroW-llo Sostenible y los desafíos del financiamiento para el desarrollo,* Cepal, julio 2016.

세계 무역성장률의 감소, 2015년 12월에 미국 연방준비은행이 발표한 금리 인하 정책의 종료[1]는 금융시장의 불확실성을 가중시켰다.

이러한 상황을 어느 정도 변화시키는 것이 가능한가? 이 지역 국가들이 자국의 경제 상황을 개선하기 위한 정책적 여지가 존재하는가? 본고는 남미 국가들의 대외 부문에 대한 분석을 통해 상기 질문에 대한 답을 시도한다. 대외 부문은 개발도상국의 경기 대응(countercyclical) 정책을 펼치기에 적절한 분야이다.

1) 미 연방준비은행은 2008년 12월부터 사실상 0%대의 금리를 유지하다가 2015년 12월에는 이를 0.25%로 상향조정하기로 결정하였다.

보편적인 주기적 움직임

주변부 지역 국가들의 경제 주기의 역동성에서 외부적 요인들의 중요성은 라틴아메리카에서 꽤 알려진 주제다. 아르헨티나 출신 경제학자인 라울 프레비쉬(Raúl Prebisch)는 각 국가마다 특수한 구조적, 제도적인 특징에 따라 나타나는 이른바 〈보편적 주기〉가 존재한다고 역설한 바 있다.[2] 프레비쉬에 따르면, 그러한 주기적 움직임은 선진국에 진원지가 존재하며, 생산 특화유형에 따라 실물경제를 통해 그리고 국제 유동성 주기와 국가별 금융시장 개방 정도에 따라 주변국으로 널리 퍼진다.

국제적으로 회복되지 않은 실물경제와 불확실한 금융시장 여건 속에서 남미 국가들이 성장 가도를 재개하기 위해서는 자체적인 노력이 필요한데, 이는 경기에 대응하는(Countercyclical) 거시금융 정책을 효과적으로 실행할 역량을 뜻한다. 그러한 역량은 각국이 처한 대외적 상황과 관련이 있으며, 경기대응정책을 실행 가능한지 여부는 각국의 실물경제 및 금융시장이 대외적 요인에 얼마나 영향을 받는지에 달려있다.

외적 요인에 의한 실물 경제의 취약성은 해당 국가의 무역특화 여건에 비롯된다. 1차 원자재 수출에 주력하여 품목 다변화 정도가 낮은 국가들 또는 멕시코, 중미, 카리브연안 국가들과 같이 교역 대상국이 특정 국가들에 집중되어 있는 경우, 실물경제의 취약성은 심화한다.

금융 부문의 취약성은 해당 국가의 국가채권 발행 정도 및 외국인 직접투자[3]

2) R. Prebisch: "Memoria: Primera reunión de técnicos sobre problemas de banca central del continente americano", Banco de México, Mé\-xico, df, 1946, pp. 25–26.

3) 외국 기업이 FDI로부터 거둬들이는 수익은 외환보유고의 수준에 영향을 주기 때문에 대외채무와 유사한 효과가 있다.

등 대외채무 수준에 달려있다. 전자의 경우는, 각국의 자본 및 금융 계정의 개방수준과 관련이 있으며, 후자의 경우는 해외자본 유입 관련 정책 또는 규제 프레임워크 또는 양자투자협정 등과 연관된다. 새로운 형태의 대외 취약성,[4] 가령 최근 증가 추세인 지역통화로 된 단기 금융상품에 외국인이 투자하는 경우는 일반적인 지표로는 설명하기 어렵기 때문에 분석을 더욱 복잡하게 한다.

대외 취약성 분석

이 장에서는 남미 국가들의 대외 취약성을 실물경제 및 금융부문 지표, 두 가지를 사용하여 보다 상세하게 설명하고자 한다. 실물경제 지표는 각국의 생산 특화 정도를 나타내는데, 국제수지 중 경상수지 수입에서 1차 산품 수출이 차지하는 비중으로 계산한다. 수치가 상승할수록 그 국가 실물경제의 대외 취약도는 증가한다.

금융부문 지표는 한 국가의 외부 레버리지 정도(순 국제준비금: neto de reservas internacionales)를 의미하는데, GDP에서 단기 및 장기(예: FDI) 채무가 차지하는 비중으로 계산한다. 다른 조건이 같다면, 이 지표는 대외채무가 늘어날수록 증가하고, 외환보유고가 늘어날수록 감소한다. 금융지표가 높을수록 대외 취약도가 증가하는데, 국제 금융시장에 크게 노출될수록 취약도는 증가한다.

〈그림 1〉은 남미 지역의 대외 취약도를 2005~2007년(금융위기 직전의 주기적 우상향 움직임을 나타냄)과 2013~2015년으로 구분하여 나타낸 것이다. 가로축은 실물경제 취약도를 나타내는 지표로, 세로축은 금융부문 취약도를 의미하는

4) Annina Kaltenbrunner y Juan Pablo Painceira: "Developing Countries Changing Nature of Financial Integration and New Forms of External Vulnerability: The Brazilian Experience" en *Cambridge Journal of Economics* vol. 39 No 6, 2015, pp. 1281–1306.

〈그림 1〉 남미의 대외 취약도: 2005-2007년 vs. 2013-2015년

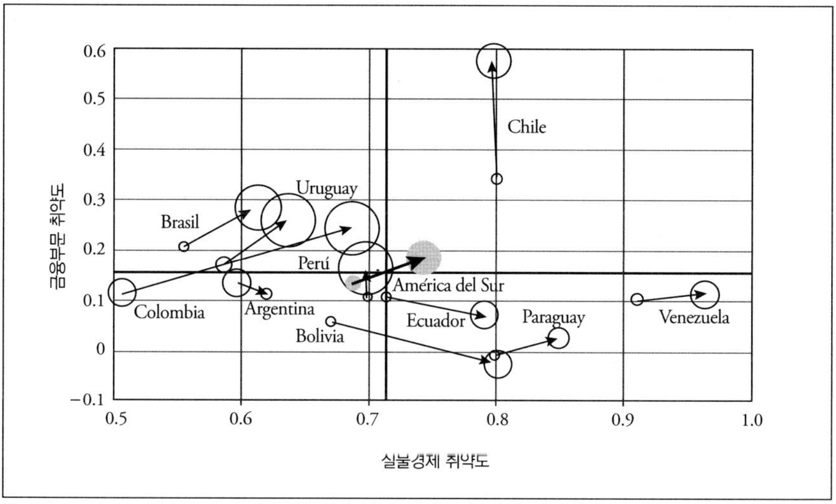

출처: M. Abeles y S. Valdecantos: "남미와 카리브 지역의 대외 취약성: 구조적 분석: Vulnerabilidad externa en América Latina y el Caribe. Un análisis estructural", CEPAL보고서 Serie Estudios y Perspectivas No 47, Oficina de la Cepal en Buenos Aires, 2016.

지표로 나타냈다. 기준점에서 멀어질수록, 해당 국가의 대외 취약도 증가를 의미한다. 즉, 그림에서 우측 상단으로 이동할수록 해당 기간 동안 취약도가 증가된 것을 의미한다.

일정 기간 동안 실물경제 및 금융부문의 취약도 추이는 한 국가의 단기적 외환 수요를 의미하는 경상수지와 함께 분석 가능하다. 〈그림 1〉에서 경상수지는 원으로 나타나는데, 원의 지름이 커질수록 경상수지 적자가 증가함을 뜻한다.

〈그림 1〉을 통해 살펴본 남미 지역경제의 구조적 특징을 다음과 같이 설명할 수 있다. 모든 국가의 실물경제는 높은 대외 취약성을 보인다. 이는 원자재 수출이 경상수지의 절반 이상을 차지한다는 점에서 설명할 수 있다. 아르헨티나, 브라질, 우루과이, 콜롬비아와 같은 국가들은, 구리와 석유 수출에 집중하고 있는

칠레나 베네수엘라에 비해 상대적으로 경제 다변화 정도가 높고 따라서 대외 취약도는 상대적으로 낮다. 금융부문의 취약도는 국제 금융시장과 통합된 국가들(브라질, 칠레, 콜롬비아, 페루, 우루과이)과 그렇지 않은 국가들(아르헨티나, 볼리비아, 에콰도르, 베네수엘라) 간에 분명한 차이를 보인다.

종합하면, 남미 국가들의 대외 취약도는 2005–2007년 기간 대비, 2013–2015년 기간에 증가했다는 것을 볼 수 있다. 그림 가운데에 표시한 오른쪽 위를 향한 굵은 화살표는 남미 지역의 국가들의 대외 취약도가 평균적으로 증가한 것을 의미하며, 동시에 경상수지 적자가 증가하였음을 나타낸다. 다음은 〈그림 1〉을 요약한 것이다.

- 조사 대상 10개국 중 7개국에서 실물경제의 대외 취약도 증가
- 9개국에서 금융부문의 대외 취약도 증가
- 5개국에서 실물 및 금융부문의 대외 취약도가 동시에 증가
- 양 부문 모두에서 대외 취약도가 감소한 국가는 없음.
- 모든 국가에서 경상수지 적자 확대

대외 취약성 증가가 대외(국제수지) 긴장 고조로 연결되지 않은 이유는 국제금융시장에 대한 접근 수준으로 설명된다. 관찰대상 기간 동안 남미 지역 대부분의 국가들이(경상수지 적자를 가지고 있는 국가들을 포함하며, 2015년 아르헨티나와 베네수엘라는 예외) 상대적으로 유동적인 해외 자본에 대한 접근성을 유지해왔다.

국가들마다 상이한 수준이지만, 서브프라임 위기(2008–2009) 직후보다 최근에 대외 취약도가 높게 나타난다. 하지만 미연방준비은행과 유럽중앙은행의 확장적인 통화정책에 따라 대부분의 남미 국가들이 해외자본에 대한 접근성이 제

고되었고, FDI가 지속적으로 이 지역으로 유입하였다는 사실은 대외 취약성 증가가 왜 국제수지의 긴장(환율 변동성 증가 및 외환보유고 감소)으로 이어지지 않았는지를 설명한다.

그러나 현재의 상황은 80년대나 90년대 남미지역이 직면했던 취약성과는 다소 상이하다. 과거와 비교해볼 때, 외환보유고 확대 및 변동 환율제로 인해 각국의 거시금융정책 구사 여건이 나아졌다. 그렇다 하더라도 대외 취약성은 경제성장의 국내적 요인(글로벌 총수요와 연관이 있는)에 부정적인 영향을 미칠 수 있다. 전 세계적으로 수요가 위축되어 있는 상황에서는 남미 지역의 낮은 경제성장률이 반등하기는 어렵다.

역사적 관점에서 최근 남미 국가들은 국제가격의 변동성에 대한 노출로부터 자국을 보호하기 위한 수출 다변화 목적의 구조조정에 실패한 것으로 볼 수 있다. 또한, 통계는 과거 시장개혁의 일환으로 도입된 금융시장의 개방이 각국의 거시정책 재량권을 크게 약화시켰음을 시사한다.

거시건전성 관련 정책 수립 및 변동환율정책 도입에 더해 남미 지역은 지속적으로 국경 간 자본유입에 있어 실질적인 제한을 두지 않고 있다. 그러한 정책으로 인해 특히 민간부문의 단기채무가 상대적으로 높게 나타나는데, 이는 거시금융 관점에서 FDI 비중이 증가하면서 국제수지에 구조적으로 부정적인 영향을 미친다.

이러한 지속적인, 어떤 경우에는 증가하는 해외자본 의존도 및 금융시장의 높은 개방도로 인해 남미 국가들은 국제 유동성 주기의 변동성에 크게 노출되어 있다. 또한, 경기 대응(countercyclical) 정책의 이행을 어렵게 만든다. 또한, 장하준 교수가 지적한 바와 같이,[5] 국내 정책결정에 있어 금융기관의 시각이 심각

5) Ha-Joon Chang: "Institutions and Economic Development: Theory, Policy and History" en *Journal of Institutional Economics* vol. 7 No 4, 2011.

하게 반영될 수 있다. 보통 금융기관들은 인권에 기초한 접근, 환경적 지속가능성, 생산의 다변화 및 정교화와 같은 포용적 개발 어젠다의 이행과 역행하는 견해를 보이는 경향이 있다.

요약하면, 남미지역은 생산특화와 상업화에 대한 심도 있는 논의가 필요하다. 이는 남미 국가들의 대외 취약도를 낮추기 위해 필수적이다. 그러나 금융시장 개방과 금융화 수준에 대한 논의 역시 필요하다. 우리는 이 글에서 실물경제와 금융부문의 관계가 존재함을 증명하고자 했으며, 이 글이 향후 논의에 기여하기를 기대한다.

정혜윤 옮김

제3부 사회

라틴아메리카의 성 불평등과 구조적 간극

니콜 비데가인 폰테

유엔 라틴아메리카·카리브 경제위원회(CEPAL) 성 분과 자문위원

원제와 출처: Nicole Bidegain Ponte, "Desigualdades de género y brechas estructurales en América Latina", *Nueva Sociedad*, No. 265, septiembre-octubre de 2016, pp.50-57.

핵심어: 가사노동, 불평등, 여성주의, 빈곤, 중남미, 라틴아메리카

오늘날 라틴아메리카 공공정책의 주요 관점들은 성 불평등의 구조적 특성에 대해, 그리고 성 불평등이 계층, 인종/에스닉, 연령, 성적 기호, 지역에 따른 불평등 간극들과 교차한다는 사실에 대해 제대로 다루지 못했다. 이 지역 자료들을 보면, 발전 정책, 조세 정책, 고용 및 사회복지 정책은 여성의 인권에 바탕을 둔 종합적인 관점이 결여되어 있고, 성 불평등이 줄어드는 게 아니라 오히려 재생산되고 영속화되는 경향이 있음을 알 수 있다. 아래에서 이를 설명하는 라틴아메리카의 몇 가지 예시를 제시하고자 한다.

소득의 집중화, 시간과 돈의 부족

2000년대 라틴아메리카 몇몇 국가들에서는 소득 불평등과 빈곤지수의 감소 현상이 여성 빈곤층의 증가와 동시에 일어났다. 빈곤 지표를 소득 기준으로 20~59세의 여성과 남성을 비교했을 때 빈곤 발생의 불균형이 존재함을 알 수 있다. 불균형을 줄이려는 정책들이 남성과 여성에게 동일하게 성과를 거두지 못했다. 2012년부터 라틴아메리카에서는 빈곤의 감소가 정체된 상태다. 반면에 여성 빈곤 수치는 계속 증가하고 있다. 즉 빈곤은 감소하든 정체되든 남성보다는 여성에게 훨씬 더 큰 영향을 끼친다는 뜻이다. 2014년에는 이 지역에서 빈곤 가정 남성을 100으로 잡았을 때 빈곤 가정 여성은 118명이었다.[1)]

2000년대의 지표에서 확인되는 소득 불균형의 감소는 자본과 노동의 개선된 분배가 동반되어 일어난 게 아니라는 점을 보여준다.[2)] 소득의 분배는 전체 GDP에서 차지하는 총 급여액 규모를 보여준다. 따라서 소득이라는 지표를 살펴보면 라틴아메리카의 불평등을 잘 파악할 수 있다. 그러나 이를 보완하기 위해서는 자본–임금노동 사이의 모순뿐만 아니라 자본–생활 사이의 모순을 드러내는 지표들도 함께 살펴보아야 한다. 무급 가사 노동을 여성에게 과하게 부담시키는 것은 불평등한 성 권력 관계의 결과이다. 시간 사용에 대한 설문조사들이나 시간의 부족과 같은 지표들은 불평등의 이러한 구조적 측면을 밝히려는 시도였다. 시간의 부족이라는 개념은, 빈곤 가정의 원인을 소득에서 찾는 관점에서 나아가, 주로 여성들이 담당하는 무임금 가사 노동을 위한 시간의 부족에서도 그

1) "Índice de feminidad en hogares pobres" en Observatorio de Igualdad de Género de la Cepal, 〈http://oig.cepal.org/es/indicadores/indice–feminidad–hogares–pobres〉.

2) Cepal, *Horizontes* 2030. La igualdad en el centro del desarrollo sostenible, lc/g.2660/Rev.1, Naciones Unidas, Santiago de Chile, mayo de 2016.

원인을 찾고자 한다. 소득의 부족과 시간의 부족이라는 요소를 함께 고려하면 소득의 부족만 고려할 때에 비해 여러 국가의 빈곤율이 더 커지는 결과가 나온다. 예를 들면, 아르헨티나 가정에서는 6.2% 대 11.1%이고, 칠레에서는 10.9% 대 17.8%, 그리고 멕시코의 경우에는 41% 대 50%이다.[3)]

조세 간극과 성 차별

라틴아메리카에서 사회복지의 재분배 영향은 상당히 크다. 그러나 여전히 한계가 있는데, 이는 부분적으로 여러 국가들에서 두드러지는 성에 따른 역진세적 조세 구조에 기인한다. 불평등 감소에 미치는 조세 정책의 영향을 전체적으로 살펴보려면 어떻게 세금을 사용하는가 뿐만 아니라 어떻게 세금을 징수하는가를 분석할 필요가 있다.

라틴아메리카 국가들의 이질성이나 조세 개혁들을 배제하고 보면, 세금 부담이 국가의 발전 수준에 비해 충분한 정도는 아니다. 게다가 이 지역의 세제 구조는 역진세에 바탕을 두고 있어 높은 탈세를 통제하기에 어려움이 존재한다. 지역 평균을 보자면, 세수의 3분의 1을 조금 못 미치는 정도가 직접세에 해당한다. 반면에 대부분의 세수는 소비세와 다른 간접세에서 나온다.[4)] 빈곤한 개인들에게 과하게 부담을 지우고, 특히 최저소득층의 다수를 차지하고 있는 여성들에게 큰 영향을 미치는 부가가치세와 같은 간접세는 역진세다. UN의 극빈과 인권에 관한 특별보고서에서 지적하고 있듯이, 여성은 대부분의 소득을 일차 생필품

3) Rania Antonopoulos, Tomas Masterson y Ajit Zacharias, "La interrelación entre los déficits de tiempo y de ingreso. Revisando la medición de la pobreza para la generación de respuestas de política", Pnud, Panamá, 2012.

4) Cepal, Panorama fiscal de *América Latina y el Caribe 2016*, Naciones Unidas, Santiago de Chile, marzo de 2016.

에 소비하는 경향이 있다. 성 규범으로 인해 가정 구성원들을 돌보는 책임이 여성에게 지워져 있기 때문이다. 그 결과 소비세의 역진세적인 부담을 여성이 지고 있는 실정이다.[5]

한편, 높은 탈세 수준,[6] 그리고 특히 불법적 자금 유출[7]은 라틴아메리카의 재정적 간극을 없애고 성 평등을 달성할 가능성, 그리고 여성의 권리를 보장하기 위한 공공정책들을 실현할 가능성을 가로막고 있다.[8] 또한, 최근 연구에 따르면,[9] 국가의 불법적 자금 유통에 대한 통제력에 한계가 있을 경우, 중소업체 납세자들과 개인들에게 더 세금을 부과함으로써 재원 부족을 메우는 방식의 조세 구조가 나타나는 경향이 있다. 이때 여성은 지나칠 정도로 그 영향을 받는다. 왜냐하면 자영업, 중소기업, 비공식 노동부문에서 여성의 비중이 대단히 높

5) "Report of the Special Rapporteur on Extreme Poverty and Human Rights, Ms. Maria Magdalena Sepúlveda Carmona, on Taxation and Human Rights", sesión 26 del Consejo de Derechos Humanos, a/hrc/26/28, Ginebra, mayo de 2014.

6) Cepal에 따르면 부가가치세의 탈세는 국내총생산의 2% 포인트를 차지하고, 소득세의 탈세율은 4.1% 포인트이다. 이는 2014년에 거의 3200억 달러에 달하는 수치다. 더 자세한 내용은 Cepal: *Estudio económico de América Latina y el Caribe 2016*, Naciones Unidas, Santiago de Chile, julio de 2016.

7) 그 수치는 자료마다 큰 차이가 있다. Global Financial Integrity에 따르면 2004–2013년에 라틴아메리카 카리브에서는 불법적인 자금 유통으로 1조 4천억 달러를 잃었다. 그 중 88%는 기업 간 교역에서 작성된 허위 송장(양도가격의 허위 작성, 양도 가격을 낮추거나 올리는 방식)에 해당한다. 그리고 12%는 범죄와 부패에서 일어난 유실이다. CEPAL에 따르면 동일 기간에 불법적 자금 유통은 10년 평균으로 잡았을 때 지역 총생산량의 1.8%를 차지한다. 2004–2013년 모두 합하여 7650억 달러라는 뜻이다. 그 중 2/3은 수입할 때 가격을 올려 허위 신고한 결과이고, 1/3은 수출에서 가격을 낮춰 신고한 데서 비롯된 유출이다. Dev Kar y Joseph Spanjers, *Illicit Financial Flows from Developing Countries: 2004-2013*, Global Financial Integrity, Washington, dc, diciembre de 2015.

8) CEPAL에 따르면 라틴아메리카에서는 최상위 10분위가 내는 실질 세액이 매우 낮은데, 이는 탈세, 탈루뿐 아니라 자본소득에 대한 면세, 감세, 특혜의 결과라는 점을 강조할 필요가 있다. 그런 특혜의 정도가 심하지 않은 나라도 있지만, 자본소득에 대한 세율이 소득세보다 더 낮은 나라들도 있다. 이는 불평등과 조세 간극이라는 중대한 결과를 낳는다.

9) Verónica Grondona, N. Bidegain Ponte y Corina Rodríguez Enríquez, *The Role of Secret Financial Jurisdictions in Undermining Gender Justice and Women's Human Rights*, Friedrich–Ebert–Stiftung, Berlín, en prensa.

기 때문이다.

라틴아메리카 국가들의 근본적인 불평등성, 조세제도의 역진세적인 특징, 사회보장이나 고용에 대한 제한된 접근성 등을 고려한다 하더라도, 세금 부과와 재정적 지원을 통한 국가 개입이 이루어진 후에도 소득 불평등이 별로 줄지 않았다는 사실은 놀랍다. 직접세와 현금 지원, 현물 지원이 시작된 후에 라틴아메리카의 지니계수는 평균 9% 포인트 감소했다. 그러나 이 수치는 지니계수 감소율이 23% 포인트에 달하는 OECD 국가들의 불평등 수준의 감소와 비교하면 별로 주목할 만한 수치는 아니다.[10)]

교육, 고용, 그리고 교차된 불평등

인적자본 이론의 한계를 제기하는 예를 하나 더 들어보겠다. 이 예시는 여성의 교육 수준과 노동시장에서 성차별의 감소 사이에 상관성이 없다는 걸 보여준다. 우선 최근에는 남성과 여성의 임금 격차가 줄고 있음이 눈에 띈다. 그럼에도 불구하고, 교육을 받은 햇수가 길수록 남녀 임금 격차가 더 크다는 사실이 데이터로 확인된다. 라틴아메리카에서 13년 또는 그 이상 학업을 수행한 여성들은 동일한 교육 수준의 남성보다 25.6% 낮은 급여를 받고 있다.[11)]

성별 및 민족-인종적 출신에 따른 교육 수준을 분석하면 임금 격차는 더 커진다.[12)] 라틴아메리카 8개국에 대한 연구에 따르면, 교육 수준이 중간이거나

10) Cepal, Panorama fiscal de América Latina y el Caribe 2016, cit.

11) "Nota para la igualdad No. 18: persiste la brecha salarial entre hombres y mujeres", en *Observatorio de Igualdad de Género de la Cepal*, 8/3/2016, 〈http://oig.cepal.org/es/notas/nota-la-igualdad-ndeg-18-persiste-la-brecha-salarial-hombres-mujeres〉.

12) Cepal, *Desarrollo social inclusivo: una nueva generación de políticas para superar la pobreza y reducir la desigualdad*, Naciones Unidas, Santiago de Chile, 2015.

낮은 경우, 원주민, 아프리카계 또는 백인계의 여성들은 동일한 혈통의 남성들보다 임금이 더 낮았다. 교육 수준이 높은 경우에는 소득 격차가 훨씬 더 커졌다. 최상위 소득층은 백인 남성이 차지했고, 최하위 소득층은 원주민 여성이 차지하고 있다. 이 두 극단 사이에는 다음과 같은 순으로 임금이 낮다. 원주민 여성, 원주민 남성, 아프리카 혈통 여성, 백인 여성, 아프리카 혈통 남성, 백인 남성.[13)] 이러한 불평등의 교차성은 성차별주의, 인종주의, 민족 중심주의가 어떻게 사회경제적 불평등의 바탕에 존재하고 있는지를 보여준다. 또한, 이 불평등으로 인해 어떻게 차별 시스템과 특권의식이 생겨나는지 알 수 있다.

노동의 성적, 국제적 분화

한 가정 안에서 여성이 주로 담당하고 있는 무임금 가사 노동의 가치를 평가하고 가시화하는 작업과 관련하여 여러 라틴아메리카 국가들이 이룬 발전은 상당하다. 최근 몇 년간 많은 국가들이 '시간 사용'에 대한 설문조사를 실시하고 공동책임적인 정책들을 마련했다. 코스타리카와 우루과이 같은 나라들은 국가적인 가사 지원제도의 도입을 추진하고 있다.

하지만 노동시장에 대한 여성의 참여가 증가함에도 불구하고(나이, 교육 수준, 인종/민족, 도시인지 농촌인지 거주 지역, 사회경제적 상황 등에 따라 큰 격차가 있기는 하다), 그에 상응하여 무임금 가사노동에서 남성의 참여가 늘거나 하지는 않았다. 라틴아메리카·카리브 경제위원회 성 평등 보고서에 따르면, 조사 대상 라틴아메리카 국가들은 모두 여성의 무임금 가사노동 시간이 남성의 무임금 가사노동 시간보다 훨씬 더 길었다. 임금 노동과 무임금 노동을 합쳐 남성과

13) Cepal, Horizontes 2030, cit.

여성의 노동시간을 비교하면 여성의 전체 노동시간이 과도하다는 점이 확인된다.[14]

불평등한 성 관계는 무임금 가사노동이 원래부터 여성의 책임이라고 여기게 한다. 노동력 재생산도 생계를 유지하는 것도 여성의 노동에 집중되어 있음에도 불구하고, 여성 간, 지역 간, 그리고 국가 간 불평등에 강한 영향을 미치는 가사노동에 대한 부당한 사회적 구조가 여전히 지속되고 있다. 이런 상황에서 여성들이 가사노동을 서로 양도하는 세계적인 가사노동 연쇄사슬이 만들어지고 있다. 이는 성, 계층, 혈통, 출신 지역에 따른 사회적 서열화를 바탕으로 한다.[15] 라틴아메리카 여성들이 자녀들을 가족 내 다른 여성이나 가까운 친척 여성의 돌봄 하에 두고 지역 내 다른 국가나 선진국으로 이주를 하게 되는 현상이 실증 연구를 통해 드러나고 있는데, 이렇게 이주를 한 여성들은 맞벌이를 하는 가정에 고용되어 그 집안의 가사노동을 담당한다.[16] 노동시장에서는 기본적으로 '이상적인 근로자'라는 개념이 작용한다. '이상적인 근로자'의 표준은 가사노동에 대한 책임을 지지 않고 임금노동과 실업 중에 선택을 하는, 출산을 하지 않고 늙지도 병들지도 않으며, 돌보는 일도 하지 않는 남성에 바탕을 두고 있다.

14) "Tiempo total de trabajo", *Observatorio de Igualdad de Género de la Cepal*,〈http://oig. cepal.org/es/indicadores/tiempo-total-trabajo〉.

15) Amaia Pérez Orozco, *Subversión feminista de la economía. Aportes para un debate sobre el conflicto capital-vida*, Traficantes de Sueños, Madrid, 2014.

16) 더 자세한 정보를 위해선 다음 자료를 참조할 것. A. Pérez Orozco, Cadenas globales de cuidado. *¿Qué derechos para un régimen global de cuidados justo?*, Instituto Internacional de Investigaciones y Capacitación de las Naciones Unidas para la Promoción de la Mujer (un-instraw), Santo Domingo, 2012; Adriana Molano Mijangos, Elisabeth Robert y Mar García Domínguez, *Cadenas globales de cuidados: síntesis de resultados de nueve estudios en América Latina y España*, Traficantes de Sueños, Madrid, 2012.

결론을 대신한 성찰

앞에서 우리는 라틴아메리카 발전 논의에 관해서 성 불평등이 지속하고 또한, 다른 종류의 불평등과 서로 교차하고 있음을 보여주는 몇 가지 자료를 살펴보았다. 여성의 빈곤 지표, 조세 정책에서 성차별, 남녀 및 인종/민족에 따른 임금 격차, 노동의 성적·국제적 분화 등은 국가가 실시한 성 평등 정책 및 여성 인권 정책이 여전히 한계가 있음을 보여준다.

라틴아메리카 여성들과 여성주의 운동의 학술적, 정치적 기여를 넘어서, 그리고 성의 제도화를 일궈내고 이것이 모든 국가 제도 속에 스며들 수 있도록 하기 위한 국가적 시도들을 넘어서, 성 불평등의 초국적인 성격과 이것이 불평등과 빈곤의 경제적 역동성을 이해하고 공공정책 설계의 바탕이 되는 사회이론 및 정통 또는 이단적인 경제이론의 기본 가설들을 무너뜨리는 데에 어떠한 관련이 있는지는 아직 알려지지 않았다.

이런 현실 앞에서, 도전은 두 가지 측면을 지닌다. 하나는 성 불평등의 구조적 요인들에 대한 대책을 마련하는 것이고, 다른 하나는 경제성장 둔화와 구조조정이라는 현 상황에서 성 불평등이 심화되거나 이미 개선된 것들이 후퇴하지 않도록 하는 것이다. 이를 위해서는 공공정책의 환원론적이고 단편화된 초점을 극복하고 정책들의 이율배반적 상관성을 고려하는 것이 기본이다. 그리고 권력, 부, 시간의 재분배에 바탕을 둔 지속 가능한 생산 및 소비 모형으로 나아가기 위한 긍정적 시너지도 염두에 두어야 한다.

끝으로 라틴아메리카의 공정하고 지속 가능한 발전을 위해서는 종합적인 경제 거버넌스와 조세 구조에 심도 있는 변화가 있어야 한다. 오늘날 라틴아메리카 국가들은 선진국으로 자원의 순 이동을 경험하고 있다. 그 원인은 불법적 자금 흐름에 대한 통제력 부재, 세금 공제, 자본소득에 대한 특혜 등이며, 외국인 직접투자의 이익이 본국으로 빠져나가는 것도 원인이 되고 있다. 또한, 여성들은 무임금 가사노동을 통해, 그리고 가사노동의 국제 사슬 안에서의 자신의 역할을 통해 국가 경제와 세계 경제를 지탱하고 원조하고 있는 셈이다. 따라서 정치 공간의 상실이라는 맥락에서 보자면, 공익을 위한 국가의 조정력을 회복하는 것이 근본적이다. 그렇게 함으로써 라틴아메리카 여성의 평등, 생존, 권리 보장을 향해 전진할 수 있을 것이다.

조영실 옮김

농촌디지털통합 모델을 지향하며: 라틴아메리카에 대한 고찰과 칠레의 사례

프란시네 브로사르드 레이바
유엔 라틴아메리카·카리브 경제위원회(CEPAL) 농업발전위원회 경제문제 담당관

원제와 출처: Francine Brossard Leiva, "Hacia un modelo de inclusión digital rural: Una mirada sobre América Latina y el caso de Chile", *Nueva Sociedad,* No. 262, marzo–abril de 2016, pp.97–107.

핵심어: 디지털 통합, 농촌, 정보통신기술(ICT), 칠레, 중남미, 라틴아메리카, 카리브

정보통신기술은(ICT)[1] 경제, 사회, 문화 모든 분야에서 불가피한 도구가 되었다. 이 기술에 대한 접근과 이용은 오늘날 국가의 발전, 성장, 사회복지라는 목표를 달성하기 위해 필수불가결한 요소다. 2015년 라틴아메리카카리브경제위원회(CEPAL)의 비전에 따르면,[2] 디지털 혁명과 데이터 혁명은 전 세계적인 차원

1) 기술공학에 대한 정의가 하나밖에 없는 것은 아니지만 일반적으로 정보통신기술이라고 하면 인터넷, PC, 노트북, 휴대폰, 그 외 이동통신수단(태블릿, 아이패드), 텔레비전, 라디오, 유선전화 등을 가리킨다.

2) 2015년 8월 5일 멕시코시티에서 열린 ELAC 2015에서 CEPAL의 집행부 사무국장 알리시아 바르세나(Alicia Bárcena)가 한 연설을 참조하기 바람. ELAC은 밀레니엄 발전목표(ODM: Objetivos de Desarrollo del Milenio) 및 정보사회 세계정상회담(CMSI: Cumbre Mundial sobre la Sociedad de la Información)에 따라 장기적인 관점에서 결성된 맞춰 라틴아메리카카리브 행동계획이다.

에서 일어난 최대의 두 가지 패러다임 변화이다. 이 두 혁명은 새로운 업무모델, 새로운 공공정책 수단, 그리고 디지털 경제로 유지되는 시민참여 모델 등에 대한 자극제가 될 수 있다. 그 결과 연대와 평등이 더욱 강화된 사회가 창출될 수 있을 것이다.

여러 산업 분야에서 정보통신기술 도구들이 큰 붐을 일으켜왔고, 그래서 이미 '스마트산업'이니 '스마트시티'니 '사물인터넷' 등이 거론되기도 한다. 그러나 농업 분야에서는 정보통신기술 도입을 위한 주목할 만한 발전이 적다. 특히 농촌 지역의 디지털화는 여전히 부족한 실정이다. 농촌 기업들, 특히 중소업체들은 경쟁력을 위해 디지털 도구를 활용할 필요성을 느끼고 있다. 공공기관들도 도시 및 농촌의 디지털통합을 목표로 서비스의 디지털화를 위해 큰 노력을 기울이고 있다. 현재 라틴아메리카카리브 국가들은 대부분 농업 부문에서 정보통신기술을 사용하고 최적화하는 데 여전히 초보적인 단계이고, 아직은 규모가 큰 기업들에서만 이 기술이 사용하고 있다.

중소규모 농업은 생산 및 판매 업무 개선을 위한 수단으로 정보통신기술을 시급하게 도입할 필요가 있다. 세계 시장뿐만 아니라 점진적으로 국내 시장의 요구 또한, 품질 기준을 향상시키고 업무처리의 효율성을 개선하도록 하였고, 디지털기술을 통해서만 가능한 초정밀 생산관리 방식을 도입하게 하였다. 또한, 해외 시장에 대한 진출은 지속적인 정보 업데이트를 필수적이게 만들었다. 이런 의미에서 디지털 사이트의 활용과 사이트를 통한 상호작용이 이루어지면 이용업체는 큰 실익을 거둘 수 있게 된다.

지속적인 격차

CEPAL 자료에 따르면[3] 이 지역의 인터넷 이용은 전체 인구 대비 사용자를 기준으로 했을 때 8년 사이에 두 배가 되었다. 2006년 20.7%에서 2014년 50.1%로 증가한 것이다. 그러나 2014년 수치조차도 OECD 국가의 평균 수치인 81.8%에 비하면 여전히 매우 저조한 상태다.

디지털 접속성이 이렇게 미약한 것은 정보통신기술의 사용과 접근성에 있어서 라틴아메리카 전 주민 사이에 지속적인 격차가 존재하기 때문이다. 말하자면, 소득 수준, 교육 수준, 연령, 성, 거주지 등 여러 변수에 따른 격차가 있다. 첫 번째 변수부터 시작해 보자. CEPAL 연구보고서가 5분위 소득에 따른 인터넷 접근성을 조사한 결과를 살펴보면, 모든 국가들에서 소득 수준이 높을수록 인터넷 접근성도 높아진다. 최하위 5분위 소득계층의 경우 필수 인프라(컴퓨터, 태블릿 등)와 서비스 비용 때문에 인터넷에 접근하기에 명백한 장애물이 존재한다. 물론 인터넷이 가정에 주는 이익이나 컴퓨터나 휴대폰의 사용에 인식이 부족하다는 사실도 큰 요인이기는 하다. 그래서 많은 경우, 특히 농촌의 경우에는 이것이 불필요한 지출이라고 여기기도 한다.

교육 변수에 대해 살펴보자면, 학력 수준이 높을수록 정보통신기술에 대한 접근성도 높다. 조사 대상으로 삼은 라틴아메리카 국가 중에서 브라질은 학력 수준에 따른 차이가 가장 큰 나라 중의 하나다. 이 나라에서는 초등교육을 받은 집단의 인터넷 사용률은 4.7%에 불과한 데 반해 고등교육을 받은 집단은 91.8%에 이르렀다. 칠레는 학력 수준에 따른 정보통신기술에 대한 접근성의 격차가 가장 작은 나라임에도 초등교육 집단의 경우 30.7% 사용률을, 고등교육 집단의 경우에는 86% 사용률을 보여준다. 새로운 기술공학에 대한 접근성이 대개 가계의 사회경제적 수준에 의해 매우 크게 제한되고 교육 시스템은 기술공학적 격차를 줄이기 위한 주요 수단의 하나라고 본다면, 이러한 접근성 차이는 우려할

3) Cepal, *Observatorio para la Sociedad de la Información en Latinoamérica y el Caribe* (Osilac), sobre la base de encuestas de hogares de los institutos nacionales de estadística.

만한 일이다. 라틴아메리카 여러 국가들은 학교에 정보통신기술 설비를 갖추기 위한 노력을 하고 있다. 학생들의 오락적 용도뿐 아니라 교육적인 용도로 사용하게 하는 데 더 초점을 맞추고 있다. 이는 교사들이 이 새로운 기술공학을 교육 현장에 활용할 줄 알아야 한다는 뜻이기도 하다. 그렇게 함으로써 전 국민의 디지털 훈련, 디지털 탈문맹이 정착할 수 있게 된다.

또 다른 흥미로운 변수는 성이다. 라틴아메리카 여러 국가들에서 CEPAL이 수행한 연구에 따르면[4] 여성과 남성의 인터넷 접근성은 동일하다. 이는 성에 따른 디지털 갭은 극복 중이라는 사실을 가리킨다. 이러한 현상은 농촌 여성의 고유한 역할 때문이기도 하다. 일반적으로 농촌 여성은 가정에서 아이들을 담당하고 학교 숙제도 도와주기 때문에 훨씬 자주 컴퓨터를 사용하게 된다.

앞에서 언급한 두 변수와 달리 농촌 지역의 인터넷 이용은 여전히 매우 후진적이다. 2013년 라틴아메리카카리브 13개국에서 고정접속 또는 고정광대역 네트워크를 통해 인터넷에 접근하는 가정의 수치를 비교하면, 도시와 농촌의 인터넷 접근성은 10%포인트 이상 차이가 있다. 브라질, 콜롬비아, 파나마에서는 30%포인트를 넘어서고, 칠레, 코스타리카, 에콰도르, 파라과이, 페루, 우루과이는 20%포인트를 넘는다. 농촌 가정이 상대적으로 매우 열악하지만, 국가별 불균형성도 매우 심각하다. 예를 들어 코스타리카와 우루과이 농촌 가정의 인터넷 접근성은 볼리비아, 도미니카 공화국, 과테말라, 엘살바도르의 도시 가정 접근성보다 더 높다.

라틴아메리카 농촌지역이 정보통신기술을 갖게 되면 생산 불균형도 감소할

4) Cepal, "Mujeres en la economía digital: superar el umbral de la desigualdad", XII Conferencia Regional sobre la Mujer de América Latina y el Caribe, Cepal / Ministerio de la Mujer, Santo Domingo, 15-18 de octubre de 2013. 〈http://repositorio.cepal.org/bitstream/handle/11362/16561/S2013579_es.pdf;jsessionid=ccfae4693473b0f99cfd4f56ca32b41c?sequence=1〉.

것이고 사회적 통합에 대한 개선책도 될 수 있다. 그러나 앞에서 살펴본 것처럼 도시든 농촌이든 정보통신기술의 접근성 및 이용에 있어 중대한 격차들이 지속된다면 이러한 목표가 단시일에 달성되기는 어려울 것이다.

농촌 지역의 정보통신기술 사용과 응용의 특징

농촌에서 가장 많이 사용되는 정보통신기술은 기본적인 소통을 위한 것들이다. 가령, 라디오, 텔레비전, 그리고 최근에 와서는 휴대폰이다. 세계 모바일 커뮤니케이션 시스템(Global System for Mobile Communications, GSMA)의 자료에 따르면, 라틴아메리카는 스마트폰을 통한 인터넷 접속의 증가율이 2010년과 2013년 사이에 연간 77%의 성장률을 보이며 세계 3위 지역이 되었다. 스마트폰 인터넷 접속 대수가 2억이 되었고, 2020년에는 6억 대를 넘어 세계 2위가 될 것으로 추정된다. 이 수치는 전 세계 스마트폰 접속의 2/3를 상회하는 수준이다.

농촌 지역의 또 다른 특징은 고정 광대역 접속이 적다는 점이다. 이는 모바일 광대역 사용이 우세하기 때문이다. 인프라에 접근하는 것이 불가능하기도 하고 –어떤 농촌 지역은 매우 고립되어 있어서 3G 기술밖에 지원되지 않는다– 고정 광역대 서비스 이용료가 높기 때문이기도 하다. 대체로 모바일광역대 서비스 이용료는 더 적거나 아니면 적어도 사용량에 따라 차등적이다. 이러한 특징으로 인해 인터넷 접속 장소가 정해진다. 가정에서 광대역을 사용할 수 없기 때문에 도시 가정보다 인터넷을 사용할 기회가 더 적다. 그리고 오히려 접속 장소가 집 바깥, 예를 들어 지역 IT 센터, 인터넷카페, 학교, 친구 집, 친척 집 등이다.

농촌 지역의 정보통신기술 사용은 농사일을 위한 수단이라기보다는 교육 지원의 수단, 그리고 학교 과제를 위한 수단으로써 용도가 더 크다. 칠레 정보통신부가 2014년 실시한 전국 인터넷사용 설문에 따르면, 51%의 가장은 교육적 목적이 크다고 대답했다. 반면에 일을 위한 용도는 10%에 불과했다. 한편, 놀라운 점은 이 설문조사에 따르면, 농촌이든 도시든 SNS 용도(두 지역 모두 79%)나 음악 또는 비디오 감상용(도시는 42%, 농촌은 36%)은 유사하다는 사실이다.

농촌에서 정보통신기술의 정확하고 적절한 사용이 기대할 수 있는 성과, 즉 생산성 향상, 비용 감소, 가치 창출 증대에 직접적인 효과를 거두려면, 이러한 장벽들을 극복하는 것이 최우선이다. 이 목표들 중 하나라도 달성하는 것이 농촌에 정보통신기술을 도입함으로써 추구하는 궁극적인 혜택이기도 하다. 개선된 토지 관리를 통한 생산성 향상, 원료의 적절한 사용, 무엇보다도 조속한 예방 시스템을 통해 기상재해나 해충, 질병 등에 시기적절하게 대응할 수 있게 되는 것이 바로 그것이다. 라틴아메리카의 여러 사례연구에 따르면, 정보통신기술의 적절한 사용 덕분에 이 세 척도(생산성, 비용 감소, 가치 창출)에 커다란 변화가 확인되었다. 예를 들어, 온라인 거래를 사용한 결과 많은 경우 비용 절감을 달성했다. 온라인 거래는 불필요한 이동 없이 원료를 구입할 수 있고, 상품 공급 정보를 최대한 활용함으로써 더 나은 가격에 구입할 수 있기 때문이다. 정보통신기술 도구를 사용하면 더 신속하고 저렴한 절차를 통해 거래 상대와의 소통이 더 원활해진다. 그 결과 판매 가격도 더 잘 받을 수 있게 된다.

끝으로 잊지 말아야 할 것은 농업 생산과 유통에 있어서 정보통신기술이 응용될 여지가 더 많이 존재한다는 점이다. 그러나 이러한 응용도 기계화, 기술화된 더 광범위한 농업을 하는 중간 규모나 대규모 생산자에게 해당하는 일이다. 기계화, 기술화된 대규모 농업에서는 정확한 경작, 농산물 이력 추적시스템, 전자 상거래 등에 기술을 결합할 수 있다. 하지만 이러한 기술들은 비용이 많이 들고, 필요한 장비 측면에서도 까다롭다. 뿐만 아니라 장비를 다루는데 필요한 지식도 상당히 까다롭다. 따라서 소규모 영농에게는 현실성이 없다.

어쩔 수 없이 그 한계는 인정해야 한다.[5)]

농촌의 디지털통합: 칠레의 사례

농촌 지역의 디지털 빈곤을 극복하는 것은 여러 칠레 정부들이 수년간 애써 온 일이다. 농업부의 경우 더 특별한 관심을 기울였다. 그러나 현재까지는 여전히 극복하기에 도농 간 격차가 크다. 공식 통계에 따르면, 도시에서는 인구의 거의 70%가 인터넷 접속을 하는 반면 농촌에서는 겨우 40%만이 가능한 실정이다.[6)] 농촌지역의 디지털 소외는 사회문화적인 측면이기도 하지만, 생산성, 금융, 판매에 있어 취약성의 지표이기도 하다. 그리고 이 취약성은 농산물 회사들의 경쟁력과 농촌의 삶의 질에 직접적으로 영향을 미친다. 칠레는 오늘날까지 국민들에게 디지털 인프라 구축과 디지털 교육을 제공하기 위한 다양한 시도들을 경주해 왔다. 그러나 근본적인 도전은 농촌 지역이 정보통신기술을 더욱 집중적으로 이용할 수 있도록 하는 것이다.

이 분야에서 구체적인 방안들을 펼친 칠레 정권 중에서도 바첼레트 1기인 2006~2010년 정부를 주목할 만하다. 이 기간 동안 농업부와 정보통신부는 '농촌 디지털접속 프로그램(Programa de Conectividad Digital Rural)'이라는 이름으로 공동 활동을 전개했다. 이는 라틴아메리카 디지털 정책에서 전례가 없던 시도였다. 칠레 정부는 농촌 지역에서 정보통신기술의 활용을 장려하고 대중화하기 위한 노력으로, 농촌디지털통합 모델을 만들어 전국에 적용하였다. 이 정책은 통신망, 정보 콘텐츠, 그리고 디지털 교육이라는 세 가지 기본 축을 바탕

5) Mônica dos Santos Rodrigues y Adrián G. Rodríguez(coords.), *Information and Communication Technologies for Agricultural Development in Latin America: Trends, Barriers and Policies*, Cepal, Santiago de Chile, 2013.

6) Subtel, *Encuesta Nacional de Accesos y Usos de* Internet, octubre de 2014.

으로 진행되었다. 아래에서 세 요소에 대해 하나씩 다루도록 하겠다.

• **통신망의 확대와 개선:** 농촌 디지털접속 프로그램이 당면한 제일 큰 첫 번째 문제는 디지털 격차를 줄일 수 있는 전략과 실천을 통해 통신망을 확충하는 것이었다. 먼저, 필요성이 더 큰 농촌 지역들이 어디인지 정하는 작업을 한 후, 이 지역들에 디지털 인프라구축 프로젝트를 수행했다. 그 결과 농업부 산하 12개 기관들의 협력기구로서 '농촌 정보통신기술 사무국(Mesa TIC Rural)'이 신설되었다. 사무국은 정기적인 회의를 통해 전국 농촌지역의 디지털 발전의 필요에 관한 부처 간 합의기구라는 지위를 유지했다. 사무국은 생산 클러스터, 인구, 소규모 농산물 회사의 존재 여부를 바탕으로 우선순위의 마을들을 결정하기 위한 사전조사를 했다. 그 후속 과정으로 정보통신부와 협력 하에 '혁신과 경쟁력을 위한 디지털 인프라(Infraestructura Digital para la Competitividad e Innovación)' 프로젝트가 시작되었다. 이어서 '칠레 통합 통신

〈그림 1〉 농촌 디지털 통합을 위해

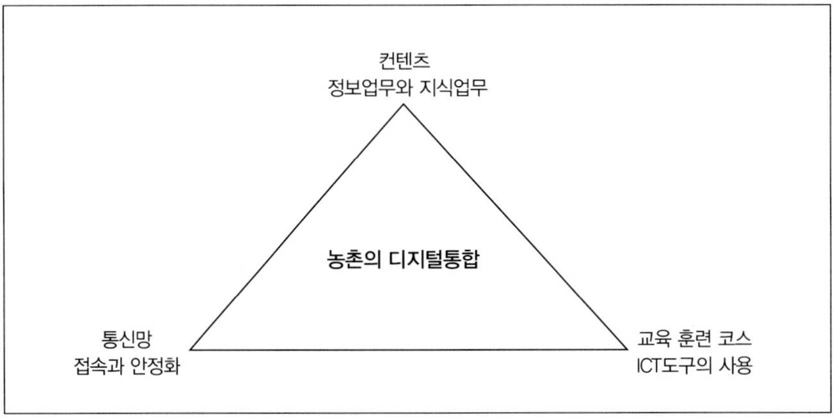

출저: 앞 FIA프로그램에서 발췌하여 저자가 작성함.

망(Todo Chile Comunicado)'[7]과 같은 제2단계 프로젝트로 넘어갔다. 이 프로젝트의 목적은 1,476개의 농촌 마을에 인터넷을 연결하는 것이었다. 그렇게 되면 2012년에는 농촌 지역 인터넷망이 11%에서 90%로 확충되고, 그에 따라 고립된 지역에 거주하는 300만 이상의 칠레인이 인터넷에 접속하게 된다는 계획이었다. 2014년 정보통신부가 실시한 전국 설문 통계를 보면 이러한 목표는 결국 달성되지 못했다. 그러나 2006년부터 현재까지 진행된 부단한 노력들 덕분에 칠레는 오늘날 40%의 농촌지역 주민들이 인터넷에 효과적으로 접속할 수 있게 되었다.

• **정보 콘텐츠 개발:** 이와 관련해 농업부는 농업생산자들이 활용할 수 있을 만한 콘텐츠와 프로그램, 애플리케이션의 개발을 추진했다. 이들을 활용함으로써 경작 관리나 적절한 판단을 하는 데 도움이 될 터였다. 농업인들에게 실제로 필요한 정보를 제공할 대책과 전략들을 구현하고자 했다. 농촌 지역에서 가장 자주 표출되는 고충사항이 바로 그 점이었다. 농업혁신재단(Fundación de Innovación Agraria)은 콘텐츠 개발을 위한 대책으로 '정보플랫폼 I+D+I(Plataforma de Información I+D+I)'[8]을 창설했다. 농업혁신재단은 농업부 산하기관들의 대표자들이 모인 통합기구다. 농업생산자들은 정보플랫폼 I+D+I를 통해 농업 관리와 혁신에서 모색하던 점을 정확히 달성할 수 있을 터였다.[9]

• **디지털 교육(정보통신기술 사용법과 디지털 문맹 퇴치):** 컴퓨터를 소유한 농업인 중에서도 3분의 1만 컴퓨터를 다룰 줄 아는 '디지털 문맹'의 상황을 위해 '정보&시민학교(Escuelas de Informática y Ciudadaní)' 프로젝트가 마련되었다. 이 프로젝트는 NGO인 '정보민주화위원회(Comitépara la Democratización

7) Programa FIA, "Tecnologías de información y comunicación aplicadas en el mundo rural", FIA, Santiago de Chile, 11/2008.

8) 더 자세한 정보는 웹사이트 참조. 〈https://mesaticrural.wordpress.com/acercade/〉

9) Newsletter No. 18, elac 2015-Cepal, 3/2012.

de la Informática)'의 도움을 받아 이루어졌으며, 이를 통해 농업인들에 대한 디지털 교육과 문맹퇴치 운동을 지속적으로 추진할 수 있었다. 한편, 유엔식량농업기구(FAO)의 정보관리자원목록(Repertorio de Recursos para la Gestión de Información, MARK) 프로그램이 시작되었다. 이 프로그램은 '칠레농업도서관 네트워크(Red Agro Chile)'에 가입한 도서관에 근무하는 350여 명의 사서들과 담당자들을 대상으로 했는데, 32개 공공기관, 민간기구 또는 국제기구가 이 프로그램에 참여했다. 그 목적은 농촌 지역의 미래 정보수요에 대비해 사서들과 담당자들을 전문적으로 교육시키는 것이었다.[10]

위에서 설명한 세 축(통신망, 콘텐츠 개발, 디지털 교육)의 통합 작업은 '농촌디지털접속 프로그램'이 담당했다. 이는 앞의 그림에서 표현한 바와 같고, 농촌디지털통합 모델의 기원이 되었다.

농촌디지털통합 모델의 응용: '농업인 주체(Yo Agricultor)' 프로젝트

농촌디지털통합 모델의 구체적 사례는 '농업인 주체' 프로젝트[11]였다. 이 프로젝트는 농업혁신재단이 미주개발은행의 지원을 받아 2008~2011년에 전개한 것이다. 그 내용은 칠레에 최초의 사이버 농업공동체를 설치하고, 이들 공동체들로 하여금 정보통신기술을 이용해 당면과제들의 해결책을 모색할 수 있게 하였다. 이를 통해 중요한 정보에 대한 접근성을 개선하여 소규모 생산자들이나 특

10) "Plataforma FIA de Servicios de Información en I+D+I para el sector silvoagropecuario", FIA, Santiago de Chile, marzo de 2009.

11) "Necesidades de información en I+D+I para la agricultura chilena", FIA, Santiago de Chile, mayo de 2009.

정 생산단체들이 의사결정에 도움을 받을 수 있게 한다는 계획이었다. 이 가상의 농업공동체들은 포도즙, 장과 열매, 벌꿀, 옥수수 등의 생산 라인을 총망라하고 있었다.

이렇게 설계된 모델을 통해 농촌 지역은 정보통신기술에 대한 실질적이고 완전한 접근이 가능해졌다. 이 프로젝트는 소규모 농업과 정보통신기술을 결합시키는 일이 실제로 가능하다는 결론을 가져왔고, 프로젝트를 적용하게 되자 유용하고 시기적절하며 혁신적인 정보들을 쉽게 취함으로써 적절한 결정을 내릴 수 있게 되었고, 그리하여 생산자들에게 실질적인 수익의 효과가 일어났다. 가장 중요한 것은 농업인들이 쓸모 있고 공정한 정보를 취할 수 있게 되었고 그 결과 모든 농촌 기업들이 더 많은, 그리고 더 나은 수단들을 통해 경쟁할 수 있게 되었다는 점이다. 이 프로젝트가 성공을 거두자 프로젝트의 방법론이 콜롬비아, 에콰도르, 페루와 같은 여러 국가들에서도 적용되어 왔다.

농촌디지털통합을 위한 제언

농촌디지털통합과 관련하여 첫 번째 제언은 농촌에서 정보통신기술의 유용성을 사회화하고 '농업인 주체' 프로젝트와 같은 성공적인 경험들을 널리 유포할 필요성이 있다는 점이다. 그 밖에도 농림축산 부문에서 디지털의 사용이 가져다주는 이익을 농촌 청년층과 여성들에게 특히 강조할 필요가 있다. 이들이 농촌 정보통신기술 발전의 미래 주역이기 때문이다. 농촌 청년들을 유인하는 흥미로운 방식은 진흥과 혁신을 위한 경연대회를 개최하는 것이다. 농업 관련 정보통신기술의 구체적인 애플리케이션을 개발하는 경연대회를 열면, 농촌이라는 지역 성격에 맞는 새로운 정보통신기술 솔루션과 창업 정신으로 고무적인 대회가 될 수 있을 것이다.

위 제언에서 비롯되는 또 다른 근본적인 제언은 중소규모 농업인들이 겪고 있는 농축산 정보의 불균형을 줄여야 한다는 점이다. 이를 위해서는 이들에게 최적화된 디지털문맹퇴치 프로그램의 지원이 있어야 할 것이다. 정보통신기술 이용을 장려하기 위해서는 기존 인프라, 특히 정보센터나 지역 IT 센터, 학교처럼 주민들이 많이 모이는 공간들을 활용할 것을 제안한다.

마지막 제언은 농촌지역 기구들과 국가 디지털발전 담당 기관들 사이에 소통을 강화해야 한다는 점이다. 그런 예시는 칠레 농업부의 '농촌 정보통신기술 사무국'이 수행한 정부 차원의 거버넌스와 협력 사례에서 찾을 수 있다.

라틴아메리카카리브 국가들의 디지털 어젠다 검토

라틴아메리카카리브 국가들이 농촌 지역의 정보통신기술 접근성과 사용에 실질적인 성과를 거두기 위해서는 효과적이고 우선순위를 가진 정부 시행령을 마련해야 할 것이다. 그래야 국가 농업을 위한 구체적인 전략들과 디지털 어젠다들이 최종적으로 결합될 것이다. 라틴아메리카 여러 국가들의 디지털 어젠다를 살펴보면 대부분은 '농업'이나 '농촌'이라는 단어조차 등장하지 않는다. 구체적인 어젠다가 있는 나라도 있다. 가령, 멕시코(2011~2015 디지털 어젠다)의 경우 원주민 마을과 공동체들의 디지털통합을 장려하기 위한 전략이 제시되었고, 에콰도르(2011~2014 에콰도르 디지털 어젠다 2.0)의 경우는 농촌 지역 정보센터의 증설을 확고히 하고자 하였으며, 페루(2011 디지털 어젠다 2.0) 농촌의 정보통신기술 소유와 사용 개발전략이 제시되었다. 아르헨티나(2011 디지털 어젠다 전략)의 경우에는 특정 거주 지역, 특히 농촌에서 "정보통신기술에 대한, 그리고 정보통신기술을 통한 지식의 취득, 사용, 창출을 위한 인적 능력을 개발하고 강화한다"는 전략을 제시했다. 브라질(2011~2013 전국 광대역 프로그램)의 경우 "인터넷 인프라의 확충과 정보시스템 개발, 올바른 농업활동에 대한 모니터링"이라는 목표를 세웠다. 코스타리카(2011 디지털 사회협약)는 '격차퇴치 프로그램'을 통해 농촌지역 교육에 초점을 맞추었는데, 그 목적은 농촌 주민들의 컴퓨터 사용 기술과 기능을 증진시킬 뿐 아니라 138개 농촌 학교 학생들이 노트북을 사용할 수 있도록 하는 것이다. 우루과이(2011~2015 디지털 어젠다)의 경우에는 "농축산 생산 사슬에 부가가치를 높인다"는 목표를 잡았다. 그러나 라틴아메리카카리브 국가들의 전략적 목표는 대부분 농촌 지역의 정보통신기술 사용이나 응용보다는 정보통신기술에 대한 접근성에 더 집중되어 있다. 보다 높은 정보통신기술 접근성은 새로운 통신접속망의 확대 및 농촌 학교들을 위한 디지털 인프라의 확충을 통해 이루어질 것이다.

몇몇 예외를 제외하고 농업은 정부 또는 농업 관련 부처들조차 디지털 전략을 세울 최우선 분야로 보지 않고 있음이 사실이다. 라틴아메리카 국가들은 정보통신기술에 대한 접근성을 개선하기 위해 상당한 노력을 기울여왔다. 그리고 이제는 이 기술을 농촌 주민들에게 실질적으로 보급시키고 농업에서 응용할 수 있도록 해야 할 시점이다. 그래야만 진정으로 농촌에서 정보통신기술의 평등하고 통합적이며 지속적인 발전을 기대할 수 있다. 구체적인 조치들이 없이는 농촌의 디지털통합이라는 열망을 달성하는 것이 불가능할 것이다.

조영실 옮김

볼리비아-아르헨티나 국경지역의 조직범죄

호세 카를로스 캄페로 누녜스 델 프라도
마드리드 콤플루텐세 대학교 거버넌스 및 공공행정 박사과정, 베타감마주식회사 고문

원제와 출처: José Carlos Campero Núñez del Prado, "Crimen organizado: una aproximación a la frontera boliviano-argentina", *Nueva Sociedad*, No. 263, mayo-junio de 2016, pp.120-130.

핵심어: 조직범죄, 국경, 공공정책, 아르헨티나, 볼리비아, 중남미, 라틴아메리카

국제조직범죄: 몇 가지 정의

국제조직범죄의 특성, 복합성, 다차원성 때문에 이에 대해 연구하는 학자들 간에 개념 해석에 대한 합의를 보지 못한 것 같다. 팔레르모 협약(2009)[1]은 법

1) 2000년 11월 이탈리아 팔레르모에서 159개국에 의해 채택된, 국제연합의 '국제조직범죄 방지협약'을 가리킨다. 국제조직범죄의 위협에 직면하여 자국의 대응능력을 강화하고 긴밀한 국제협력을 증진시킬 필요가 있는 국가들에게 큰 도움을 주고 있다. 이 협약은 총 41개 조문으로 편제되어 있는데, 주요내용은 조직범죄집단 등의 용어정의, 조직범죄집단에의 관여행위 처벌, 자금세탁 처벌 및 자금세탁 척결조치,

률적 시각에서 "조직범죄집단이란 직접 또는 간접적으로 금전적 이익이나 기타 물질적 이익을 목적으로 하나 또는 그 이상의 중대범죄 또는 이 협약에 의해 규정되는 범죄를 저지르는, 일정 기간 존속하는 3인 이상으로 구성된 유기적이고 체계적인 집단"으로 정의한다. 이 정의가 포함하는 범죄들은 "대량의 마약거래, 무기밀매, 인신매매, 장기밀매, 문화재밀매, 화폐위조, 환경범죄, 인공두뇌학범죄, 자금 세탁, 그 밖에 많은 범죄들"[2)]이다.

그럼에도 불구하고 국제조직범죄를 존재케 하는 현실은 이런 1차원적 정의를 뛰어넘기 때문에, 현존하는 범죄조직의 다양한 유형, 조직의 차이와 복합적인 활동, 그들이 개입하는 불법시장을 고려하는 정의로 확장될 필요가 있다. 이런 관점에서 "전문 범죄자와 공무원 간의 협력망 구축으로 특징지어지고, 결정적으로 폭력을 통한 다양한 위법활동을 전개함으로써 경제적 이익을 추구하는 사회정치적 관계체제"로서의 국제조직범죄에 대한 새롭고 종합적인 정의들을 채택할 수 있다.[3)]

하여튼, 국제조직범죄를 통합적으로 이해하게 해주는 정의들을 갖추어야 할 필요를 넘어, "조직범죄를 바라보는 초점이 한 시점에 조직범죄단이 연루된 행동이 아니라 그 조직의 구조와 작동방식에 맞춰진다면 조직범죄가 더욱 잘 척결될 수 있다는 인식의 전환이 팔레르모 협약 또는 다른 법적 장치가 본연의 목적을 달성할 것이다. [···] 팔레르모 협약은 범죄조직의 활동과 상관없이 그 조직을

부패 처벌 및 부패 척결주의, 범죄수익의 몰수 및 국제협력, 범죄인인도, 수형자이송, 형사사법공조, 합동수사, 특수수사기법, 사법방해 처벌, 증인보호, 피해자 원조 및 보호, 법 집행기관 간의 협력증진조치, 국제조직범죄의 본질에 관한 정보수집, 국제조직범죄 방지를 위한 국가계획 수립 등이다-옮긴이.

2) 소니아 알다 메히아스: "라틴아메리카의 정부와 조직범죄: 가능한 교류와 공범"(Estado y crimen organizado en América Latina: posibles relaciones y complicidades), Revista Política y Estrategia, 124호, 2014년

3) 같은 책.

공격하고 파멸시킬 방법을 찾아내야 할 것이다".[4)]

볼리비아-아르헨티나의 조직범죄: 법적 테두리

아르헨티나의 법과 볼리비아의 법은 팔레르모 협약과 같은 맥락에서 조직범죄를 유형화하는 데에 도움이 되는 정의들을 가지고 있다. 팔레르모 협약 또한, 결국 조인한 국가들 간의 논의와 합의의 산물이고, 이 협약에는 형법이 반영되어 있다. 아르헨티나와 볼리비아 법에 의한 '불완전한' 두 정의는 조직범죄의 특징 중 일부만 언급할 뿐이다. 이들 정의는 팔레르모 협약과 마찬가지로 주로 범죄의 '공동' 수행에, 그리고 특히 볼리비아 법의 정의에서는, 처벌 가능한 범죄에 대한 구체적인 감식에 집중된다. 또한, 이 두 나라의 법에서 규정한 정의에는 공무원이 참여한 '부패'에 대한 감식이 포함된다. 이러한 개념적 해석은, 조직범죄에 대해 앞서 기술한 종합적 특성의 대부분을 담지 못한다는 점과 이런 범죄 집단에 반대하는 활동이 법률적으로 많은 자잘한 법 규정들에 의해 제한된다는 점도 분명하다. 이렇기 때문에 치안 담당 조직 및 공공기관의 업무와 결과가 더욱더 방해를 받는다.

국경 도시, '쌍둥이' 도시

볼리비아가 다수의 이웃 국가들과 국경을 이루는 6,834 km 중에서 773 km(11.3%)가 아르헨티나와의 국경에 해당된다. 양국의 국경은 서쪽으로 안데스

4) 마르틴 데 시모네: 『아르헨티나의 조직범죄: 민주주의 관점에서의 시선과 인권에 대한 시선』(*Crimen organizado en Argentina: una mirada con perspectiva democrática y de derechos humanos*), La Otra Trama, 부에노스아이레스, 2014년.

산맥의 사팔레리(Zapaleri) 언덕에서 시작해 북서쪽 방향으로 파니소(Panizo) 언덕까지 달한다. 거기서부터 산 후안 델 오로(San Juan del Oro) 강을 따라 북쪽을 향해 말파소(Malpaso) 언덕까지 이어진다. 그 후에는 포르틴 캄페로(Fortín Campero)까지 남동쪽으로 가, 베르메호(Bermejo) 강과 그란데 데 타리하(Grande de Tarija) 강이 합류하는 라스 훈타스 데 산 안토니오(las Juntas de San Antonio)라는 곳에서 멈춘다. 거기서부터 그란데 데 타리하 강과 이타우(Itaú) 강을 따라 올라가 야쿠이바(Yacuiba) 마을까지 이른다. 그곳에서부터 위선 22°S를 따라 필코마요(Pilcomayo) 강에 접한 포르틴 도르비그니(Fortín D'Orbigny)까지, 그다음에는 이 강의 흐름을 따라 아르헨티나, 파라과이, 볼리비아 사이에 세 부분으로 나뉜 인접지점 에스메랄다(Esmeralda)에 이른다. 볼리비아와 아르헨티나 국경에는 세 개의 공식 통로가 있는데, a) 베르메호(볼리비아)-아구아스 블랑카스(아르헨티나), b) 야쿠이바(볼리비아)-살바도르 마사(아르헨티나), c) 비야손(볼리비아)-라 키아카(아르헨티나)다.[5)]

21세기 초반 월경(越境)은 국민국가에 아주 중요한 문제가 되었다. 국경 지역에서 끊임없이 벌어지는 변화와 혼란 때문이다. 어떤 경우에는 이런 월경의 역학이 중앙정부, 지역정부, 지방자치의 이해관계에 역행하기도 한다. 이런 특성은 근본적으로 '경계(límite)'와 '국경(frontera)' 간의 이분법적 개념 때문이다. 이 두 용어는 곧잘 같은 것으로 혼동되기 일쑤지만 엄연히 다른 용어고, 각기 다른 문제와 관련이 있다. 국가에게, 그리고 각기 다른 수준의 정부나 행정기관에게 영토의 경계란 그 국가의 주권과 사법권을 법에 근거하여 합법적으로 행사하는 공간이다. 경계에서 비롯된 선형성이라는 개념은 한 국가 내의 정치·행정적 한정 그리고/또는 경계 획정에 대한 국가 간 조약으로 실체화하는 법률적 의미에

5) 롤란도 멘도사: "볼리비아-아르헨티나 국경의 인신매매"(Trata de personas en la frontera Bolivia-Argentina), Friedrich-Ebert-Stiftung, 라파스, 2012년.

근거한다.[6)]

그럼에도 불구하고 많은 종류의 경계 위에 국경이 있다. 경계와 달리, 그리고 법적 개념과 달리, 국경은 영토의 특정 부분에서 경계의 이쪽에서 저쪽으로 움직이는 주민, 인프라, 서비스의 초기 기반시설들의 상호작용 과정과 관련된 사회·경제적 의미에서 비롯된다. 이런 상호작용은 사람과 재화, 서비스의 끊임없는 교환을 통해 국경의 밑그림을 그리거나 윤곽을 잡는 연대책임과 이해관계를 낳는다.

역사적 관점에서 지역통합의 주요 대상으로서의 국경의 발달은 여러 요인들의 영향을 받아 왔다. 이런 요인들은 국경 지역의 일반적인 특징을 결정지었다. 그 특징인즉슨 a) 국가의 활동적·역동적인 중심지로부터 격리되거나 멀리 떨어진 지역, b) 자신만의 지역경제를 유지하는 지역, c) 해당 국가의 다른 지역과 비교해 침체되고, 미미하며, 불평등한 발전을 보이는 지역, d) 더욱 역동적인 곳으로 발전시킬 가능성이 거의 없는 지역, 그리고 e) 지역 내 활동들을 장려할 적절한 제도가 부족한 지역이라는 점이다.

이런 틀에서 보면, 어느 국경 통과지역에서든지 간에 볼리비아-아르헨티나 국경은 경제와 삶의 전반적인 면에서 비공식성 지수가 높은 인구와 공생한다는 것을 의미한다. 두 도시에서의 '정상적인' 일상 활동은 국제정치의 형식주의가 국경선의 윤곽을 그리는 것처럼 잘 감지되지 않기 때문이다. 이 국경 거주민에게 삶은 비록 강 때문에 나누어져 있지만 같은 한 도시에서 흘러간다. 주민들은 '쌍둥이 도시'라고 불리는 곳에서 살아간다.[7)]

6) 루이스 알베르토 올리베로스: "안데스 통합이라는 맥락과 관점에서의 개념"(El concepto de frontera en el contexto y en la perspectiva de la integración andina), Comunidad Andina, 2002년 2월.

7) Lía Osorio Machado: "Limites, fronteiras, redes, fronteiras e espaço global" en Tania Marques Strohaecker et al. (eds.): Fronteiras e espaço global, agb, Porto Alegre, 1998년.

이 도시들은 높은 수준의 사회적, 문화적, 연대적, 그리고 국경의 연합적 자본을 보유하고 있다. 이 자본은 엄밀히 말하면 비공식성의 산물이다. 그 결과 주민들은 이미 익숙해진 위법활동에 대한 포용지수가 높다는 것이 증명될 수 있다. 이런 상황은 국경도시에서의 삶 그 자체가 되고, 사회·경제·정치활동의 대부분은 어떻게든 이런 현실을 관통하는 방식으로 이루어진다. 그것은 마치 국경의 관점에서가 아니면 분석할 수도, 해결할 수도 없는 국경의 주요 문제들이 사람, 재화, 서비스의 자유로운 통행을 막는 장애물들 때문에 발생한 것과 같다. 국제관계에 대한 규범은 국경을 규제하기 위해 작용하지만 쌍둥이 도시에 대해서는 다른 방식으로 작용한다. 두 도시 간의 사회·정치·경제적 교류가 지속적으로 널리 이루어지기 때문이다. 다수의 조약 및 협정이 밝히고 있듯이, 사람, 재화, 서비스의 일상적인 통행을 방해하는 것들이 여느 다른 국경에서처럼 다루어진다면, 지금 당장 불법행위가 만연해있는 상황에서 그 불법성을 공식화할 동기는 더욱 커진다. 이런 구조적 특징이 적절히 고려되지 않으면, 밀수를 자극하는 느슨한 무역통제의 '긍정적인 비공식성'이 활기를 띠게 될 뿐만 아니라 강탈, 인신매매, 마약밀매 같은 활동이 한층 강해진다. 이런 활동은 복잡한 범죄고, 현재 불법행위들의 네트워크와 그들의 이전 경험을 이용하는 조직범죄 집단의 관여를 필요로 한다.[8)]

조직범죄 집단의 행위에 있어서 유일하게 차이를 만드는 것은 국경에 이미 있던 기존 사회자본의 발전 수준일 것이다. 즉, 쌍둥이 도시의 사회적·경제적·정치적 관계가 얼마나 오래전부터 존재했느냐에 달려 있을 것이다. 국경 도시의 사회자본이 오래되고 그 수준이 높으며 집중적이고 강할수록, 조직범죄가 주요 행위자가 될 가능성은 적을 것이다. 조직범죄집단은 이미 발전해서 작동 중

8) Rebeca Steinman: "A geografia das cidades de fronteira: um estudo de caso de Tabatinga (Brasil) e Letícia (Colômbia)", tesis de maestría, Universidad Federal de Río de Janeiro, 2002.

인 그 지방의 네트워크와 불법적 서비스에 적응하고 그것들을 활용해야 할 것이다.[9] 반면 사회자본이 여전히 형성 중인 갓 세워진 도시일 경우 조직범죄 집단은 빠르게 중심 행위자가 되어 게임의 규칙을 정립하고 그렇게 해서 자신들의 이익을 위해 사회적 자본을 발전시킬 방법을 주조할 가능성이 높다.[10]

볼리비아-아르헨티나 국경의 조직범죄

볼리비아와 아르헨티나 간의 국경 지역들은 이미 발전된 사회적 자본을 보유하고 있다는 특징을 갖는다. 따라서 범죄조직은 이미 그 지역에 존재하는 행위자들에 더하여 추가적인 불법행위자가 된다. 실제로 그들은 범죄를 저지르기 위해 기존에 존재하는 서비스를 활용하기도 하고, 자체적인 물류관리능력을 쇄신하기도 한다. 이렇게 국경에 접한 공간에서 범죄조직들의 지배하에 벌어지는 주요 범죄는 다음 세 가지로 요약될 수 있다: a) 마약거래, b) 인신매매, c) 밀수. 이 글은 이런 국경에 존재하는 조직범죄의 특성을 파악하기 위해 마약거래에 초점을 맞출 것이다.

국경에서의 대량 마약거래는 최근 10년간 중요한 이슈로 부상했다. 현재 아르헨티나는 코카잎에서 추출한 불법생산물(파스타 바세,[11] 코카인의 원료, 코카인)에 대해 미국, 브라질에 이어 세계에서 세 번째로 큰 시장이다. 페루와 볼리

9) J.C. 캄페로: "국경도시의 치안문제에 대한 연구: 데사과데로 시(市)의 사례"(Estudio exploratorio sobre problemáticas de seguridad en ciudades de frontera: caso ciudad de Desaguadero), Friedrich-Ebert-Stiftung, 라파스, 2013년.

10) J.C. 캄페로: "국경도시의 치안문제에 대한 연구: 코비하 시의 사례"(Estudio exploratorio sobre problemáticas de seguridad en ciudades de frontera: caso ciudad de Cobija), Friedrich-Ebert-Stiftung, 라파스, 2012년.

11) 저렴하고 매우 중독성이 강한 코카인 부산물-옮긴이.

비아 같은 생산국으로부터 매우 가깝기 때문에 이 마약무역은 북미 시장을 겨냥한 마약무역보다 더 수익성이 높고 덜 위험하다. 북미 시장에서는 사실상 콜롬비아가 독점공급자다.

비록 국경지역에 그 지역 자체의 범죄 조직들이 존재하지만, 이들은 기본적으로 밀수입에 집중된 자체 사업에 종사해 왔다. 그런데 이 지방 조직 중 많은 곳이 더 낮은 비용과 위험으로 다양한 활동을 수행하기 위해 국제 범죄 조직들과 하도급 계약을 맺었다. 예를 들어, 육상수송이나('노새'처럼 일하는 사람들도 포함된다) 하천수송을 통해 아르헨티나로 유입된 코카인은 국경도시에서 일상적으로 밀매되는 다수의 상품에 추가된 제품이다. 코카인을 이쪽에서 저쪽으로 운반하기 위해, 마약밀매에 종사하는 지방 행위자들('밀무역업자들')과 하도급 계약을 맺는데, 이 지방 행위자들은 여타 다른 범죄 조직에 비해 경쟁력을 갖고 있기 때문이다.

그럼에도 불구하고 대량 마약거래 사업은 주로 콜롬비아나 멕시코의 국제 범죄조직들이 장악하고 있다. 브라질과 페루 조직들도 존재하긴 하지만 말이다. 이들 국가에서는 국경 지역에 마약거래 및 인신매매와 관련된 범죄 조직들의 존재가 입증되었다. 예를 들어, 후아레스, 티후아나, 그리고 시날로아의 카르텔들, 로스 세타스, 콜롬비아 무장혁명군(FARC), 노르테 델 바예 델 카우카의 카르텔, 로스 우라베뇨스(콜롬비아), 제1 코만도 카피탈, 코만도 베르멜오(브라질), 센데로 루미노소, 투팍 아마루 혁명운동(MRTA)(페루)이 대표적인 마약조직들이다.[12] 이 조직들은 마약의 공급과 운반, 그리고 종종 아르헨티나 시장에서의

12) 마리아노 세사르 바르톨로메: "아르헨티나의 치안 악화와 범죄행위: 대량 마약거래를 하는 지역 마약조직의 존재"(Inseguridad y criminalidad en la Argentina: la presencia de carteles regionales del narcotráfico), 남미 원뿔꼴 지역의 통합을 위한 제2차 인문학 및 과학기술학 회담의 발표논문, 세르히오 아르볼레다 대학교, 보고타, 2013년 5월; "대량 마약거래: 아르헨티나 북동부에서 멕시코 마약조직의 세포들을 고발한다(Narcotráfico: denuncian células de cárteles mexicanos en el nordeste

판매 또는 해상수단을 통한 아프리카와 유럽 시장으로의 상품 발송까지 전반적인 마약 사업을 전개하고 있다. 따라서 일명 '하얀 비(lluvias blancas)'라는 항공편이나 500개 이상의 비밀 도로를 통해 볼리비아나 파라과이로부터 아르헨티나로 유입되는 커다란 화물들을 담당하고 있다.

지방 행위자와의 연관 그리고 부패. 앞에서 언급한 세 가지 유형의 범죄활동을 위해 볼리비아-아르헨티나 국경에서 활동하는 범죄조직들은 공무원(세관, 출입국 관리, 경찰, 시장, 법관, 검찰직 등), 시민사회(노동조합, 상인단체, 운송업자 단체, 주민협회, 운동협회, 기타 협회), 그리고 나머지 조직들(NGO, 자선단체, 직업소개소 등)과 같은 다양한 행위자들과 유착 관계를 발전시켜 왔다. 이러한 유착 관계가 없다면 불법행위와 연관된 금융거래 비용, 물류거래 비용 그리고 위험 비용이 상승할 수밖에 없을 것이다.

신문기사들은 범죄조직들이 자신의 목적을 달성하기 위해 제도, 조직, 사람들을 어떻게 소모시키는지 매일 예를 보도한다. 몇 개의 발췌문을 살펴보자.

> 마약 밀매업자와 정치권의 연관이 어제 상원 의회에서 아르날도 지우치오 의원이 준비한 자료에서 사실로 드러났다.[13)]

> 대량 마약거래와의 전쟁의 상징인 라울 레이노소 연방판사가 용의자가 되었다고 살타 데 바비오 판사는 조사를 명령했다. 현재 레이노소 판사가 거금을 받고 마약

argentino), Momarandu.com, 2016년 3월 4일.

13) "지우치오 상원의원이 마약 밀매업자와 정치인들의 연계를 밝혔다"(Senador Giuzzio expuso los vínculos de los políticos con el narcotráfico), 《울티마 오라》, 2014년 11월 21일.

거래 소송으로 체포된 인물들을 석방시킨 것인지의 여부를 조사 중이다.[14)]

마약 밀매업자 소송에 연루된 경찰이 점점 더 증가하고 있다. 최근 30개월간 11개 주의 치안병력과 연방경찰 111명이 마약법에 의거하여 기소되었다. 그 중에는 고위직이 최소 여섯 명이다.[15)]

어제 프로페소르 살바도르 마사의 시의원, 알레한드로 마우린의 체포는 전국에 정치적·사회적 소요를 불러일으켰을 뿐만 아니라, 마약거래 네트워크의 규모를 밝혀낸 헌병대 '페브레로 블랑코'의 작전이 최고조에 달하는 순간이었다. 페브레로 블랑코는 살바도르 마사에서 4개월간 0.5톤이 넘는 코카인, 50만 달러, 차량 10대를 몰수했다.[16)]

'카르본 블랑코'로 알려진 대규모 마약밀매 소송에 관련된 중심인물 중 한 명이 선풍기를 틀기 시작했고, 우리가 몇 달 전부터 줄곧 신문 지면에서 경계하던 것을 시인했다. 즉, 국세청[17)](특히 리카르도 에체가라이가 이끄는 기관의 일부인 세관)과 대규모 마취제 불법수입 간에 밀접한 관계가 있다는 것을 시인했다.[18)]

14) "살타 스캔들: 마약 밀매업자를 석방시켜 죄를 뒤집어쓴 오란의 연방판사"(Escándalo en Salta: juez federal de Orán imputado por liberar narcotraficantes), 《노르테》, 2015년 11월 4일.

15) 구스타보 카라바할: "점점 더 많은 경찰이 대량 마약거래로 기소 중"(Cada vez son más los policías procesados por narcotráfico), 《라 나시온》, 2015년 7월 12일.

16) "살바도르 마사: 대량 마약거래로 시의회 의장이 체포되다"(Salvador Mazza: detienen al presidente del Concejo Deliberante por narcotráfico), 《클라린》, 2016년 2월 26일.

17) 아르헨티나 국세청(AFIP)은 내국세와 관세, 사회기관세를 모두 관장하는 기관이다–옮긴이.

18) "선풍기를 틀다: 세관과 대량 마약거래의 공모"(Prenden el ventilador: la complicidad de la Aduana con el narcotráfico), 《오늘》, 2015년 7월 10일.

> 아르헨티나 경찰은 기업가이자 볼리비아 국영 석유 기업의 전직 도급업자이자 마약거래로 소송 중인 호세 루이스 세하스 로살레스의 재산 2백 5십만 달러를 압류했다. […] 세하스가 2014년 2월 14일 살바도르 마사의 국경을 통해 아르헨티나로 마취제를 들여오려 했다는 증거가 충분히 있다. 당시 치안병력이 액체와 톨루엔 상태의 코카인, 즉 마약 생산을 위해 사용되는 코카인 이전 단계의 화학물질이 […] 회사 화물트럭의 연료탱크 안에 숨겨져 있는 것을 찾아냈다.[19]

> 온갖 종류의 곡물과 마약의 원시적인 맞교환은 마약 밀거래 과정의 시작이다. (볼리비아에서 지극히 중요한 투자다. 마약 밀매업자에게 이윤의 폭이 가장 큰 돈벌이이기 때문이다) 오늘날 이런 거래는 여러 도시에서 판로 통제로 인해 무력 대립을 야기한다.[20]

폭력, 교역, 그리고 재산 세탁. 아르헨티나 대도시에서 소매 판매 시와는 달리, 볼리비아–아르헨티나 국경에서 마약을 밀매 시 폭력의 수위는 거의 미미하다. 범죄조직들은 '더 많은 폭력은 더 적은 거래'를 의미한다는 것을 안다. 따라서 살인을 저지르는 이들은 조직범죄 집단의 큰 거래와는 거의 무관한, 도시의 마약밀매 소매업자들이다. 요즈음 조직범죄 집단들은 사업의 가장 복잡한 과정, 즉 유통을 효과적으로 관리하는 데 집중한다. 이 유통은 무역의 세계화와 글로벌 차원의 상품 운송서비스의 발전에 의해 도움을 받는다. 조직범죄 집단들은 자신의 불법상품을 유통시키기 위해 이 거대한 서비스망을 활용한다. 또한, 조직의

19) "아르헨티나는 대량 마약거래 피의자 세하스의 재산을 압류한다"(Argentina embarga bienes de Sejas, acusado de narcotráfico), 《파히나 시에테》, 2015년 8월 29일.

20) 다니엘 가요: "볼리비아와의 경계에서 코카인과 곡물이 맞교환된다"(En el límite con Bolivia se intercambia cocaína por granos), 《라 나시온》, 2016년 3월 21일.

일원이 아닌 행위자들과 하도급을 맺고 그들에게 작업을 시킴으로써 체포될 위험을 줄인다. 이렇게 해서 교도소는 국제범죄조직과는 아무 상관 없으면서 마약거래라는 범죄를 저질러 유죄 판결을 받은 사람들로 가득하다.

마약거래의 최고 우두머리와 중간 우두머리들은 계속해서 자유롭게 자신의 사업체를 조직하고, 자신이 활동하는 구역의 경제에 막대한 액수의 돈을 투입한다. 그들의 목적은 보호와 면책을 획득하고, 자신의 일을 용이하게 하며, 국가를 대신해 서비스(물, 전기, 운송, 관광)를 제공하거나 가정문제나 사업문제 해결 같은 평화적 정의 또는 악한 사업 행태에 대한 산발적인 처형을 통한 폭력적 정의를 제공하는 것이다. 그러나 또한, 그들을 위해 일하고자 접근하는 사람들을 위해 다른 방식으로는 존재하지 않는 경제·사회·정치적 기회를 합법적으로 제공하기도 한다.[21]

조직범죄의 결과

광활한 영토에서 존재감을 드러내면서 국경을 효과적으로 통제하는 정부의 힘이 약화된다는 것은 주권이라는 정치적 개념의 행사를 정지시키고 조직범죄집단으로 하여금 영토 통제의 원칙을 피해 가는 기회를 제공한다. 따라서 국경 지역에서 범죄조직들은 금지된 것들에 대한 거래를 확대, 강화하기 위한 방법들을 발전시켜 왔다. 범죄행위의 합법성과 그리고 범죄행위에서 비롯된 이익은, 법이 사회적 행위를 통제하기에 비효율적이고 유효하지 않다는 인식을 갖고 있는 시민들에게 현재의 법규범에 대해 의구심을 갖게 한다. 그리고 이는 공공질서와

21) 같은 책.

관련한 제도와 조직들의 활동을 한층 더 어렵게 만든다.

국경 지역의 제도적 취약성, 그리고 치안 관련 공직자들의 매우 낮은 급여 수준과 역량과는 대조적으로, 마약거래라는 '즉시 현금화할 수 있는' 사업은 범죄조직들로 하여금 활동구역의 지배력을 유지하고 최소한의 비용으로 자신의 사업을 발전시키기 위한 세력 확대에 적합한 상황을 양산한다. 따라서 그들은 면책의 성역을 만들어냄으로써 대안적인 사회적·법적 규정을 만들어내기 시작했다. 면책 성역에서 국가는 주권행사를 최소한으로만 할 수 있을 뿐이며, 따라서 범죄조직들은 처벌받을 위험 없이 치안병력에 대항할 수 있게 된다. 부패, 협박, 면책은 그렇게 범죄조직의 합법성을 뒷받침해주는 주요 요인이 된다. 그러는 사이, 공공의 기능은 법과 면책 앞에서 차별적으로 행사되며 불공평을 만들어내고 있으며, 따라서 법치국가는 다른 국민들에게는 비효율적이고 불공정한 존재가 되어버린다. 그 결과 국민들의 관점에서 모든 법적 시스템은 합법성을 잃어버린다.[22)]

경제력, 정치권력 또는 기타 권력과 같은 사회적 조건이 사법적 판결을 결정한다는 인식은 범죄활동에 관여하지 않는 많은 개인과 집단에게 모방효과를 불러일으킨다. 다시 말해, 법적 정의가 아니라 소송 당사자들의 재력에 근거를 둔 국가 제도들을 통해 개인의 이익을 파기하는 바로 그 게임에 뛰어든다.

마우리시오 마크리 대통령이 아르헨티나를 집권하면서, 그리고 볼리비아-아르헨티나 국경에서 마약거래가 비약적으로 늘고 아르헨티나의 마약 소비시장에서의 폭력이 악화하면서, 지난 몇 달 사이에 볼리비아와 아르헨티나 양국 간의 관계는 그들의 어젠다를 근본적으로 변화시켰다. 이것은 나머지 국민들이 국경에서 거래를 하는 데에 드는 비용, 즉 사람, 재화, 서비스의 통관에 걸리는 시간

22) 같은 책.

과 수속의 관료주의를 증가시켰다. 이는 범죄성을 추정하는 데 드는 비용 또는 사람, 재화, 서비스의 자유로운 이동에 대한 장벽 증가와 관련된 비용들이다.

조혜진 옮김

제4부 국제정세의 변화와 영향

트럼프 경제정책, 중남미 충격 그리고 향후 전망 _김권식

통상환경 변화에 따른 멕시코의 위협요인과 기회요인 _오성주

미국-쿠바의 관계 정상화와 쿠바의 변화 _사라 갠터

트럼프 경제정책, 중남미 충격 그리고 향후 전망

김권식

국제금융센터 연구위원

핵심어: 트럼프노믹스, 트럼프, 경제정책, 리플레이션 거래, 달러패권, 경제전망, 중남미, 라틴아메리카

Ⅰ. 서론

지난해 11월 트럼프의 미국 대통령 당선으로 전 세계 경제가 크게 출렁인 가운데 최근 미국 경기 회복을 필두로 글로벌 경기회복에 대한 기대감이 커지면서 세계 경제는 금융 불안에서 빠르게 벗어나고 있다. 미국 연방준비제도이사회의 점진적 금리 인상에 미국경제가 자생적 성장궤도에 진입하였다는 옐런 연방준비제도이사회 의장의 평가가 가세하면서 투자심리도 개선되고 있다. 신흥국 경기 모멘텀도 예상보다 양호한 것으로 나타나며 리스크 온(risk on) 심리가 더욱 강화되는 추세다. 경기지표가 시장 예상치를 상회하는 경우를 (+)로 표시하여 경기

회복 기대감을 수량화한 미국의 경기 서프라이즈 지수는 지난해 11월 이후 (+)로 전환하며 3월 말 현재 +50포인트를 상회하였고 신흥국 서프라이즈 지수도 금년 들어 (+)로 반등하였다. 여기에 경기회복 기대감을 바탕으로 원자재 수요 및 가격 회복으로 원자재수출국의 기초경제여건 개선이 신흥국 경기회복 모멘텀을 지지해 주고 있다. 50을 넘으면 경기확장을 의미하는 신흥국 PMI는 금년 3월 51.6으로 32개월 내 최고치를 기록하였고 미국과 중국과의 인프라 투자 확대 전망으로 원자재 수출국의 밸류에이션 유인도 강화되고 있다.

이러한 최근의 긍정적 대외여건 기조와 반대로 보호무역주의, 환율조작국 지정, 국경세 조정 등 트럼프 경제정책의 불확실성으로 세계경제는 불확실한 경제 터널에서 벗어나지 못하고 있는 실정이다. 정책 불확실성과 맞물려 2013년 5월 미국발 긴축발작 이후 대외이벤트 발생할 때마다 신흥국 경제가 민감하게 반응하며 외국인 증권자금이 유입에서 유출로 급반전(sudden reversal)하며 살얼음판 같은 경제가 지속되고 있다. 2014년 말 국제유가 급락, 2015년 하반기 위안화 평가절하로 촉발된 신흥국 불안, 2016년 중반 브렉시트 선거, 2016년 하반기 미국 대선 결과 등이 대표적 사례다. 미국발 긴축발작으로 외국인자금이 한 달 사이에 321억 달러가 유출되며 시작한 신흥국 금융불안이 유가 급락 시기에는 225억 달러, 신흥국 불안 시기에는 763억 달러, 브렉시트 선거 시기에는 123억 달러 이탈하면서 자국통화 가치가 급락하고 주가도 하락하였다(그림 1). 뿐만 아니라 신흥국 자금유입 기간이 2013년 긴축발작에서 2014년 말 유가급락 시까지 18개월에서, 2015년 신흥국 불안, 2016년 6월 브렉시트 투표, 11월 미국 대선까지 각각 7개월, 3개월, 6개월로 단기화되면서 자금유출 압력이 점증하고 있다. 여기에 미국 주가가 트럼프 당선 이후 약 4개월간 12% 상승한 상황에서 최근 트럼프 행정부의 정책기대 약화에도 역사적 고수준을 지속하고 있어 하락 압력이 상당한 상황이다. 미국 주가 하락시 신흥국에서 외국인 증권자금이 유출되었던 경험이

〈그림 1〉 대외이벤트에 민감한 신흥국 자본유출입

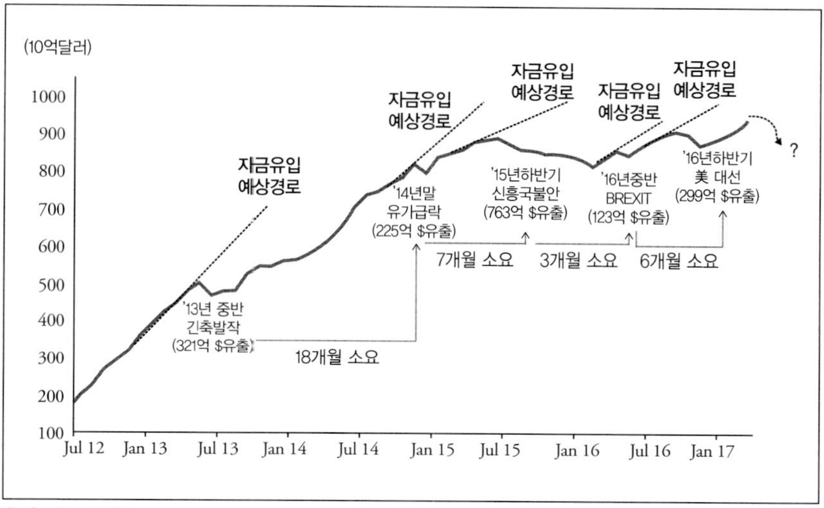

출처: IIF, KCIF

〈그림 2〉 미국 주가 변화에 연동되는 신흥국 자본유출입

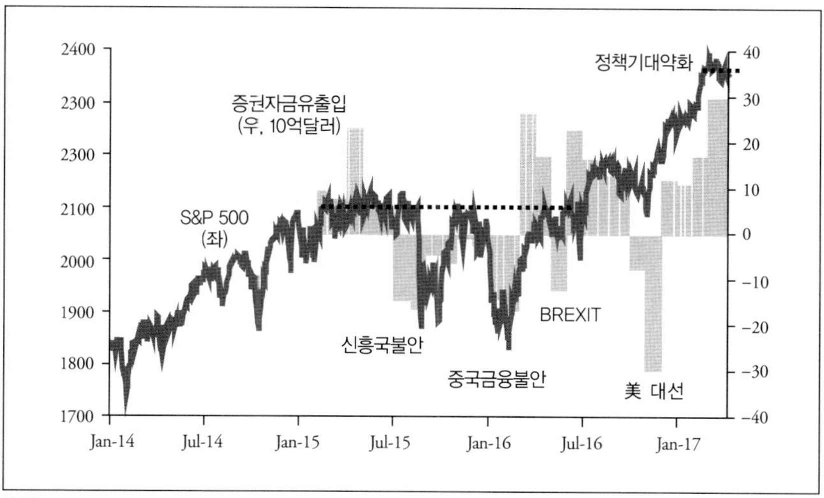

출처: IIF, Bloomberg

있었던 만큼 조만간 유입자금의 되돌림 현상이 전개될 가능성도 배제하기 어려운 상황이다(그림 2).

지난 3월 3일 시카고 경영자클럽 연설에서 옐런 연방준비제도이사회 의장이 금리 인상을 시사하고 원유가격이 배럴당 53달러에서 3월 21일 47달러로 하락하면서 신흥국 경기회복 기대가 약화되어 신흥국 불안 조짐을 보였던 최근 사례도 살얼음판 같은 경제 상황을 뒷받침해 준다. 보호무역주의가 강화되고 연방준비제도이사회의 금리 인상 가능성이 지속되는 상황에서 국제유가가 배럴당 47달러, 구리 톤당 5,550달러, 철광석 톤당 80달러를 하회하면 투자심리 위축으로 이어질 소지가 크다. Citi 등 일부 해외투자자들은 보유채권의 단기물 비중을 확대하고 장기물 비중을 축소하는 듀레이션 변경과 함께 신흥국 투자의견을 매수에서 중립으로 하향 조정하기도 하였다(그림 3).

신흥국 경제가 대외충격에 민감하게 반응하는 상황에서 시시각각 변하는 현

〈그림 3〉 원자재가격 수준에 민감한 투자심리

(a) 원유가격

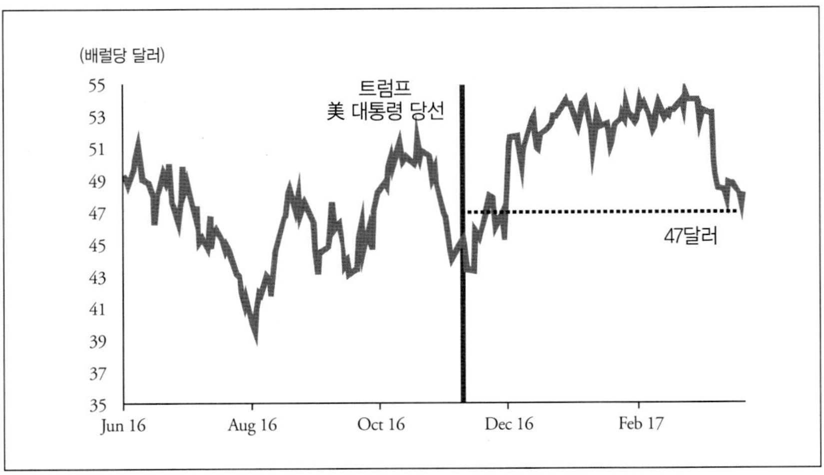

(b) 구리가격

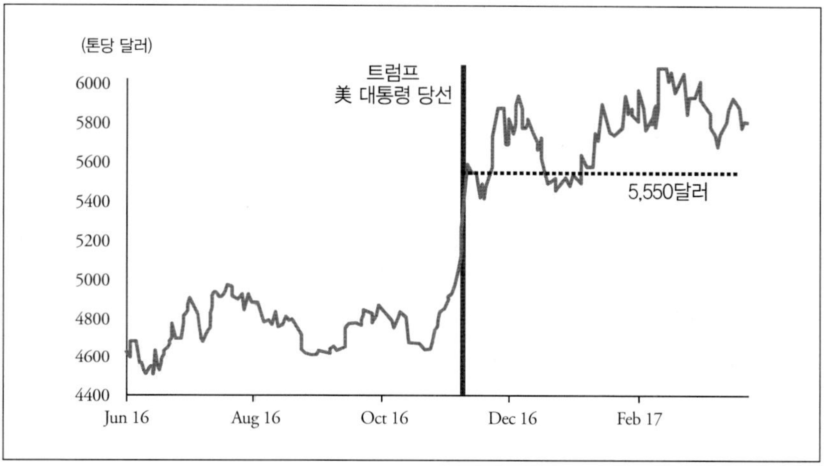

출처: Bloomberg

상(data)과 경제 흐름을 바꾸는 본질(game changer)을 구분하는 작업은 트럼프 경제정책의 중남미에 대한 충격을 가늠하고 향후 중남미 경제를 전망하는데 매우 중요하다. 대다수 중남미 국가들이 원자재수출국이므로 대외여건 변화에 여타신흥국보다 민감할 수밖에 없다. 이에 지난해 11월 미국 대선 이후 중남미 경제 흐름을 좌우하였던 본질을 살펴보면서 중남미 개별 국가의 경제 향방을 결정할 내부적 본질을 통해 향후 경제전망을 그려본다.

Ⅱ. 트럼프 경제정책의 충격

미국 대선 이전 통화가치가 전반적으로 상승하고 외국인 증권자금도 유입되던 신흥국 경제는 트럼프의 대통령 당선으로 한 달 사이 통화가치가 급락하고 자금도 이탈하면서 급반전하였다(그림 4). 달러 표시 채권수익률 변화도 드라마틱

〈그림 4〉 트럼프 미국 대통령 당선 이후 신흥국 통화가치 급락과 자본유출

(a) 2016년 1~10월중

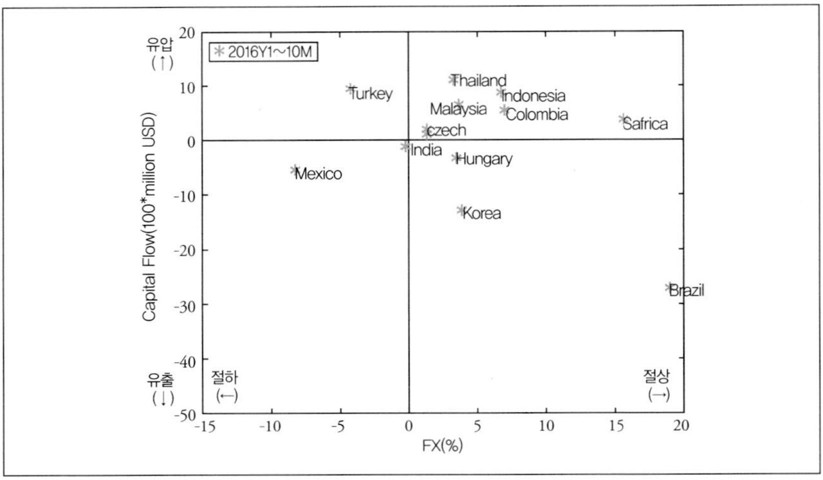

(b) 2016년 11월중

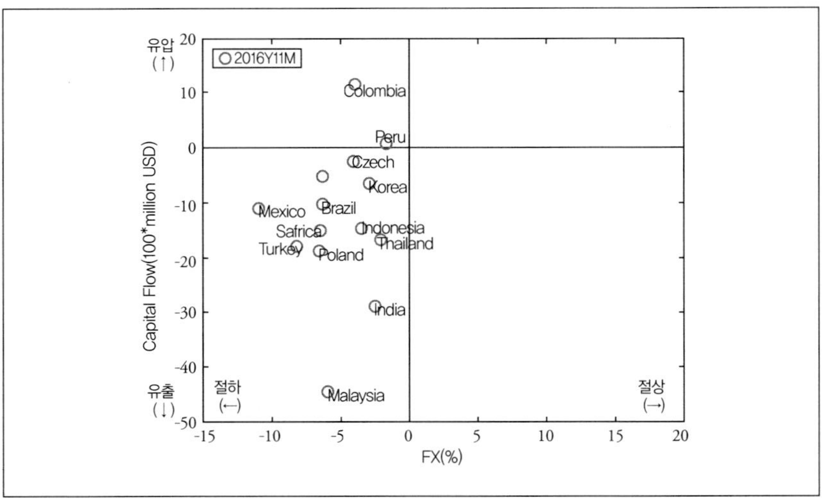

출처: IIF, CEIC, Bloomberg

하였다. 아시아지역의 총수익률은 플러스 6.8%에서 마이너스 5.7%로, 신흥 유럽 지역은 플러스 2.0%에서 마이너스 6.1%로 하락한 데 이어 중남미지역에서는 플러스 14.6%에서 마이너스 8.0%로 급락하였다. 2017년 성장률과 물가 전망치에 대한 변화도 상당하였다. 미국은 성장률을 2.1%에서 1.8%로 큰 폭으로 하향 조정하였고 물가도 2.1%에서 1.8%로 낮췄다. 신흥국 성장률은 4.4%에서 4.3%로 낮춘 데 이어 물가는 5.5%에서 4.0%로 1.5%포인트나 낮췄다. 트럼프노믹스의 직접적인 타격이 예상되는 멕시코의 성장률은 2.3%에서 1.8%로, 물가는 3.6%에서 4.5%로 수정 전망하였다. BNP 등 일부에서는 0% 성장 전망도 제기하였다.

이러한 변화를 주도한 본질은 예상치 못한 트럼프의 미국 대통령 당선에 있다. 그동안 세계경제기조를 지배하던 세계화 물결이 보호무역주의 강화로 어떤 모습으로 전개될지 모르게 되었고, 미국 우선주의가 통상마찰로 이어지면서 앞날이 보이지 않는 글로벌 경제에 대한 두려움도 커졌기 때문이다(그림 5). 관세 부과로 대표되는 보호무역주의 강화와 국경세 도입, 환율조작국 지정, 반이민정책 등 공약 최우선순위 정책의 불확실성이 아무도 가지 않은 길을 가게 될 것이

〈그림 5〉 세계화(globalisation) 물결 추세

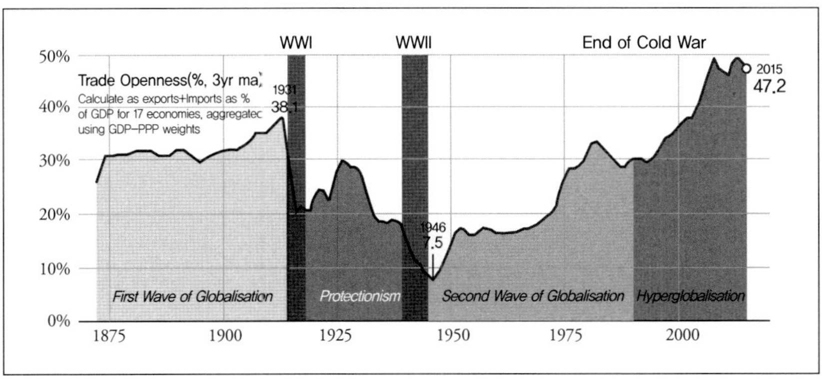

출처: Barclays

〈그림 6〉 보호무역조치와 글로벌 무역증가율

출처: GTA, CPB, Citi, UNCOMTRADE

〈그림 7〉 미국의 GDP 대비 무역수지 비율(2015년)

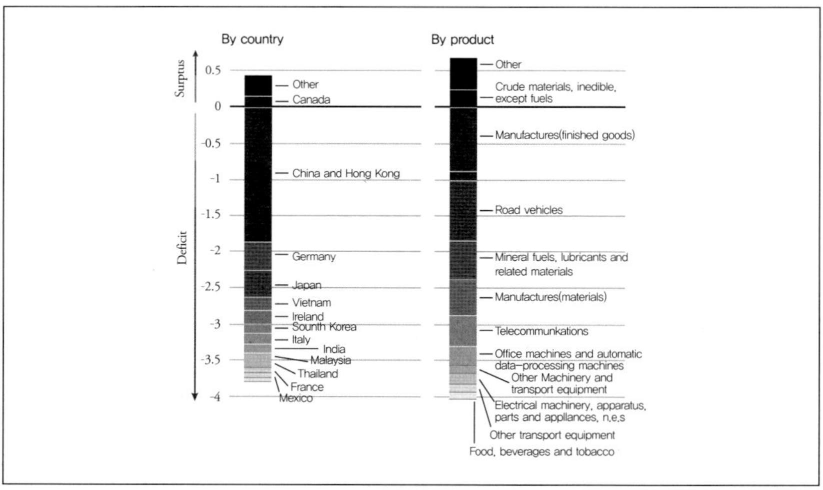

출처: Oxford Analytica

라는 불안을 일으킨 것이다.

미국 대선 이전부터 개별 국가 및 산업에 대한 반덤핑관세 부과가 늘어나며 글로벌 무역증가세가 세계성장률을 밑도는 상황에서, 미국으로부터 무역수지 흑자를 기록하는 국가들과 미국 간 통상마찰은 불가피하다. 특히 미국 무역수지 적자의 58%를 차지하는 중국과의 무역충돌이 예상되었다(그림 6~7).

환율조작국 지정에 대한 시장의 경계감도 컸다. 주요 교역대상국에 대한 환율조작국 지정 여부를 판단하는 기준은 대미 무역수지가 연간 200억 달러 이상, 경상수지 규모가 GDP의 3% 이상, 외환시장 개입 규모가 GDP의 2% 이상으로 세 가지다(표-1). 이 중 두 가지 조건이 충족할 경우 관찰대상국으로, 세 가지 모두 충족하는 국가는 환율조작국으로 지정된다. 對中 무역수지 적자가 압도

[표-1] 환율조작국 지정 조건

	대미 무역수지 (200억 달러 이상)		경상수지 (GDP의 3% 이상)		외환시장 개입 (GDP의 2% 이상, 외화순매수 규모)		조건 충족	현재 위치
중국	3,561	○	2.4		−5.1		1	관찰대상국
독일	711	○	9.1	○	−		2	관찰대상국
일본	676	○	3.7	○	0.0		2	관찰대상국
멕시코	626	○	−2.9		−2.2		1	
한국	302	○	7.9	○	−1.8		2	관찰대상국
이탈리아	283	○	2.3		−		1	
인도	240	○	−0.8		0.3		1	
프랑스	180		−0.5		2.5	○	1	
대만	136		14.8	○	9.1	○	2	관찰대상국
스위스	129		10.0	○	0.0		1	관찰대상국

출처: Bloomberg

적인 상황에서 미국의 목표는 중국일 수밖에 없다. 미국이 중국을 환율조작국으로 지정하기 위해서는 동 기준을 완화하거나 새로운 기준을 마련해야 하지만, 글로벌 보호무역주의 확산으로 교역이 둔화될 소지가 큰 상황에서 환율조작국 지정으로 미-중 간의 갈등 고조와 환율전쟁이 본격화된다면 통상분쟁이 전 세계로 확산될 수 있다.

반(反)이민정책 이행 시에는 멕시코 경제의 타격이 불가피하였다. 미국 내 불법체류자 1천 2백만 명 중 53%가 멕시코 출신으로 추산되고 있다. 해외 멕시코인 중 95% 이상이 미국에 거주하고 있으며 이들의 송금액 규모는 연간 236억 달러로 지난 10년간 평균 GDP의 2~3%를 차지하고 있다(표-2). 민간소비의 주요 원천이던 해외 송금액이 미국의 반이민정책으로 줄어들면 멕시코의 성장동력이 약화될 소지가 크다.

[표-2] GDP 대비 해외 송금액 비중

	2011	2012	2013	2014	2015	2016
브라질	0.1	0.1	0.1	0.1	0.2	0.2
콜롬비아	1.4	1.5	1.5	1.5	2.0	2.1
멕시코	**1.9**	**1.9**	**1.7**	**3.3**	**2.8**	**2.8**
페루	1.5	1.4	1.7	2.2	1.7	1.9
베네수엘라	1.2	1.0	1.0	1.0	1.0	1.0

출처: HSBC

위에서 보듯 트럼프 경제정책의 세계경제 영향은 상당하다. Goldman Sachs에 따르면 공약 최우선 정책으로 알려진 보호무역주의, 반이민정책, 그리고 금리 인상과 함께 확장적 재정정책을 추진하는 시나리오Ⅰ의 경우 세계경제는 2020년까지 매년 0.2% 포인트씩 성장이 둔화된다. 재정정책을 제외한 시나리오Ⅱ의 경우에는 세계경제 성장이 향후 2~3년 이후 무려 0.8%포인트 하락한다(그림 8).

〈그림 8〉 트럼프노믹스의 세계경제 영향

(a) 시나리오Ⅰ

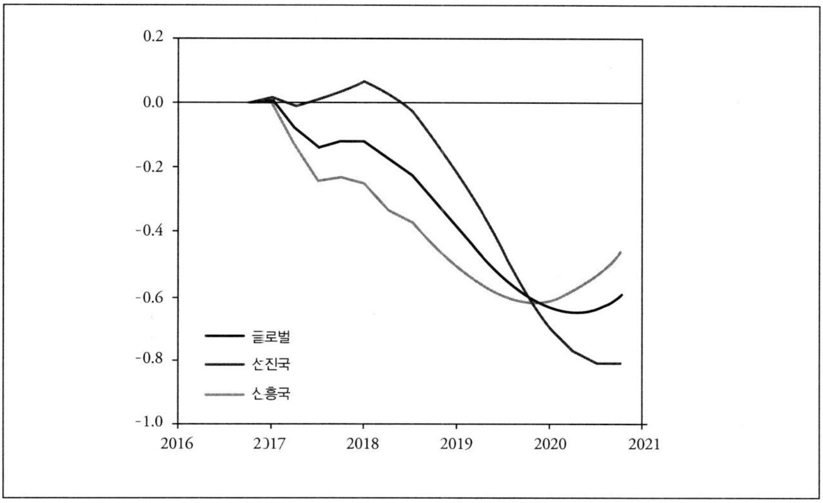

(b) 시나리오Ⅱ

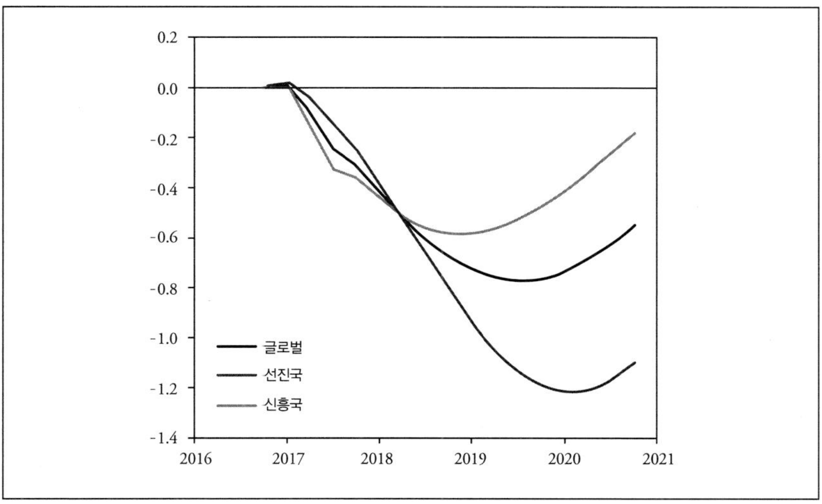

출처: Goldman Sachs

〈그림 9〉 트럼프노믹스의 중남미 경제 영향

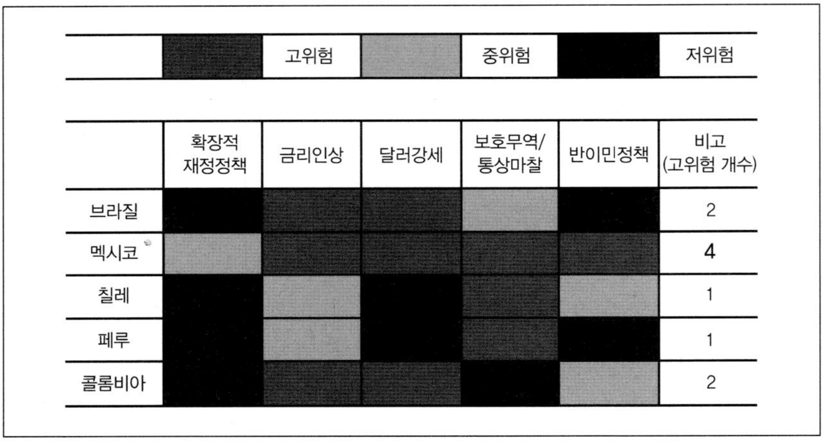

출처: Nomura

특히 미국의 보호무역주의가 반덤핑, 비관세 장벽과 함께 국경세 도입, 반이민 정책 이행이 구체화되면 멕시코 경제 피해가 가장 우려된다(그림 9). 멕시코는 GDP에서 수출이 차지하는 비중이 34.4%로 상당히 높고 대미 수출 비중이 전체의 80.6%, 제조업 수출 비중이 전체의 89.5%로 압도적이어서, 미국 경제정책 변화에 따른 위험에 그대로 노출될 수밖에 없다. 미국 수출 전진기지로서의 위상 약화가 외국인 직접투자 축소로 이어질 수 있는 상황에서 외국인 보유 채권도 국채의 35.5%로 높아 대외정세 불안시 자본유출로 이어져 금융 불안이 올 수 있는 취약한 구조였다(표-3).

이러한 세계경제에 대한 악영향 우려에도 트럼프가 자신만의 경제정책을 시행하려는 본질은 관세부과, 국경세 조정, 환율조작국 지정 등을 통한 무역불균형 해소라는 외적 목적 이외에, 무역수지 적자를 자본수지 흑자로 전환하면서 유출된 달러 자본을 미국 내로 유입시켜 달러패권을 유지하려는 것으로 판단된

[표-3] 멕시코 경제의 대미 의존도 비교

	멕시코	브라질	칠레	콜롬비아	페루	한국
GDP 대비 수출 비중	**34.4**	10.5	24.1	12.1	17.8	38.2
對美 수출 비중	**80.6**	14.3	13.7	27.3	18.8	12.6
총수출대비 제조업 출품 비중	**89.5**	43.8	30.9	11.9	29.1	97.3
총수출대비 원자재 수출 비중	**10.5**	56.2	69.1	88.1	70.9	25
총국채대비 비거주자 채권 보유 비중	**35.5**	19.2	5.0	23.0	35.9	5.6

출처: Citi

〈그림 10〉 트럼프의 자국우선주의와 달러패권유지 전략

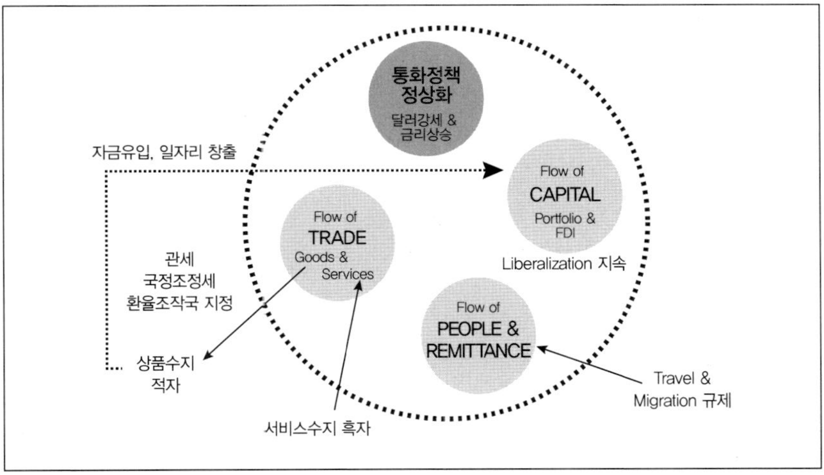

출처: 저자

다(그림 10). 달러패권은 미국주도의 세계경제질서 유지라는 팍스 아메리카 개념인데, 팍스 아메리카를 유지하기 위해서는 미국이 달러 통제력을 갖고 있어야 하며, 해외로 유출된 달러가 다시 미국경제로 환류되어 모든 달러가 미국 내에서

유통되어야 완전한 통제가 이루어질 수 있다. 이에 표면적으로는 상품무역에서 유출된 자금을 관세부과, 국경세 조정, 환율조작국 지정 등으로 통제하려는 모습으로 나타나고 있으나 궁극적으로는 달러 자금의 미국 내 유입을 유도하면서 백인 중심의 일자리 창출을 도모하며 힘의 우위를 바탕으로 한 미국 우선주의 유지에 초점을 두고 있는 것으로 판단된다.

Ⅲ. 리플레이션 거래

지난해 말 미국이 아무도 가지 않은 길을 가면서 트럼프 충격에 빠졌던 신흥국 경제는 금년 들어 통화가치가 상승하고 증권투자 자금이 유입되며 금융 불안에서 빠르게 벗어나고 있다. 신흥국 통화가치는 지난해 11월 한 달간 3.1% 하락에서 연초 이후 2월 말까지 2.8% 상승하였고 미국 보호무역주의의 직접적 영향권인 멕시코도 11% 급락에서 5% 이상 절상되었다. 외환보유액 부족국으로 알려진 말레이시아는 6.0% 절하에서 1.2% 절상, 대외건전성이 취약한 터키는 17.3%에서 1.4%로 절하 폭이 축소되었다. 신흥국 채권시장에서는 지난해 11월 260억 달러 순유출에서 금년 1~2월 평균 90억 달러가 순유입되었고 멕시코도 10.9억 달러 순유출에서 11.6억 달러 순유입을 기록하였다(그림 11). 신흥국 펀드자금의 흐름도 마찬가지다. 트럼프 대통령 당선 이후 12월까지 주식펀드자금 149억 달러, 채권펀드자금 148억 달러 순유출에서 각각 61억 달러와 109억 달러 순유입으로 돌아섰다.

이러한 변화를 유도한 보이지 않는 본질은 바로 리플레이션 거래[1](reflation trade)다. 동 거래는 불황 → 리플레이션 → 경기회복 → 호황으로 이어지는 경기

1) 성장과 물가가 상승할 것으로 기대하면서 위험자산에 투자하여 자산가격 상승을 유발하는 행위를 말하며 리플레이션은 경기순환 측면에서 '경기반등' 정도로 해석할 수 있다.

〈그림 11〉 금년 신흥국 통화가치 상승과 자본유입 전환

(a) 신흥국 전반

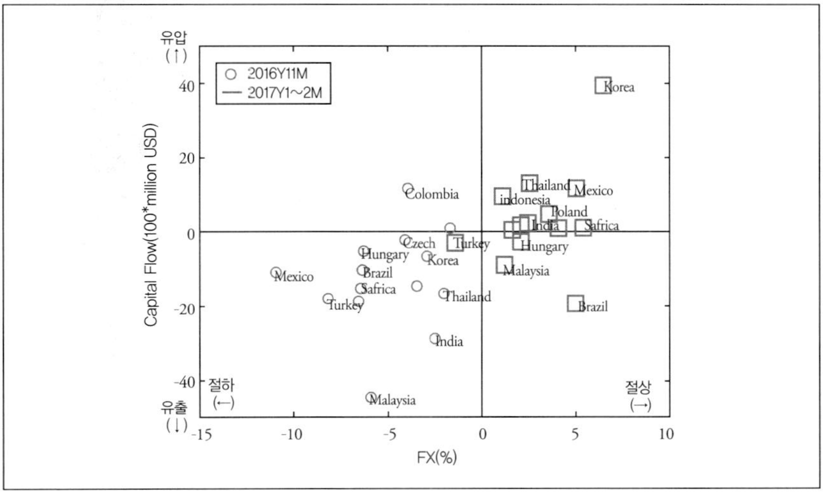

(b) 중남미지역

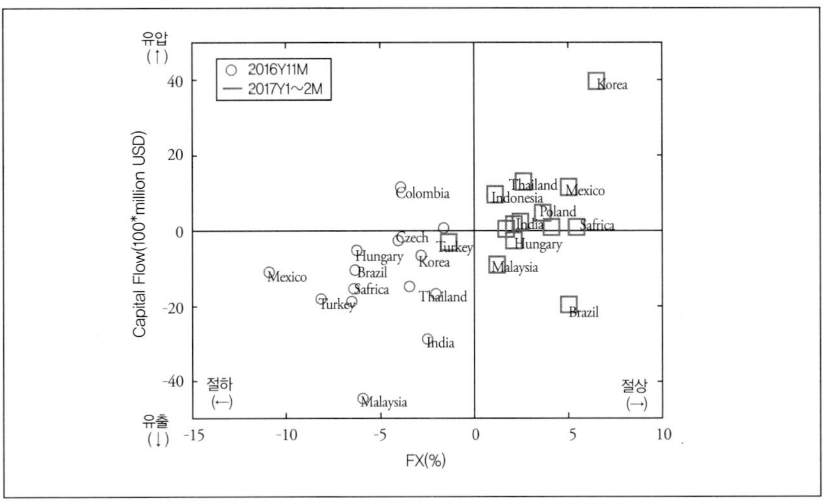

출처: IIF, CEIC

〈그림 12〉 경기회복세

(a) 세계경제전망

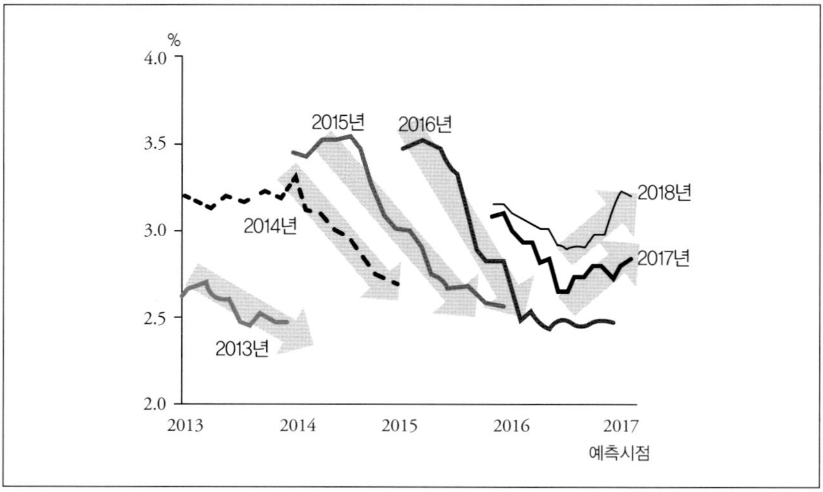

(b) 세계수출거래량

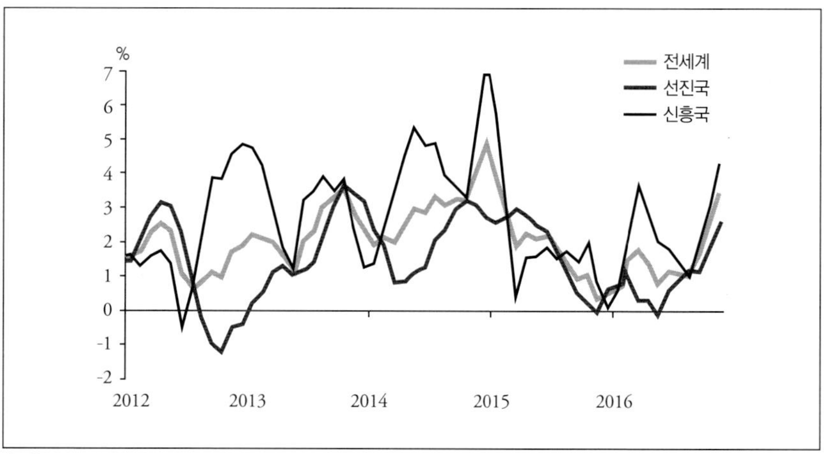

출처: Citi, CPB

순환에 기초하므로 예상보다 빠른 물가상승과 성장기대로 거래가 형성된 것이다. 2013년 이후 처음으로 세계경제 전망치가 반등할 것으로 예상되면서 경기회복심리가 실물경제지표 거선으로 이어지고 있다(그림 12). 특히 보호무역조치가 강화되는 상황에서도 수출거래량이 선진국과 신흥국 모두 지난해 4분기 이후 반등하며 경기회복 조짐이 나타나고 있다.

리플레이션 거래는 원자재수출국과 기초경제여건이 양호한 신흥국 중심에서

〈그림 13〉 리플레이션 거래 특징

(a) 경상수지 흑자국 중심으로 유입

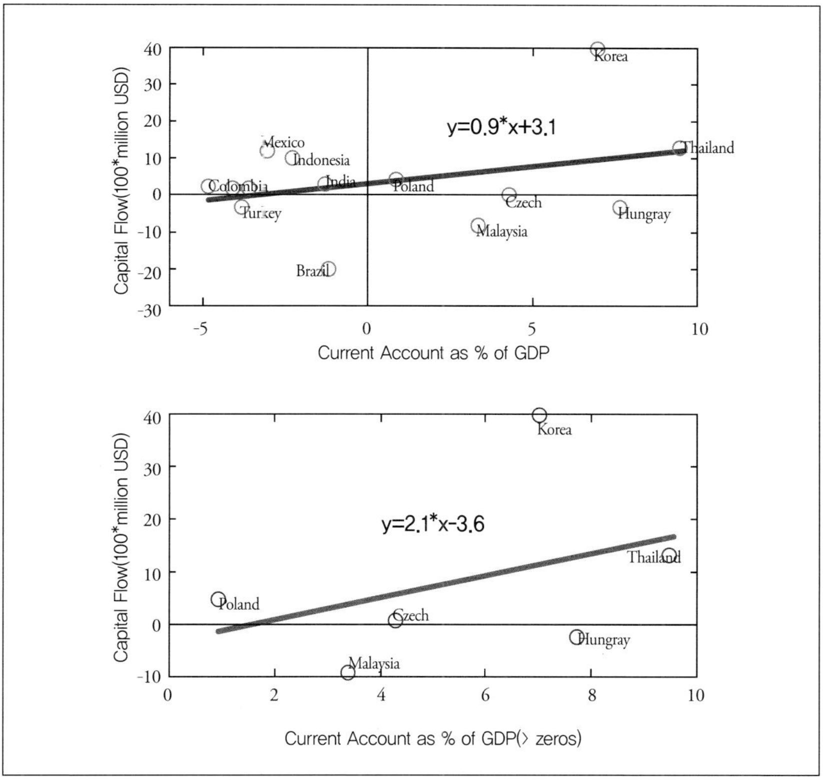

(b) 고수익이 가능한 국가 중심으로 유입

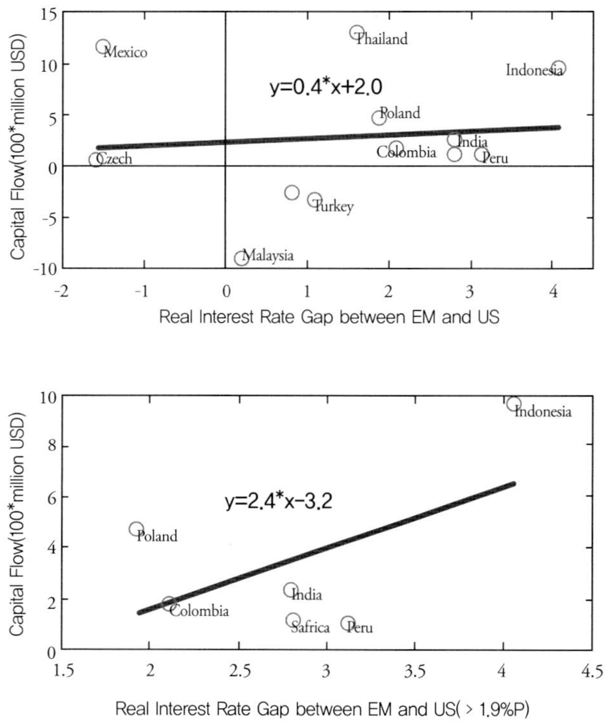

출처: IIF, CEIC, Bloomberg, KCIF

점차 고수익이 가능한 국가로 확대되었다. 경상수지 흑자국으로의 자금유입액은 여타 국가의 2배, 미국과의 실질금리차가 1.9%포인트 이상인 국가에서는 6배로 추정되었다. GDP 대비 경상수지 비율이 1%포인트 상승시 전체 분석 대상국의 자금유입액은 0.9억 달러인데 비해 흑자국은 2.1억 달러로 분석되었다. 미국과의 실질금리 격차가 1%포인트 확대시 전체 신흥국 자금유입액은 0.4억 달러에 그쳤

〈그림 14〉 고금리 제공 국가

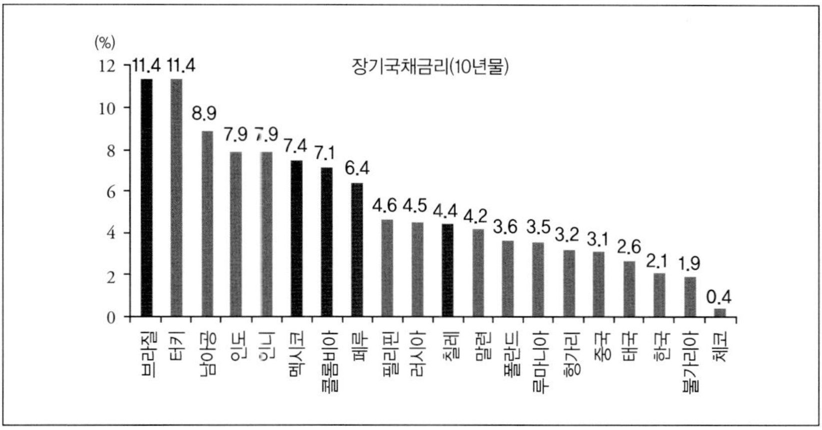

출처: Bloomberg

으나 1.9%포인트 이상인 국가에서는 2.4억 달러 순유입되었다(그림13~14). 이 중에서도 대외건전성이 양호한 국가는 주식자금 중심으로, 환율저평가 및 고수익이 가능한 국가는 채권자금 중심으로 유입되었다.

Ⅳ. 중남미 경제의 향방

중남미 경제는 앞서 살펴본 트럼프 경제정책, 리플레이션 거래 지속 여부 등과 같은 글로벌 요인에 의해 크게 좌우된다. 트럼프 행정부가 오바마케어, 세제개혁 등 공약 최우선순위 정책추진에 어려움을 겪으면서 보호무역주의 등 대외정책에 집중할 가능성이 높은 상황에서 미국-중국 간 무역불균형 해소를 위한 100일 계획을 마련키로 합의한 점은 대외정책 불확실성을 완화하는데 긍정적이다. 다만 세부 내역에 대한 윤곽이나 시행시기가 공개되지 않아 추가 협상이 필요한 것으로 보여 통상마찰에 대한 우려가 얼마나 줄었는지는 가늠하기 어려운 상황이다.

환율조작국 지정에 대한 시장의 경계도 다소 누그러졌다. 최근 환율조작국 지정 없이 중국, 일본, 한국, 대만, 독일, 스위스 등 6개국을 환율 관찰대상국으로 재지정하면서 일단락되었기 때문이다. 그러나 미국이 외환정책의 투명성을 한층 더 강조하고 경기부양을 통한 미국 상품 소비 확대를 주문함에 따라 대미 수출 불확실성이 커지면서 불안감 해소로 이어지기에는 시기상조다.

또한, 미국 통화정책에 대한 관심이 금리 인상에서 양적완화와 관련하여 연방준비제도이사회가 매입한 보유자산의 축소로 이동하고 있다. 연방준비제도이사회의 자산이 글로벌 금융위기 이전 9천억 달러에서 현재 4.5조 달러로 증가하였으므로 적어도 3.5조 달러 이상의 자산매각이 진행되어야 통화정책의 정상화가 이뤄졌다고 볼 수 있다. 2013년 5월 버냉키 의장의 자산매입 속도 조절 발언이 통화정책의 긴축 전환으로 해석되면서 한 달 동안 신흥국 주가가 9.5% 하락하면서 신흥국 자금유출을 경험했듯이 매입자산 축소를 통한 통화 정상화 과정에서도 돌발 상황이 전개될 소지가 있다. 다만 미국 연방준비제도이사회가 연말부터 보유자산 축소를 시사한 만큼 글로벌 경기회복 기대감이 지속되고 가파른 금리 인상에 대한 경계감이 완화하면서 리플레이션 거래는 당분간 신흥국 전반으로 확산될 가능성이 높다.

일부에서는 선진국의 보호무역주의가 강화되는 교역여건 하에서 중국 부동산시장 위축으로 중국 경기둔화 가능성을 제기하기도 한다. 부동산 부진이 그간의 성장동력인 건설투자를 위축시키는 동시에 지방 정부의 재정 축소를 가져와 인프라 투자 등 정부주도의 성장을 제한할 수 있다는 것이다. 중국 정책당국은 금년 GDP 성장률 목표를 기존 6.5~7.0%에서 6.5% 내외로 하향 조정하였고 전 세계 대다수 원자재 수요의 50% 이상을 차지하는 중국 경기의 둔화는 원자재

수요부진으로 이어져 신흥국 경기회복 기대를 약화시킬 수 있다는 논리다. 그러나 지난해 4분기 6.8% 성장에 이어 금년 1분기 6.9%로 경기 반등세가 지속되어 기우에 불과한 것으로 판단된다.

금융시장은 관성적으로 동일한 대외 이벤트에 반응하지 않는 경향이 있다. 시장 가격에는 미래 정보가 선반영되어 있기 때문에 기대가 변하지 않는 한 동일 이벤트에 반응하지 않는다. 위에서 지적하였듯이 미국, 중국 등 관련 대외위험이 예상 수준에서 벗어나지 않거나 큰 변화가 없을 경우 중남미 경제는 대외 여건보다 개별국가 요인(idiosyncratic factors)에 의해 좌우될 것이다.

먼저 브라질 경제를 살펴보면 미국 경제와의 연결 고리가 약해 부정적 영향이 제한적인 데다 정치적 안정 도모로 악순환에서 선순환으로 이어질 가능성이 높다. 그래서 2016년 마이너스 3.6%에서 2017년 0.7%로 플러스 성장이 예상된다. 경기회복의 주된 동력은 신뢰회복이다. 기업신뢰지수가 지난해 4월 36.8

〈그림 15〉 브라질 경제 전망

(a) 경기회복

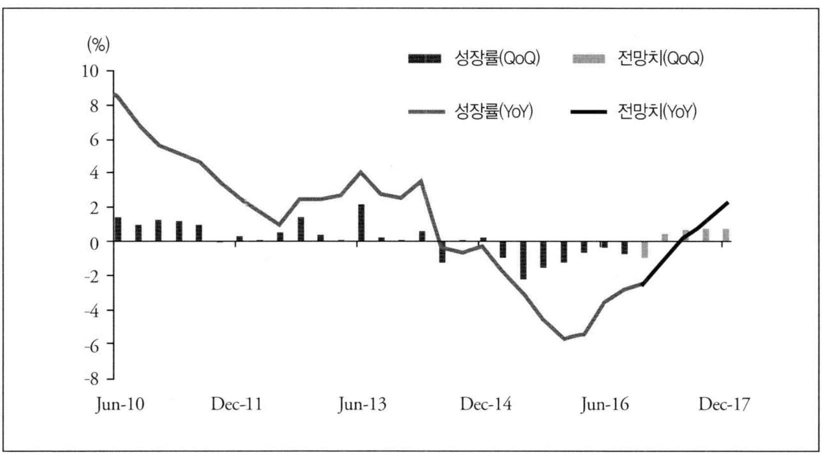

(b) 신뢰지수 회복이 핵심

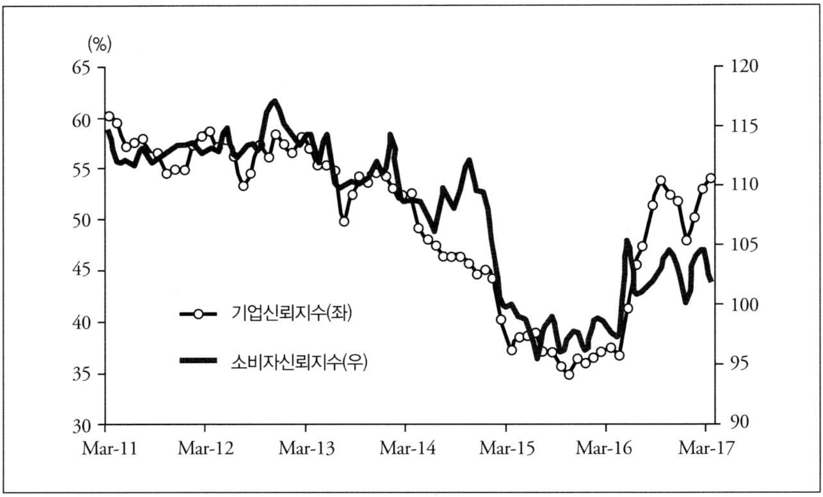

(c) FDI로 경상수지 적자 충족

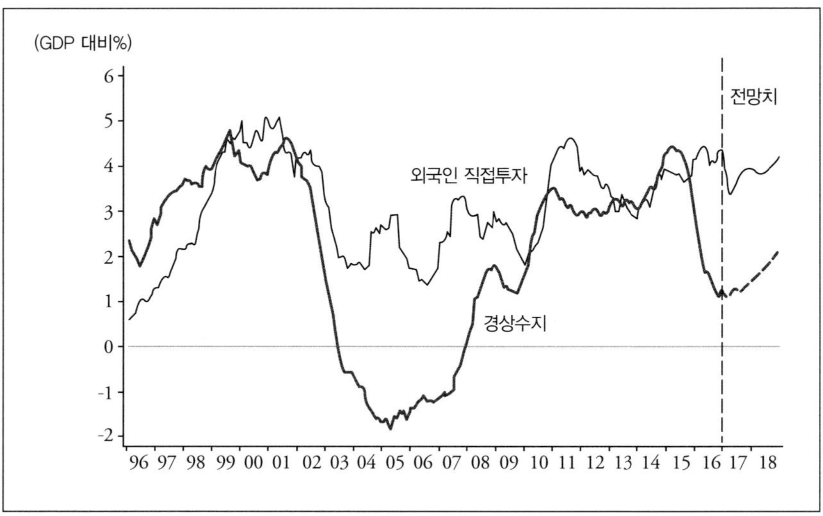

(d) 기대물가 하락

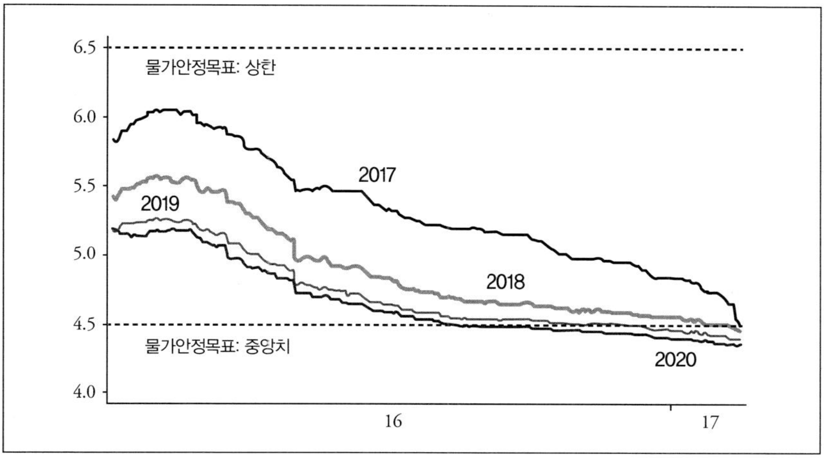

출처: BNP

에서 금년 3월 54.0으로, 소비자신뢰지수가 97.5에서 102.0으로 상승하면서 경기 회복 기대를 뒷받침해 주고 있다. 여기에 경상수지 적자를 외국인 직접투자가 커버해 주고 있어 대외건전성 악화 우려가 경감되는 데다 기대물가 하락으로 기준금리 인하 기대가 가세하여 낙관적 전망에 힘을 보태고 있다(그림 15).

다만 은퇴연령이 세계에서 가장 낮고 연금 지급액이 여타 국가에 비해 높아 조세부담이 높다는 점은 구조적 문제다(그림 16). 은퇴연령을 현행 약 55세에서 65세로 높이고 연금지급 등 고정지출 비중을 낮추어 조세부담을 줄이는 구조개혁이 얼마나 안정적이면서도 기민하게 진행되느냐에 따라 성장의 질이 크게 달라질 것이다.

멕시코 경제는 2016년 2.3%에서 2017년 1.6%로 성장 둔화가 불가피하다. 경기 둔화는 트럼프노믹스의 여진 지속으로 제조업 등 2차 산업이 크게 위축된 데다 신뢰지수 또한, 크게 낮아진 점에 기인한다(그림 17). 특히 경차의 77%를 미국

〈그림 16〉 브라질의 구조적 문제

(a) 연금지급액 비교

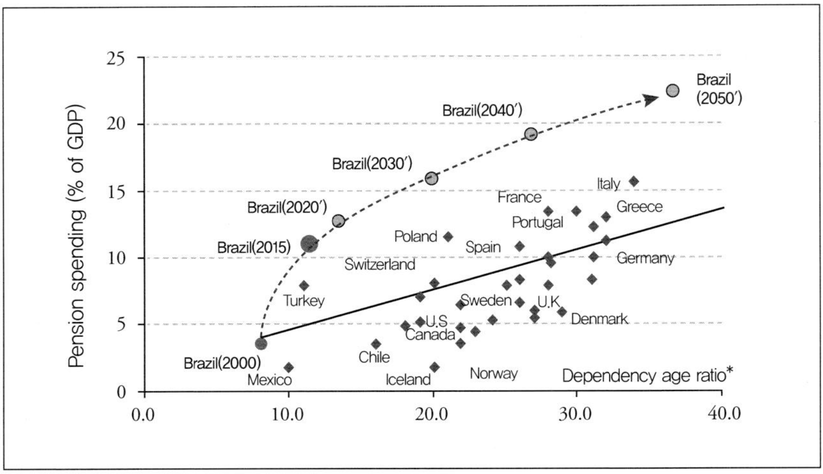

(b) 조세부담률 비교

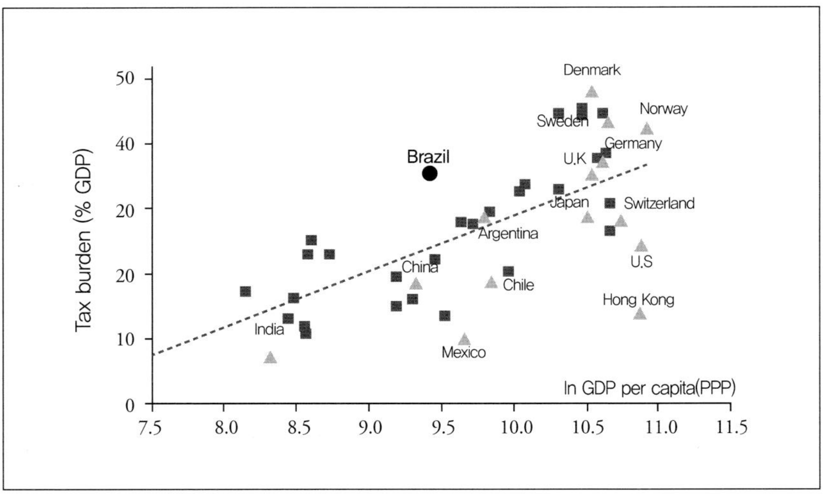

출처: BNP

〈그림 17〉 멕시코 경제 전망

(a) 경기 둔화

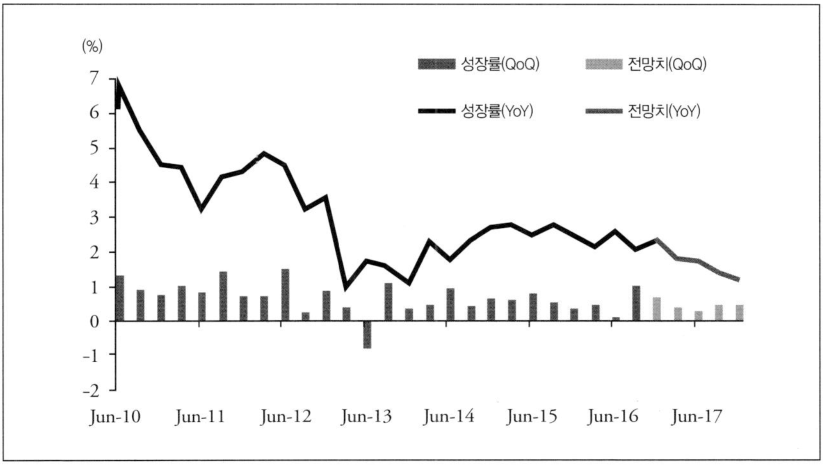

(b) 2차 산업 악화

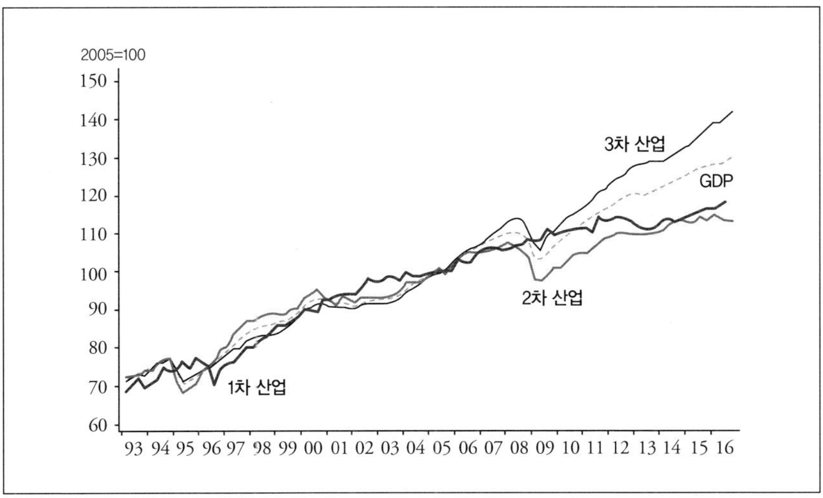

(c) 무역상품 가격 상승

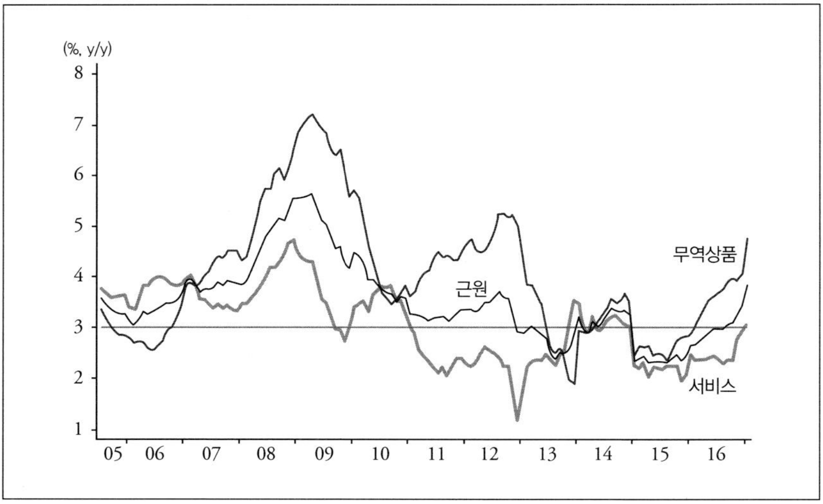

(d) 통화가치 하락과 기준금리 인상

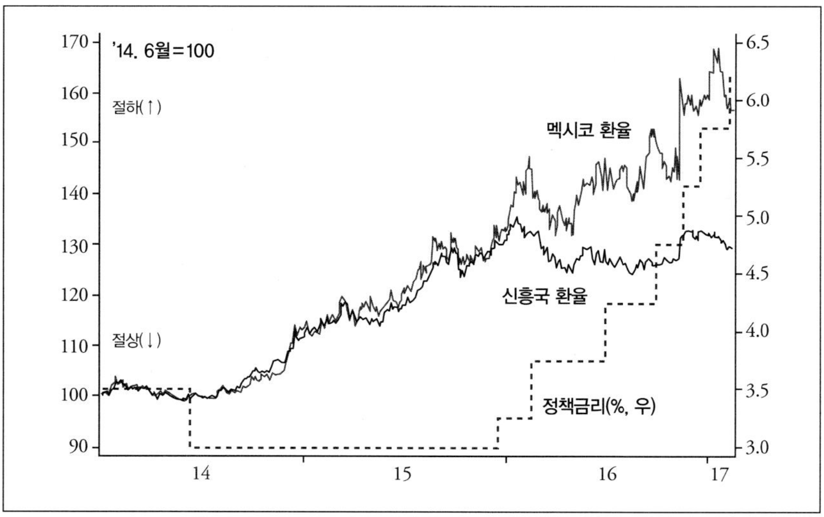

출처: BNP

으로 수출하는 상황에서 제조업의 17%를 차지하는 자동차산업의 타격으로 2차 산업의 회복이 쉽지 않은 상황이다. 중남미 제1의 자동차 제조국으로 자동차 산업이 전체 수출의 15%, 제조업 고용의 19%, 외국인 직접투자의 15%를 차지하는 만큼 미국의 보호무역주의로 멕시코 제조업의 타격은 지속될 전망이다. 동 여파로 기업신뢰지수는 지난해 10월 47.7에서 금년 2월 43.5로, 소비자신뢰지수는 84.9에서 78.1로 급락하였다.

여기에 물가 상승과 기준금리 인상도 경기의 하방압력을 부추기고 있다. 무역상품 가격상승이 물가 상승을 주도하는 가운데 기대물가도 상승하는 모습이다. 통화가치 하락이 수입물가 상승으로 이어지며 기준금리 인상도 압박하고 있다. 해외투자은행들은 현재 6.6% 수준의 기준금리가 연말 7.0%로 상승할 것으로 전망하고 있다.

대외건전성 악화도 우려되는 상황이다. 지난해 경상수지 적자는 위험수준인 GDP의 3%를 상회한 가운데, 미국으로부터의 해외송금액 유입으로 경상수지의 추가 악화를 억제하고 있다. 미국이 반이민정책을 본격적으로 시행하면 해외송금액 축소로 악화일로에 있는 경상수지 적자 확대가 불가피하다. 자금의 흐름을 기록하는 금융계정도 마찬가지다. 최근 증권자금 및 기타투자 축소로 금융계정 수지가 줄고 있는데 미국 수출 전진기지로서의 위상 약화로 외국인 직접투자까지 축소되면 자금흐름이 순유출로 전환될 수 있다(그림 18). 외국인 직접투자 축소로 생산 위축 → 고용 둔화 → 내수 침체 등의 악순환 우려가 부각되면 국가 신용등급 강등 우려도 제기될 수 있다.

콜롬비아의 경우는 투자 감소로 경기가 둔화 중에 있으며 외국인 직접투자가 경상수지 적자를 충당하지 못하여 경기회복을 위해 외국으로부터의 자금 유입이 긴요한 상황이다. 칠레는 성장 수준이 저위에서 반등 조짐이 있으나 경기신뢰 약화가 성장의 걸림돌로 작용하고 있다. 반면 아르헨티나는 개방·개혁 정책과

〈그림 18〉 멕시코 대외건전성 악화

(a) 경상수지 악화

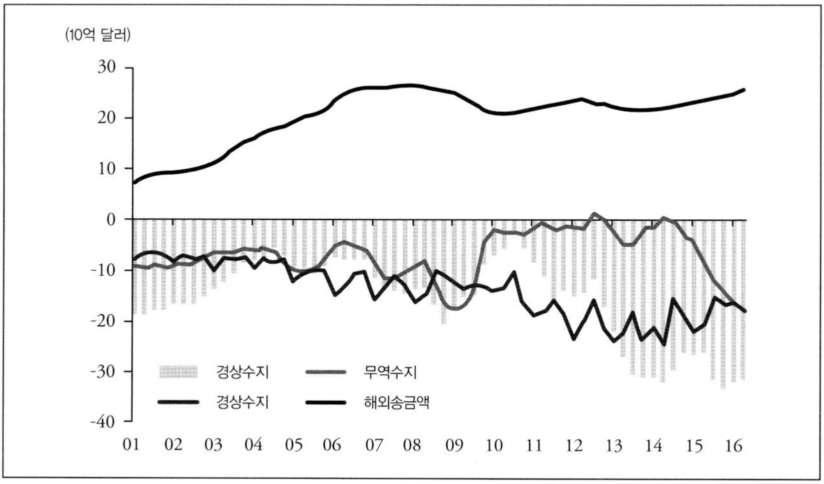

(b) 금융계정 약화

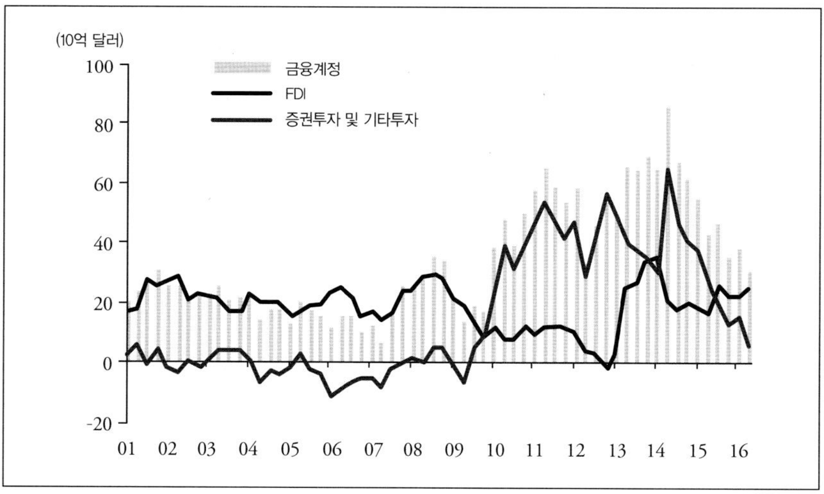

출처: BNP

함께 경기 저점을 통과하고 있어 마이너스 성장에서 플러스 성장으로의 전환을 기대해 본다.

중남미 경기 전망을 요약해 보면 그림 19~20과 같다. 멕시코는 트럼프 경제정책의 여진으로 가파른 경기하강 국면에 진입하고 있으며 콜롬비아와 칠레는 경기 저점을 향해 가는 형국이다. 반면 아르헨티나는 저점을 통과해 경기회복 기대가 커지고 있고 브라질 경제는 선순환으로 완만한 성장세가 전망된다.

끝으로 글로벌 경기회복세에도 불구하고 선진국에서는 생산성 정체가 지속되고 중남미 경제에서는 개혁·개방정책의 성장으로의 연결이 아직 취약하여 기조적 회복에 대한 의구심이 여전하다. 이러한 가운데 트럼프 행정부의 정책 추진 약화로 미국 주가가 조정국면을 보이는 등 돌발 이벤트가 발생하면 최근의 긍정적 대외여건이 반전될 수도 있다. 이에 중남미 경제 스스로 자생적

〈그림 19〉 중남미 국가의 경기회복세

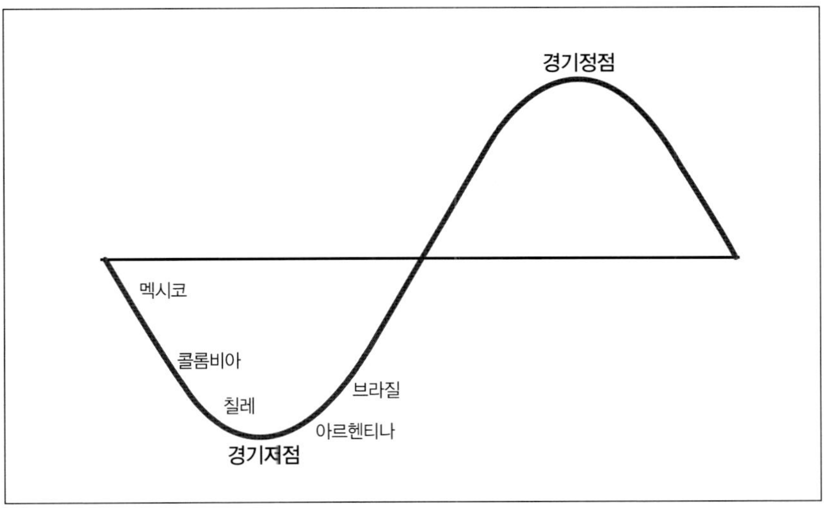

출처: 저자

〈그림 20〉 향후 중남미 경제 흐름도

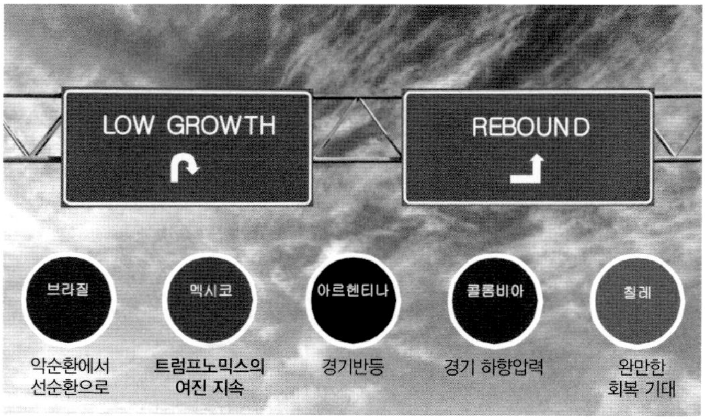

출처: KCIF

성장 능력을 갖춰 대외이벤트에 상관없이 지속성장 가능한 경제구조를 갖추길 기대해 본다.

| 참고 문헌 |

김권식 2017, 미국 3월 금리 인상 전후 신흥국 자금흐름 점검. 국제금융센터

김권식 2017, reflation trade 이후 신흥국 차별화 점검. 국제금융센터

김권식 & 이상원 2017, 멕시코 페소화 2차 약세국면 진입. 국제금융센터

김권식 2016, 최근 멕시코 금융상황 점검. 국제금융센터

Barclays 2017, The Future of Globalisation

BNP Paribas 2017, LATAM Chartbook: Boulder strategies

Citi 2016, Prospects 2017: Can EM survive 'Trumponomics'?

Goldman Sachs 2016, Global Economic Implications of the Trump Agenda

HSBC 2016, 2017 Outlook : Domestic Factors Dominate

Nomura 2017, EM's struggle with 'America First' Policies

통상환경 변화에 따른 멕시코의 위협요인과 기회요인

오성주

포스코경영연구원 수석연구원

핵심어: NAFTA, 마킬라도라 산업, 멕시코 자동차 산업, 트럼프 행정부, 보호무역주의, 글로벌 가치사슬, 생산 분업화, 중남미, 라틴아메리카

Ⅰ. 멕시코와 미국의 관계

(1) 양국 관계에 대한 역사적 이해

오늘날 멕시코와 미국 간 국경은, 1848년 양국 간 영토 전쟁에서 멕시코가 패하여 과달루페 이달고(Guadalupe Hidalgo) 조약이 맺어지면서 정해졌다. 1780년대 미국이 영국으로부터 독립한 이래 영토를 확장해가는 과정에서 텍사스 주권 문제로 멕시코와 충돌이 생겼고, 결국 미국의 승리로 멕시코는 오늘날 미 서부 주가 된 캘리포니아, 아이다호, 와이오밍, 네바다, 유타, 콜로라도, 애리조나, 뉴멕시코 등을 추가로 할양하였다. 그 후, 멕시코와 미국 간 국경은 당시의 불분

명한 구획과 일부 허술한 국경 관리에도 불구하고 현재까지 유지에 큰 어려움이 없었으며, 국경 지대를 중심으로 양국 간 경제 협력은 당시보다 오히려 증가하였다.

"Pobre México, tan lejos de Dios, tan cerca de Estados Unidos." (불쌍한 멕시코여, 신에게서는 너무 멀리 있고, 미국과는 너무 가깝구나.) 이제는 너무나 유명해진 이 표현은 멕시코의 전쟁 영웅이자 35년간 독재를 하다 권좌에서 쫓겨난 포르피리오 디아스(Porfirio díaz) 대통령이 1910년 망명으로 탄식하며 했던 말인데, 100년이 더 지난 오늘날까지도 미국에 의존하고 있는 멕시코의 현 상황을 절묘하게 잘 설명해주고 있다.

본론에 들어가기에 앞서, 오늘날 미국과 멕시코를 문화적으로 구분하는 단어인 '라틴'에 대한 어원부터 살펴볼 필요가 있다.[1] '라틴' 문화는 원래 그 뿌리를 유럽에 두고 있는데, '라틴' 아메리카는 남유럽 국가들인 스페인, 포르투갈, 프랑스 등의 지배를 받아 유사한 언어와 문화를 공유하고 있는 중남미 국가들을 통칭한다. 오늘날까지도 그 역사적인 영향으로 1991년부터 매년 스페인, 포르투갈과 과거 이들의 식민지였던 라틴아메리카 22개국[2] 정상이 모여 이베로-아메리카[3]정상회의를 개최하고 있기도 하다.

그런데 여기서 흥미로운 부분 중 하나가 정서적으로는 라틴아메리카에 속하

1) 미국에 사는 라틴아메리카 출신 이민자들을 흔히 '라티노(Latino)'라고 부르는데, 2015년 기준 미국 내 대략 5500만 명 정도로 추산된다. 이들 중 가장 많은 비중을 차지하는 것은 멕시코계 이민자들로서 전체의 60% 이상을 차지하고 있다.

2) 회원국: 아르헨티나, 안도라, 우루과이, 에콰도르, 엘살바도르, 쿠바, 과테말라, 코스타리카 콜롬비아, 스페인, 칠레, 도미니카 공화국, 니카라과, 파나마, 파라과이, 브라질, 베네수엘라, 페루, 볼리비아, 포르투갈, 온두라스, 멕시코 (준회원국: 적도기니, 필리핀, 푸에르토리코)

3) 라틴아메리카는 스페인의 후원을 받은 콜럼버스가 1492년 아메리카 대륙에 도착한 이후 그 존재가 유럽에 알려지면서, 근대화 이전까지는 스페인의 영향을 가장 많이 받아 스페인이나 이베리아 반도를 따서 '이스파노-아메리카(Hispanoamérica)', 또는 '이베로-아메리카(Iberoamérica)'로도 불리어진다.

는 멕시코의 정치·외교적인 입장이다. 예를 들어, 멕시코는 이베로-아메리카 정상회의에서는 EU 서방국들과 대립적인 이슈들에 대해서는 중남미 국가들과 이해관계를 같이 하는 편이지만, 미국이 주도하는 OAS(Organization of American States, 미주기구) 정상회의 등에서는 남미 국가들과 대립하는 미국에 동조하는 목소리를 내는 경우가 더 많았다.

또한, 멕시코는 남미 국가들의 경제·정치 공동체인 남미공동시장(Mercosur)[4)]이나 남미국가연합(Unasur)[5)]에는 사실상 관여하지 않고 있으며, 이와 경쟁 관계에 있는 태평양동맹(Alianza del Pacífico)[6)]에는 적극적으로 참여하고 있어 역내에서 가장 복잡한 관계를 형성하고 있다.

(2) NAFTA의 태동과 미국-멕시코 관계 변화

멕시코는 1990년대 신자유주의의 영향을 받아 역사적·민족적 정체성보다는 경제적 편익을 더 우선하는 입장으로 변해 갔는데, 그 결정적 계기가 1994년 출범한 NAFTA(North American Free Trade Agreement, 북미자유무역협정) 가입이라고 할 수 있다. 이를 계기로 멕시코는 빈곤한 라틴아메리카 경제권에서 벗어나 문화는 다르지만 선진국 경제인 북미의 미국, 캐나다와 공동체가 되기로 결정한 것이다. NAFTA 가입 직후, 멕시코는 일시적으로 외환위기를 겪기도 하였지만,

4) 1995년 1월 설립, 역내 자유 무역과 관세 동맹을 목적으로 결성된 경제공동체. 아르헨티나, 브라질, 파라과이, 우루과이, 베네수엘라(현재 자격 정지)가 정회원국이며, 칠레와 볼리비아가 준회원국임. 과거 핑크타이드의 영향으로 자유주의 보다는 역내 시장 보호에 치중해온 경향이 강하며, 국내 정치 문제 등을 이유로 회원국 자격을 정지 시키는 등 정치공동체 성격도 강함.

5) 2004년 12월 결성, 남미 국가들의 국제 사회 영향력 확대와 발언권 강화를 위해 형성되어 주로 남미 지역의 이익을 대변함. 회원국은 아르헨티나, 브라질, 파라과이, 우루과이(남미공동시장), 볼리비아, 콜롬비아, 에콰도르, 페루(안데스공동체), 그 외 칠레, 가이아나, 수리남, 베네수엘라이며 멕시코는 파나마와 함께 옵서버로 참여함.

6) 2012년 6월 출범하였고, 무역 자유화를 통한 경쟁력 강화, 외국인 투자 활성화 및 아시아태평양 국가들과 협력 확대를 위해 태평양에 인접한 중남미 4개국(멕시코, 칠레, 콜롬비아, 페루)이 결성함.

〈그림 1〉 라틴아메리카 주요국 수출성장률 비교

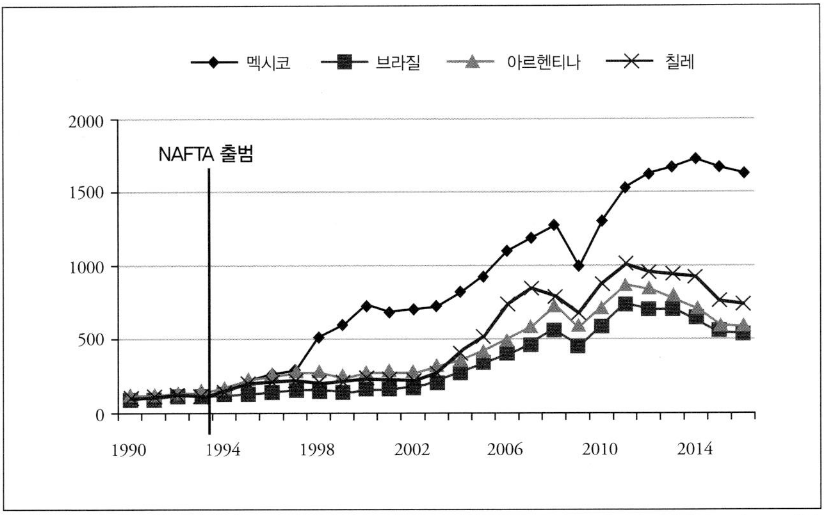

출저: 포스코경영연구원 정리 *1989년 100기준

미국의 든든한 금융 지원과 풍부한 소비 시장을 기반으로 한 역내 교역 확대라는 보다 쉬운 경제 성장의 길에 들어섰다. 그러나 그 대가로 오늘날 멕시코 산업은 미국 경제에 더 종속되어 하청 업체와 같은 지위로 전락하였다.

오늘날 멕시코 경제는 NAFTA에 대한 의존도가 절대적으로 높은데, 특히 인접한 미국에 수출의 80%, 수입의 50% 이상을 의존하고 있다. 그러나 엄밀히 말하면, 멕시코와 미국 간 이러한 교역 구조는 NAFTA 체제 이전부터 비교적 높은 수준을 유지하고 있었기 때문에 이것이 과연 NAFTA 체제로 인한 결과인지 일반적인 글로벌 생산 분업화와 멕시코의 지정학적 특성에 기인한 결과인지는 명확히 알 수 없다.

더욱이 멕시코는 NAFTA 이전부터 미국과의 국경 지대에 소위 '마킬라도라(maquiladora)'라고 불리는 산업을 육성하고 있었다.[7] 원래 마킬라도라 산업은 1965년 멕시코 정부가 '국경 산업화 계획(Border Industrialization)'의 일환으로 외자 유치를 통해 낙후된 국경 지역을 개발하고 고용 창출과 무역 수지를 개선하는 데 목적을 갖고 시행하였다. 그러다가 한국 등 아시아 개발도상국들이 1960~1970년대 수출 자유 지역을 조성하여 중간재 수입과 소비재 수출에 대한 면세 혜택을 통해 보세 가공 무역을 통합적으로 육성하고 고용 창출, 기술 이전, 부가가치 확대 등의 긍정적 효과를 거두자, 멕시코도 이를 벤치마킹하여 제도적 지원을 통해 마킬라도라 산업을 중점 사업으로 육성하였다. 이러한 지원에 힘입어 70년대 이후, 마킬라도라 산업은 국경 지역에서 멕시코 전역으로 확대되었고, 90년대 이후부터는 영역도 섬유, 의류, 봉제 인형, 장난감 등 단순 가공품에서 전기·전자, 고무·화학제품 등으로 점차 확대되었다.

하지만 비록 지난 반세기 동안 정부의 대대적인 면세 혜택과 규제 해소를 통해 저임금 고용 창출과 수출 확대의 효과를 일부 거두었다 해도, 과연 멕시코가 당초 원했던 선진 기술의 이전이나 고부가가치 산업의 출현 등 실익을 얻었는지는 의문이다. 결론적으로 말하면, NAFTA 체제 하의 멕시코는 미국 시장에서 상품과 자본의 자유로운 이동을 통해 몇 가지 작은 혜택을 얻었으나, 미국 경제에 대한 의존성은 더욱 높아져 미국 경제가 기침을 하면 멕시코 경제는 독감에 걸리는 형국이 되어 버렸다. 한편, NAFTA 체제 편입으로 미국과 경제적 이해관계를 같이 하기로 결정함으로써, 멕시코는 다소 반미적이고 독자적인 입장을 구축하려는 중남미 국가들의 경제 노선과 정서적 유대에서 크게 벗어나게 되었다.

7) 마킬라도라 산업은 '외국산 원부자재, 기계 장비 등을 무관세로 수입하여 조립 가공한 후, 완제품 또는 반제품 상태로 재수출하는 외국인 투자 기업의 노동집약적 형태'의 산업을 일컫는데, 그 유래나 사전적 의미는 명확치 않음. 일반적인 다른 표현으로 보세 산업(In-bound Industry)이나 쌍둥이 공장(Twin Plnats)이라고 불리기도 함.

Ⅱ. 미국의 제조업 쇠퇴와 NAFTA 영향

(1) NAFTA로 인해 미국의 무역 적자가 더 심화되었는가?

먼저, 교역 효과 측면에서 보면, 멕시코는 NAFTA 가입 첫해인 1994년 수출액이 2,371억 페소에서 2016년 7조 2,154억 페소로 명목상 30배 이상 성장하였다. 실질 성장률로도 1994년 수출을 100으로 볼 때 2016년에는 360이 되어 3.6배 성장하였다. 오늘날 멕시코 수출의 80% 이상이 미국 시장인 점을 감안하면 NAFTA 가입 이후 멕시코의 수출 신장 효과는 실재했다고 볼 수 있다.

그러나 앞서 말한 바와 같이, 이것이 NAFTA로 인한 효과인지는 더 생각해봐야 한다. 〈그림 2〉에서 보듯이 1980년의 수출을 100으로 볼 때, NAFTA 가입 직후인 1994년에는 290(2.9배)이 되었고, 이로부터 같은 기간 이후인 2008년에는 712(2.5배)가 되어 오히려 수출 증가율은 감소하였다. 즉 수치상으로 NAFTA 체제 편입으로 인한 부가 효과가 있었다고 말하기 힘들다.

한편, 미국의 경우 NAFTA 출범 이후부터 2016년까지 총수출의 실질 성장률은 258%로서, 멕시코의 성장률(360%)에는 다소 미치지 못하였다. 그러나 NAFTA 가입 전후 성장률을 비교해 보면, 1980년 100에서 1994년에는 220(2.2배)이고, 같은 기간만큼 이후인 2008년에는 466(2.1배)이 되어, NAFTA 편입 이후, 수출 추이가 크게 줄지는 않았음을 알 수 있다. 마찬가지로 수입 추이의 경우도, NAFTA 가입 전후 증가율을 비교해보면, 1980년 100에서 1994년 253(2.5배), 2008년에는 618(2.4배)로서 특별히 더 증가하지 않았음을 알 수 있다.[8)]

그러나 트럼프 행정부의 입장은, 현재의 NAFTA 체제로 인해 양국 간 무역에

8) 미국과 멕시코는 경제 규모의 차이가 있고, 산업 및 교역 구조가 달라 동일한 기준의 비교는 사실상 어려우며, 단순 수치 비교 또한, 신중한 해석이 필요함. NAFTA 이후, 미국의 대 멕시코 수입이 더 늘어난 것은 사실이나, 적어도 NAFTA 체제로 인해 미국 수출입 증가율에 있어서 역효과는 없었음.

서 상대적 불균형이 심해져 미국의 무역 적자가 확대되었고, 이로 인해 미국 내 제조업 투자가 꺼려지면서 결과적으로 미 제조업의 경쟁력이 약화되고 관련 산

〈그림 2〉 멕시코 VS. 미국 수출 실질성장률 추이 비교

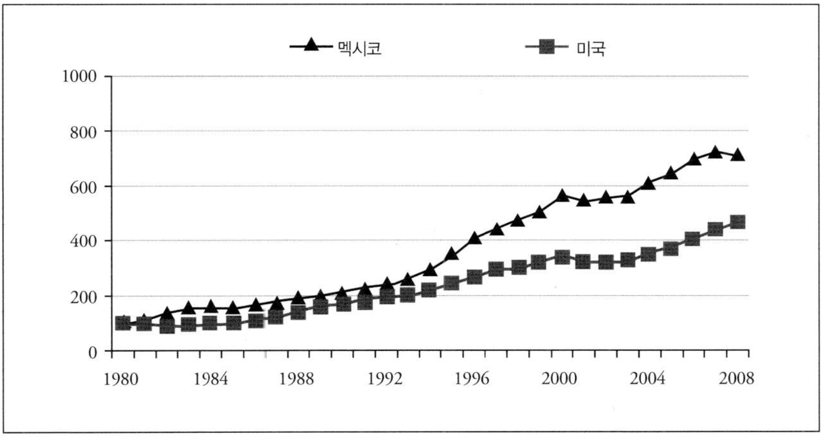

출처: 포스코경영연구원 정리, *1989년 100기준

〈그림 3〉 멕시코 VS. 미국 수입 실질성장률 추이 비교

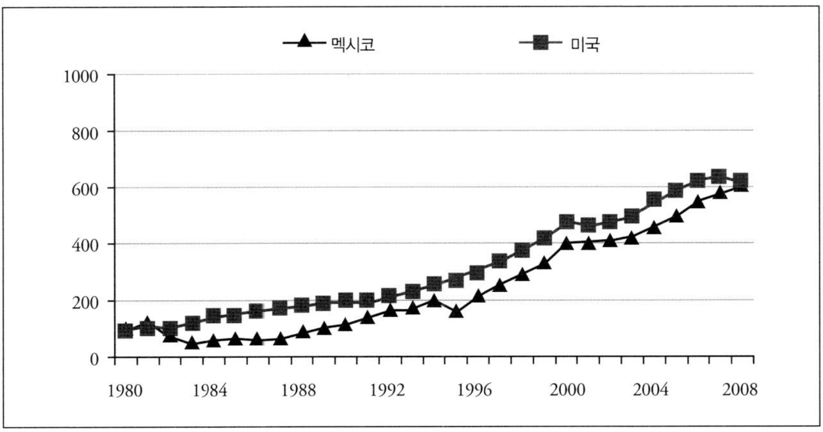

출처: 포스코경영연구원 정리, *1989년 100기준

업의 일자리가 주는 등 산업 전반에 피해를 입고 있다고 주장한다. 트럼프 행정부는 대(對) 멕시코 무역 적자 자체가 불공정 거래며 미국 제조업 문제의 핵심 원인이라고 생각하는 듯하다.

한편, 멕시코의 교역 구조를 보면, 전반적으로는 무역적자국이나 대미 무역 흑자는 월평균 50억 달러를 초과하고 있다. 2016년 기준으로 멕시코의 대미 수출은 2,940억 달러이고, 미국의 대 멕시코 수출은 2,310억 달러로서 멕시코가 630억 무역 흑자를 보았다. 또한, 멕시코의 미국 수출 의존도는 과거와 큰 차이가 없는 80% 수준인 반면, 수입 의존도는 1990년 70%대에서 현재는 50% 수준을 하향하였다. 이는 과거보다 중국으로부터의 수입이 증가하였기 때문이다. 따라서 이에 대한 고려 없이 트럼프가 주장하는 대로 멕시코에 대한 일방적인 무역 적자 구조를 고치겠다는 것은 어찌 보면 중국의 부상으로 변화된 NAFTA 내의 교역 비중을 바꾼다기보다는 그보다 훨씬 더 오래된 근본적인 양국 관계를 수정하겠다는 셈이다.

오늘날 미국의 국가별 교역 의존도를 보면, 2016년 기준으로 중국 16%, 캐나다 15%, 멕시코 14% 순이다.[9] 이는 앞서 말한 바와 같이 NAFTA 전후 미국의 수출입 추이에 큰 변화가 없는 상황에서 무역 불균형이 심해진 것은 멕시코보다는 중국의 부상이 더 근본적인 원인이라 의심해 보는 것이 더 합리적이다. 또한, 당초 미국이 주도한 NAFTA의 결성 목적 자체가 신자유주의의 확산과 글로벌 생산 분업화를 이루어 원가 경쟁력을 무기로 부상하는 신흥국들에 대응하기 위한 측면도 컸던 만큼, NAFTA가 미국의 제조업 쇠퇴를 부추겼다기보다 오히려 지연시키는 역할을 하지 않았나 생각해 볼 필요가 있다.

만약 이러한 추정이 가능하다면, 미국이 향후 NAFTA 재협상을 마무리하고

9) 신한금융 리포트, "트럼프가 가져올 미니 버블에 대한 기대", 2017년 2월 10일, *p4*.

보호주의 확대를 위해 계속 제재 대상을 찾을 경우, 최종 목표물이 중국일 수밖에 없어 보인다. 그러나 과연 강대국인 미국이라 할지라도 오늘날의 글로벌 생산 체제하에서 전 세계 시장의 공급자 역할을 하고 있고 전 세계에서 가장 많은 달러와 미국 국채를 보유하고 있는 중국을 상대로 미국 내수에 경제적 충격이 없으면서도 강력한 제재 카드를 찾을 수 있을지는 다소 의문이다.

(2) NAFTA 체제로 멕시코가 미국의 일자리를 빼앗아 갔는가?

오늘날 멕시코의 교역 구조를 살펴보면, 수입품 중 대략 75%가 중간재이고 (자본재는 10%, 소비재는 15%), 수출품의 경우, 중간재, 자본재 및 소비재 비중이 각각 40%, 30%, 30% 정도다.[10] 멕시코 경제는 수출입 규모 차이가 평균 5% 안팎으로 크지 않으므로 중간재가 멕시코로 수입되어 현지 조립된 이후, 반제품 또는 완제품 형태로 다시 수출되고 있음을 쉽게 추정할 수 있다. 한편, 멕시코는 2008년 글로벌 금융 위기의 여파로 페소화 환율이 급락하여 가격 하락 효과로 대미 수출은 증가한 반면, 내수 물가 상승과 소비 위축으로 수입은 줄어 무역 흑자가 확대된 측면이 있다. 같은 시기 자동차 분야에서는 투자비 절감 효과를 고려한 글로벌 기업들의 멕시코 신규 진출과 투자가 집중되면서 미국으로 갈 수 있던 설비 투자나 제조업 일자리가 멕시코로 우회한 듯한 양상을 보였다. 물론 NAFTA 발효 초기에는 두관세 혜택을 노린 해외 기업들의 멕시코 투자가 크게 증가한 것은 사실이다. 하지만 2000년대 들어서는 세부 업종만 조금씩 변했을 뿐 외국인 직접투자는 글로벌 금융 위기 때를 제외하고는 매년 200억 달러 수준으로 큰 변화가 없었다. 따라서 최근 크게 증가한 외국인 직접투자를 두고 멕시코가 아니었다면 미국으로 향했을 것으로 판단할 근거는 약하다. 많은 글로벌

10) 신한금융 리포트, "트럼프가 가져올 미니 버블에 대한 기대", 2017년 2월 10일, *p4.*

기업들은 멕시코 이외에도 이미 여러 신흥국에서 생산 기지를 운영하고 있으며, 미국과 같은 선진국으로의 투자의 경우 진출 목적이나 투자 판단의 기준이 신흥국 투자와는 많이 다르기 때문이다.

한편 멕시코의 마킬라도라 산업은 2000년대 이후 중국 등 제 3세계 국가들에서 제조업이 부상하던 시기에 급격한 쇠퇴를 보였다. 1990년대 빠른 성장을 보이던 마킬라도라 산업은 2000년 10월 이후 급격한 감소를 보였는데, 2002년 초까지 고용은 대략 21%, 생산은 30% 감소하였다.[11] 당시 이러한 급격한 감소가 특히 전자 산업 분야에서 그리고 지역적으로는 티후아나와 같은 국경 도시에서 주로 발생하였는데, 흥미로운 사실은 이 시기에 미국에 있는 마킬라도라 관련 제조업과 수출 분야에서도 고용이 감소하는 모습을 보였다는 점이다. 이는 멕시코의 마킬라도라 산업이 고용이나 생산 측면에서 양국 모두에 영향을 미치며, 교역에 따른 효과가 상호 같은 방향으로 이루어지고 있다는 증거다.

또 생각해 볼 수 있는 것이 글로벌 분업 효과다. 앞서 말한 바와 같이, 2000년대 이후 멕시코에서는 섬유, 의류, 장난감 등 기존 마킬라도라 산업을 대표하는 노동집약적 업종들이 중국, 베트남 등으로 이전되면서 많이 축소되었는데, 이를 만회하기 위해 멕시코는 기존 전기·전자 산업 외에도 자동차 및 부품 관련 산업에서의 투자 유치에 집중해 왔다. 이러한 노력을 통해 이루어진 오늘날의 분업 체계는 단순히 일자리 수 측면에서는 미국에 불리하게 작용한 듯이 보인다. 하지만 미국의 자동차 업체가 양국의 노동자에게 지급한 임금을 비교해 보면 대략 5.8배[12] 가까이 난다. 즉, 고급 승용차, 대형 SUV 등 고가 모델은 미국에서 생

11) US GAO, "International Trade: Mexico's Maquiladora Decline Affects U.S.-Mexico Border Communities and Trade; Recovery Depends in Part on Mexico's Actions", 2003년 7월, *p 17-21.*.

12) 미 자동차연구 센터에 따르면, Ford나 GM 등 자동차 회사가 멕시코 자동차 제조 노동자에게 지급한 보수는 일 평균 8달러이며, 미국의 경우에는 약 46달러 수준임. 한편, 2017년 기준, 멕시코의 일 최저 임금은 3.75달러이며, 미국 연방 정부의 최저 임금은 시간당 7.25달러로 하루치로 적용해 비교하면 7% 수준임.

산을 하고, 중간재나 소형 승용차, 픽업트럭 등 저가 모델은 멕시코에서 생산하는 효율적인 생산 분업화로 양국 모두에 이익을 주고 있다고 할 수 있다. 더욱이 최근에는 선진 기업들을 중심으로 글로벌 생산 기지 간에도 세부 분업화가 확대되는 추세여서 지금의 멕시코-미국 간 분업 체계는 글로벌 가치 사슬(Global Value Chain)의 연장과 확대라는 측면에서 상호 투자 유치에 오히려 도움이 될 수 있다. 오늘날 이러한 분업 구조를 가능하게 한 것이 바로 NAFTA 체제라고 할 수 있는데, NAFTA 재협상이 실패하거나 혹은 최악의 결과로 기존 NAFTA 체제가 붕괴된다면, 지금과 같은 분업화에 인한 시너지는 누리기 힘들 것으로 예상된다.

(3) 미국은 멕시코 이외의 국가들에게도 지금과 유사한 전략을 쓸 것인가?

트럼프 정부는 출범과 동시에 대선 공약이던 NAFTA 재협상 외에도 중국, 독일, 일본, 한국, 대만 그리고 스위스 등 대미 무역 흑자가 큰 국가들을 환율조작국으로 지정할 가능성을 언급하면서 전 세계를 압박하고 있다. 이미 지난 10월 미 재무부의 환율 보고서에 따르면, 독일, 일본 한국, 대만, 스위스 등은 (i) 현저한 대미 무역 흑자, (ii) 상당한 경상 흑자, (iii) 지속적인 한 방향 환율 개입이라는 세 가지 요건 중 두 가지를 충족하고 있으며, 중국은 한 가지를 충족하여 환율조작국 이전 단계인 환율관찰대상국으로 지정되어 있다. 해당 국가들은 미 정부의 상시 모니터링 속에서 향후 수출 추이에 따라 지정 요건을 충족하지 않더라도 환율 조작국으로 지정될 가능성이 있다. 미국은 인접국인 멕시코와 캐나다에 대해서는 NAFTA 재협상을 앞두고 관세 카드를 꺼내 압박에 나서고 있지만, 인접하지 않은 다른 국가들에 대해서는 환율 조작이라는 보다 세련된 수단으로 압박해 나가는 것이다. 그러나 이러한 전략이 아주 일시적으로는 성공할 수 있을지라도 근본적으로 미국 기업들의 가격 경쟁력이 회복되지 않는 이상 얼마나 유지될지는 의문이다. 예를 들어, 중국산 제품 대해 높은 관세를 부과하면,

수입 가격 상승으로 인한 물가 상승을 유발하고 이미 가격 경쟁력을 잃은 중저가 소비재의 경우 수입국이 바뀌는 무역 전환 효과(Trade Diversion Effect)만 가져오는 등 득보다 실이 더 클 수 있다. 다만, 미국도 대상국별로 교역 품목과 역(逆)보복 조치 가능성 등을 염두에 두고 무역 전쟁에 대비할 것으로 판단됨에 따라 모든 국가들에게 동일한 전략을 쓰지는 않을 것으로 예상된다.

따라서 향후 미국이 중국과의 협상에서 보일 자세나 대응 방식에 주목할 필요가 있다. 중국은 미국에게는 궁극적으로 가장 중요한 교역 상대이자, 부메랑 효과나 후폭풍을 의식해야 하는 경쟁자다. 이미 4월 초 진행된 미·중 정상회담은 많은 전문가들이 예상했던 바와 같이 양국 정상 간 특별한 메시지나 긍정적인 결과 없이 상호 탐색전으로 끝났다. 추후 상황 변화에 따라 미국은 환율조작국 지정이나 무역 보복 조치 등을 무기로 상호 이해관계를 저울질해가며 정치·외교적인 접근을 펼칠 것으로 보인다.

한편, 독일, 일본 그리고 한국의 경우는 주력 수출 품목들이 중간재보다는 주로 최종재기에, 멕시코의 경우처럼 압박을 통해 기대만큼의 일자리 창출이나 투자 유도 효과가 충분히 있을지는 미지수다. 현재로서는 해당국들의 통화 절상 압력 등으로 자연스럽게 달러화 약세를 유도할 가능성이 더 커 보인다.

Ⅲ. 멕시코 경제의 현 주소

오늘날 멕시코의 경제 규모와 산업 비중을 보면, 2016년 기준, 명목 GDP는 약 1조 500억 달러로 세계 15위 규모이며, 산업별 비중은 농업 3.6%, 공업 32.3%, 서비스업 64%다. 이 중 제조업 비중은 18.9%로서 중남미 주요국들(예를 들어, 브라질 11.2%)과 비교해서 월등히 높은 편이다. 2016년 수출은 약 3,860억 달러(수입 3,590억 달러)로 GDP 대비 수출 비중이 37%를 차지, 내수 소비 중심

[표-1] 멕시코 주요 경제 지표

구분	2014	2015	2016(e)	2017(f)	2018(f)	2019(f)
(실질) GDP 성장률(%)	2.3	2.6	2.2	1.6	2.2	2.0
명목 GDP (US$)	1,297	1,151	1,041	983	1,069	1,289
1인당 GDP (US$)	10,345	9,061	8,097	7,548	8,109	9,663
소비자 물가상승률(%)	43	2.7	2.8	5.1	3.6	3.3
수출 (US$ 10억)	418.5	403.6	386.0	357.2	376.2	428.7
수입 (US$ 10억)	432.7	425.9	403.7	358.9	370.5	421.1

출처: Global Insight '17. 2

의 경제인 브라질(12.9%), 아르헨티나(12.7%) 등에 비해 수출 규모가 상대적으로 크다. 또한, 수출 품목에 있어서도, 1차 산품 비중이 높은 브라질, 칠레 등과 달리, 전자 기기, 자동차 및 부품, 기계 장비 등의 공산품이 전체의 약 50%를 차지한다. 또한, 멕시코는 2016년 기준으로 전 세계 46개국과 FTA를 체결하고 있으며, 30여 개 국가와 상호투자협정을 통해 관세를 자유화하는 등 해외 시장에서 접근성을 크게 높여 놓은 상태다.

2000년대 이래로 마킬라도라 산업으로 육성하던 중저가 수출 제조업 분야들이 중국으로 이전하면서 멕시코는 기존 산업 클러스터가 많이 약화되었다. 마킬라도라 산업은 수출과 내수 산업의 약한 고리로 인해 선진 기술의 자연스러운 이전에 실패하였으며, 20년이 넘는 시간 동안에도 자본 축적이 이루어지지 않아 자국 태생의 기업을 육성하는 데에도 한계를 보여주었다. NAFTA 출범 이후 지금까지 수출 품목은 거의 변동 없으며(10개 중 7개 동일), 자동차, 전자 제품 등 수출 상위 10여 개 품목이 차지하는 비중은 2000년대 이후 오히려 증가한 모습을 보이고 있다.[13] 또한, 자동차 산업의 경우, 지금까지 유의미한 단 한 개의 현

13) 김형주·심순형, "트럼프노믹스 시대의 무역·투자 질서", LGERI 보고서, 2017년 2월, *p13.*

[표-2] 멕시코 대미 수출 품목 변화 추이

순위	1995년	2005년	2015년	비고
1	원유	원유	자동차	
2	자동차	자동차	자동차 부품	
3	전선/케이블	TV/영상기기	화물트럭	
4	TV/영상기기	자동차 부품	컴퓨터	
5	자동차 부품	컴퓨터	TV/영상기기	
6	엔진	전선/케이블	전화기	
7	화물트럭	화물트럭	원유	
8	컴퓨터	방송/통신장비	전선/케이블	
9	라디오 부품	의자	트랙터	
10	라디오	스위치, 커넥터	의료장비	

출처: UN Comtrade Database(LGERI 보고서 재인용)

지 기업도 탄생시키지 못하였다.

결국 멕시코 입장에서 보면, 오랜 기간의 NAFTA 체제에도 불구하고 고부가가치 산업 확대와 내수 산업 육성에 성공하지 못하였을 뿐만 아니라, 미국이 관세 카드를 들고 멕시코 경제를 압박할 경우 일방적으로 휘둘릴 수밖에 없는 구조가 되어버렸다. 이에 따라 멕시코 정치권에서도 NAFTA 탈퇴는 야당 정치인들의 오랜 주요 공약이 되었다.

한편, 멕시코 정부는 2000년대 중반 이후부터 전기·전자, 자동차 산업에서 조립(CKD), 반조립(KD) 중심의 단순 가공을 벗어나 자동차 부품이나 자동차용 강판과 같은 기초 소재와 기술 산업을 육성하며 기존 마킬라도라 산업이 갖고 있던 한계를 넘어서고자 하고 있다. 2001년에는 NAFTA 협정으로 폐지된 마킬라도라 지원법의 대안으로 산업별 프로그램(PROSEC, Programa Sectorial)을 만

〈그림 4〉 멕시코 자동차 생산 및 생산 능력 전망

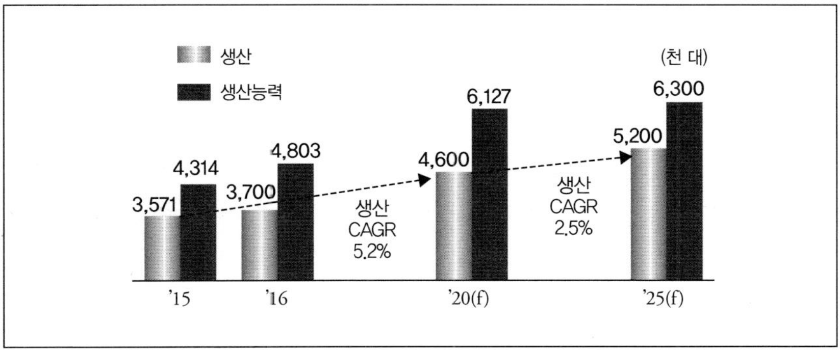

출처: 포스코경영연구원 정리

〈그림 5〉 멕시코 주요 자동차사 공장 현황('15)

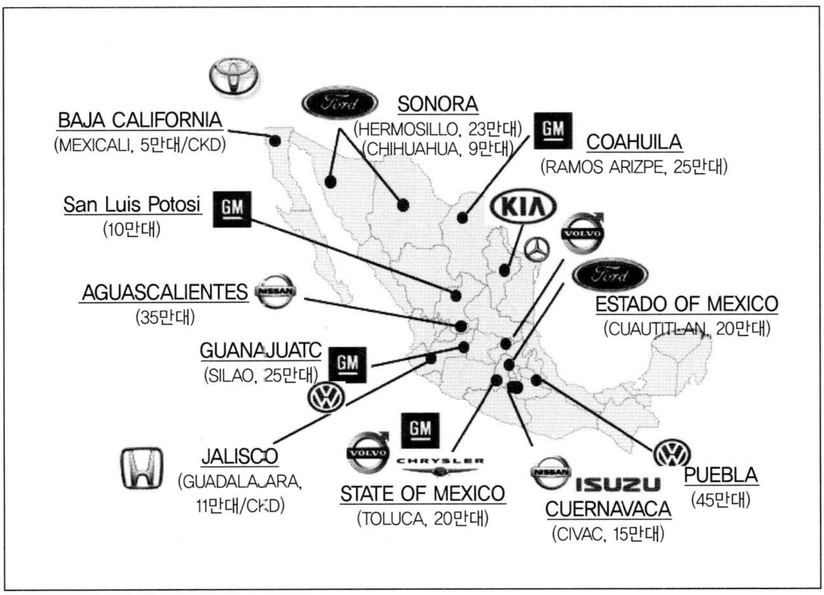

출처: AMIA

들어, 정부가 선별한 부문에 대해서 낮은 세율이나 면세 혜택을 주고 내수 판매도 허용함으로써 내수 시장 육성에 적극적인 노력을 펴고 있다.

이러한 노력의 일부 고무적인 결과로서 멕시코 자동차 산업은 2010년대에 들어 미국뿐 아니라 아시아와 유럽의 자동차사들의 멕시코 진출 덕분에 설비 투자를 통한 현지 생산이 증가하였다. 글로벌 금융 위기의 여파로 억제되어 있던 미국 소비자들의 자동차 대기 수요가 때마침 미국 경기 회복과 함께 실수요화하면서 멕시코의 자동차 생산은 폭발적으로 증가하였다. 중남미 최대 자동차 생산국이던 브라질이 내수 침체로 생산이 주춤하자, 멕시코 자동차 산업은 2014년 한 해 340만대를 생산하며 브라질을 제치고 미국에 이어 미주 2위의 자동차 생산국으로 도약하게 되었다.

[표-3] 멕시코 자동차사별 생산 추이

(천 대)	'11	'12	'13	'14	'15	CAGR('11~'15)
Nissan	607	684	680	806	823	10.2%
GM	544	571	646	678	690	4.3%
FCA	340	455	439	500	504	14.3%
VW	511	605	517	476	458	1.0%
Ford	462	452	525	443	434	2.0%
Honda	45	63	63	144	204	29.9%
Mazda	–	–	–	102	182	–
Toyota	50	56	64	71	105	13.9%
Daimler	63	65	66	82	90	14.0%
기타	67	72	70	85	81	11.7%
합계	**2,690**	**3,023**	**3,070**	**3,289**	**3,571**	**8.8%**

출처: AMIA, IHS, Fourin 외

Ⅳ. 멕시코 경제에 대한 전망 및 시사점

(1) 향후 경제 및 산업 구조 변화 전망

국내 자동차 산업의 부상과 함께 찾아온 이번 통상 위기는 멕시코에게는 큰 불운이 아닐 수 없다. 그러나 이 불행은 단순히 극우주의자인 트럼프 대통령의 집권으로 우연히 발생한 사건이라고 볼 수 없다. 이미 멕시코에서 자동차 생산이 크게 늘어나는 시점과 맞물려서, 미국 국민들 사이에서는 작년 대선보다 훨씬 이전부터 러스트 벨트(Rust Belt)[14]를 중심으로 무너진 자국 제조업을 되살리고 멕시코 등지로 빼앗긴 사업장과 일자리를 되찾아 와야 한다는 목소리가 높아지고 있었다. 지난 오바마 정부 임기 중에도 정도와 방법의 차이만 있었을 뿐, 이미 경쟁력을 상실한 US Steel과 같은 대형 철강사들이 수입산 철강 제품에 대해 반덤핑 및 상계 관세 부과 등의 자국 산업 보호 정책을 강력히 요구하였다. 이러한 현상은, 과거 철강 산업이 어려웠던 1990년대 초나 2000년대 초에도 그랬듯이, 독일, 일본 등에서 대상만 바뀌었을 뿐, 미국과 이해관계가 충돌할 때마다 반복적으로 또 필연적으로 찾아왔다.

한편, 멕시코도 이번 NAFTA 재협상 결과에 따라 미국 시장에만 의존하던 기존의 협력 구도에서 다소 벗어나는 계기를 마련할 수도 있을 것으로 보인다. 먼저, 수출 시장의 다각화 가능성이다. 과거 멕시코에 투자하던 기업들은 주로 미국 시장에서의 관세 혜택을 노리고 진출한 경우이다 보니, 수출국을 확대하려는 노력이 거의 없었다. 또한, 대부분 글로벌 경영을 통해 권역별 생산 물량을 자체적으로 조정할 수 있어 재고 소진을 위한 다각화 유인도 부족했다. 그러나 규모의 경제를 고려할 때 최근 비약적으로 성장한 멕시코의 자동차 산업은 현 생산

14) 미국에서 과거 자동차 산업인 발달한 북동부 디트로이트, 미시건 등과 철강 산업이 발달했던 북동부의 펜실베이니아, 볼티모어, 그리고 중서부의 피츠버그, 영스타운 등을 잇는 전통적인 산업 벨트.

능력을 유지하기 위해서는 수출 시장 확대가 불가피하다. 이와 함께, 내수 판매 목적의 자동차 생산이 대부분인 브라질을 제외하면, 중남미 시장에는 뚜렷한 자동차 생산국이 없는 상황이다. 남미공동시장(Mercosur)의 주요 회원국들이 최근 우파 정부 출범 이후 멕시코가 포함된 태평양동맹(Alianza del Pacífico) 국가들과의 교역을 확대하려는 의지를 보이고 있어, 멕시코로서는 과거 소홀했던 남미 시장을 개척할 수 있는 기회가 커질 것으로 보인다.

다음으로 멕시코 자국 기업에 의한 제조업 태동 가능성이다. 앞서 말한 바와 같이, 멕시코의 산업계는 물류 인프라 열위, 숙련 노동자 부족, 기업가 정신 부재, 그리고 정경 유착과 부정부패 등으로 민간 기업에 대한 투자가 거의 이루어지지 않았다. 정부의 육성 노력에도 불구하고 카를로스 슬림(Carlos Slim)의 기업들을 제외하면 경쟁력 있는 국내 기업이 전무하다시피 하다. 또한, 현지에 투자한 외국 기업들도 내수 시장에는 관심이 없어 100% 단독 지분의 출자 형태가 유독 많았다. 그러나 이번 NAFTA 통상 위기를 계기로 많은 글로벌 기업들이 수출 물량 감소에 대비하여 내수 시장을 확보하기 위해 현지 기업들과 합작이나 조인트 벤처 형태로 투자 전환을 고려할 가능성이 있다. 특히 최근 중국 JAC Motors의 멕시코 합작 투자 사례[15]와 같이, 현지 판매를 노리고 진출하는 기업은 판매 네트워크를 이미 구축하고 있는 로컬 업체와 합작함으로써 투자비를 줄이고 시장 개척도 용이하게 할 수 있다.

마지막으로 기업 경쟁력을 떨어뜨리는 정경 유착의 완화 가능성이다. 멕시코는 과거 제도혁명당이 71년간 장기 집권하면서 국가 조합주의(코포라티즘, Corporatism)적 운영으로 기업들이 정경 유착에 쉽게 빠져들었다. 이는 오늘날

15) '17년 2월, 사우스차이나모닝포스트(SCMP)에 따르면 멕시코 자동차회사인 자이언트 모터스와 중국 국영 자동차 기업 JAC는 멕시코 이달고 주에서 JAC의 자동차를 조립 생산하기 위한 2억 1200만 달러 규모의 계약을 체결함. 이를 통해 SUV 2개 모델을 연간 1만 1000대 생산하고 약 5,500개의 신규 일자리를 창출할 예정임.

윤리 경영을 준수하는 선진 기업들이 현지에 뿌리를 내리기 어렵게 만드는 요인 중의 하나가 되었다. 오히려 비윤리적인 기업들이 경제 엘리트로 둔갑하여 부도덕한 정치 세력과 결탁하고, 재정적 지원과 정치적 혜택을 상호 교환하면서 공정한 경쟁을 방해하였으며, 부당한 규제로 멕시코 경제를 장악해 왔다. 이러한 행태에 염증을 느낀 멕시코 국민들은 2000년대 들어 변화를 바라며 국민행동당(Partido Acción Nacional, PAN)을 지지함으로써 정권 교체에는 성공하였으나, 이번에는 부패와의 전쟁으로 심각해진 치안 문제가 기업들의 적극적인 투자를 저해하게 만드는 요인으로 작용하며 기업들의 경영 환경이 크게 개선되지 못하였다. 다시 정권을 잡은 제도혁명당과 현 니에토(Peña Nieto) 정부는 고질적인 부정부패와 정경 유착으로 국민들의 불만을 고조시켜 내년으로 예정된 대선 향방을 예측할 수 없게 하고 있다.

(2) 향후 주요 변수와 시나리오별 전망

지금까지 살펴본 바와 같이, 다국적 기업들의 멕시코 투자는 NAFTA 체결 이후 글로벌 생산 기지 구축의 의미라기보다 단지 인건비가 높은 미국과 캐나다의 투자 대안으로서의 측면이 강했다. 그러나 트럼프 행정부가 이러한 투자 자체를 불공정 무역으로 간주하고 국제 무역질서의 룰에 대한 변화를 요구하고 있어 당분간 현재의 불확실성은 지속될 것이다.

트럼프 행정부의 주요 인물들을 통해 향후 변화를 예측해 보면, 먼저 미 상무부를 이끌 윌버 로스(Wilbur Ross)[16] 장관이 눈에 띈다. 그는 2000년대 초반 Acme, Bethlehem, LTV 등 파산 위기에 몰린 미국 내 30여 개의 철강회사들을

16) 윌버 로스는 과거 국제적인 투자 그룹인 로스차일드 회장을 역임하였고, 지금까지 사모펀드인 WL로스 앤 컴퍼니사를 설립하여 운용하고 있는데, 트럼프 대통령과는 1990년대 파산 위기에 처한 트럼프 카지노 3곳에 대한 회생 절차를 도운 인연이 있음.

International Steel Group으로 통합, 인수하여 2004년 Arcelor Mittal사에 매각함으로써 어려움에 처했던 미국 철강 산업을 회생시키는데 일조한 경력이 있다. 장관 인준 직전까지도 Arcelor Mittal USA의 이사회 구성원으로 활동하는 등 향후 미국 철강 업계의 입장을 적극 반영하여 FTA 재협상이나 대(對) 중국 무역 등에서 강경한 입장을 보일 것으로 예상된다.

다음 주목할 인물로 로버트 라이시져(Robert E. Lighthizer) 무역대표부(United States Trade Representative, USTR) 대표가 있다. 그는 전 USTR 부(副)대표 출신으로서, 주로 국제통상 전문 변호사로 활동하였는데 과거 종종 언론 기고를 통해 자유무역주의가 미국의 무역 적자를 확대시켜 달러화 가치를 떨어뜨리고 있다고 주장한 인물이다. 2010년 이후에는 미국의 철강 수입이 늘어나면서 국내 철강 기업들을 대표하여 중국산 강재에 대한 반덤핑 제소를 주도하는 등 통상 장벽을 높이는 데 일조하기도 하였다.

마지막 주목할 인물로 피터 나바로(Peter Navarro) 국가무역위원회(National Trade Council, NTC) 위원장을 꼽을 수 있다. 먼저, NTC는 백악관에 신설된 무역정책 자문기구로서 향후 USTR, 상무부 및 노동부 등을 관할하는 역할을 할 것으로 예상된다. 피터 나바로는 캘리포니아 어바인 대학(University of California, Irvine)의 경제학과 교수 출신으로, 과거 중국의 환율 조작과 불공정 무역 행위가 도(度)를 넘었고 한미 FTA가 미국 일자리와 자동차 산업을 파탄으로 이끌었다는 등의 발언을 하곤 했다. 따라서 중국, 한국을 포함한 주요 수출국의 기업들은 앞으로 국가무역위원회가 추진할 통상정책을 주목하면서 투자 계획이나 진출 전략을 수정해 갈 필요가 있다.

NAFTA 재협상은, 멕시코와 캐나다가 이미 동의하였듯이, 올 하반기부터 본격적인 개시에 들어갈 것으로 보인다. 트럼프 행정부의 NAFTA 재협상 목적이 미국의 제조업 부활("America First")을 통한 일자리 창출과 내수 활성화에 있는 만큼, 자동차, 철강, 에너지 산업 등을 중심으로 협상이 진행될 것으로 보인다. NAFTA 재협상이 멕시코 경제에 미칠 영향은 협상 결과에 따라 세 가지 경우로 생각해 볼 수 있다.

i) 먼저, 현재 트럼프 정부의 강압적인 자세로 볼 때 실현 가능성이 아주 높지는 않지만, 단기 타결될 경우, 멕시코 경제에 대한 불확실성이 크게 해소되면서 금융 시장에서 대(對) 멕시코 투자가 조속히 안정을 찾을 것으로 예상된다. 이에 따라 페소화의 환율이 안정되고 추가적인 가치 상승도 기대된다. 다만, 이미 진출해 있는 글로벌 기업들의 경우, 협상 결과에 따라 미국산 부품 의무 사용이나 수출 쿼터 도입 등 멕시코에게 불리한 조항이 신설될 수 있어, 일부 대미 수출 전략에 변화가 불가피하다. 예를 들어, 멕시코 생산 라인의 조정(픽업트럭 → 세단)이나 수출 시장 다변화(중남미 또는 EU) 전략 등을 검토해야 할 것으로 보인다.

ii) 다음으로 NAFTA 협상의 지체 또는 장기화 가능성이다. 현재 미국과 멕시코 모두 안팎으로 속내가 복잡하여, 어느 한 쪽도 선뜻 양보를 통해 조기 타결을 시도하기는 부담스러운 상황이다. 사실상 키를 쥐고 있는 미국은 공화당 소속 대통령의 집권으로 안보와 이민 관련 이슈들이 복합적으로 작용하고 있다. 미국의 전통적인 보수주의자들은 중남미 불법 이민자들을 엄격히 단속하고 국경 장벽을 설치해야 한다며 강경한 입장을 보여 왔다. 또한, 지난 대선에서 백인 서민층의 전폭적인 지지에 힘입어 당선된 트럼프 대통령의 독특한 입지로 인해, 미 행정부는 멕시코뿐만 아니라 미 의회와도 타협을 해야 하는 상황이다. 국경세 부과의 경우, 미국 내 수출 기업에게는 면세를, 수입 기업에게는 추가 과세를 통해 전통적으로 수출보다는 내수 소비 중심인 미국의 산업 경제 근간에도 영향을 줄 수 있다.

한편, 멕시코 정부도 NAFTA 재협상에 적극 임하겠다는 의사를 밝히긴 하였지만, 선뜻 수용적인 자세를 취하기는 쉽지 않다. 2016년 미 대선 당시 트럼프 후보가 멕시코를 방문하였을 때 페냐 니에토(Peña Nieto) 대통령이 다소 저자세의 외교를 보이며 국민적 비난을 받은 데다 최근 대통령 가족과 측근의 부정부패 문제로 국민적 지지도 바닥인 상태다. 따라서 자칫 조기 타결을 위해 선불리 합의를 시도하다가는 제도혁명당(PRI)이 12년 만에 간신히 되찾아온 정권을 내년 대선에서 다시 내줄 가능성이 크다. 내년 대선에서 가장 유력한 후보 중 한 명인 국가쇄신운동당(MORENA)[17)]의 로페스 오브라도르(López Obrador)가 과거 NAFTA에 대해 부정적인 입장을 취했던 것을 의식한다면, 현 멕시코 정부의 협상 폭이 그리 크지 않은 점도 어려움을 더하고 있다.

iii) 마지막으로, 가능성은 매우 낮지만, 협상 실패로 NAFTA가 폐기될 경우다. 내년 7월 멕시코 대선에서 미국의 반(反)이민법 등에 자극을 받은 멕시코 국민들이 오브라도르 후보를 적극 지지하여 당선시킬 경우, 멕시코 정부도 NAFTA 탈퇴 입장으로 급선회하면서 강공 협상을 벌일 가능성이 있다. 만약 최종 결과로 NAFTA가 폐기된다면, 양국은 자동적으로 1994년 NAFTA 이전 체제인 WTO 규정에 따라 상호 최혜국대우(Most Favored Nation, MFN) 관세를 적용하게 된다. 이 경우, 그동안 유지되던 생산 분업 체계의 붕괴 가능성이 높아지면서 멕시코 시장 경쟁력 약화, 미국의 무역 보복 조치 등에 대한 우려로 글로벌 기업들의 투자가 급랭할 것으로 예상된다.

현재로서는 앞서 언급한 세 가지 시나리오를 모두 배제할 수 없어 북미 시장에 대한 불확실성이 그 어는 때보다 크다. 트럼프 행정부의 초기 경제 기조도 환율 정책과 경기 부양책이 서로 엇갈리는 등 자체적인 모순을 갖고 있어 추후

17) 오브라도르는 지난 2006년 대선에서 민주혁명당(PRD) 후보였으나, 이후 별도 조직이었던 국민쇄신운동을 2012년 국가쇄신운동당(MORENA, Partido de Movimiento Regeneración Nacional)으로 정식 창당함.

어떤 방향으로 변화할지 예상이 쉽지 않다.

기업 경영이라는 미시적 측면에서 볼 때, 트럼프 대통령이 NAFTA 재협상을 앞두고 토요타, GM, 삼성 등과 같은 글로벌 기업들에게 미국에 대한 투자를 종용하거나 멕시코에 대한 투자를 철회할 것을 압박할 경우, 투자의 실효성을 떠나 투자 결과의 불확실성이 주는 리스크로 인해 별다른 묘수가 없어 보인다. 또한, 이러한 일은 향후에도 계속 반복될 수 있다. 따라서 글로벌 기업들은 트럼프 정부 동안에는 미국 통상 정책의 불확실성 자체를 상수로 놓고 리스크를 관리할 필요가 있어 보인다. 또한, 당분간 투자에 대해 보수적인 관점에서 사업 타당성을 점검하고, 이미 투자를 단행하여 운영 중인 사업에 대해서는 매몰 비용(sunk cost)을 최소화하는 선에서 리스크를 분산하려는 노력이 필요하다. 장기적으로는, 2000년대 초반부터 글로벌 기업들이 추구해 오던 글로벌 가치사슬관리(Global Value Chain Management)의 심화를 통해 글로벌 생산 체계를 더 유연화시키고 권역별 생산을 확대할 필요가 있다.

| 참고 문헌 |

김기현 & 권기수 2011, 라틴아메리카 경제의 이해, 한울

김형주 & 심순형 2017, "트럼프노믹스 시대의 무역·투자 질서", LG경제연구원

디에고 엔리케 오소르노 2015, 중남미를 제패한 천재 경영자-카를로스 슬림, 현대 지성

박민경 2017, "新 통상시대 중남미 주요국의 다각화 전략과 시사점", 대한무역투자진흥공사

서울대학교 라틴아메리카연구소 2016, 멕시코_민주주의를 다시 묻다, 한울

신한금융투자리포트 2017, "트럼프가 가져올 미니 버블에 대한 기대"

오성주 2016, "멕시코, 자동차 산업의 훈풍을 타고, 대미 의존도에서 벗어나 신흥 제조 강국으로 도약 기대", 철강보 기고문

오성주 2016, "멕시코 도금 사업 강화를 위한 실행 전략 수립", POSRI 내부 보고서

오성주 2015, "美 철강, 경제 회복세에도 불구, 低유가와 수입재 증가로 어려움 가중 속 각고의 노력으로 극복 中", 철강보 기고문

오성주 2015, "지구 반대편, 라틴아메리카 바로 알기" 이슈리포트, 포스코경영연구원

Katja Gehring 1997, "Problems and Opportunities of the Mexican Maquiladora Industry", Diploma Thesis

Luis Quintana Romero 2016, "Perspectives of trade and economic growth in the Mexico-South Korea cooperation framework", 한-중남미 포럼 발표

US Government Accountability Office 2003, "International Trade: Mexico's Maquiladora Decline Affects U.S.-Mexico Border Communities and Trade; Recovery Depends in Part on Mexico's Actions"

US Government Accountability Office 1993, "U.S.-Mexico Trade; The Maquiladora Industry and U.S. Employment"

미국-쿠바의 관계 정상화와 쿠바의 변화

사라 갠터

프리드리히 에베르트(Friedrich Ebert) 재단 쿠바/도미니카 공화국 前 사무소장

원제와 출처: Sarah Ganter, "En Cuba todo sigue distinto", *Nueva Sociedad*, No. 266, noviembre-diciembre de 2016, pp. 113-128.

핵심어: 불평등, 개혁, 사회주의, 라울 카스트로, 쿠바, 중남미, 라틴아메리카

쿠바와 미국의 관계 정상화가 발표된 2014년 12월 17일부터 쿠바에서 많은 변화들이 있었다. 이러한 역사적인 진전으로 해빙을 추인하는 다른 절차들과 함께 아바나와 워싱턴에 대사관이 설치되었다. 2016년 3월 오바마 대통령은 마침내 현직 미국 대통령으로서는 거의 90년 만에 처음으로 아바나를 방문했다. 관계 정상화가 시작되면서 이전에는 볼 수 없던 엄청난 방문객들이 쿠바에 쏟아졌다. 미국인들을 포함한 관광객 수 역시 폭발적으로 증가했다. 또한, 기업 대표단을 동반한 많은 국가수반 및 장관들과 같은 고위급 초청객들이 지속적으로 쿠바를

방문했다. 미국과 쿠바 사이의 비밀 협상을 중재했던 프란치스코 교황도 쿠바를 방문했다. 예술과 문화 분야의 세계적인 스타들이 아바나에서 공연하는 사례가 점차 늘어나고 있다. 서로 적대적이었던 미국과 쿠바의 화해는 양국에 커다란 기대감을 불러일으켰다. 오바마 대통령은 대(對)쿠바 경제 제재를 완화하기 위해 자신의 권한을 최대한 이용했다. 그럼에도 불구하고 관계 해빙이 주는 흥분을 넘어, 신속한 경제 제재의 중단과 개혁의 가속화, 그리고 외교적 변화에서 오는 국내의 발전에 대한 기대는 난관에 봉착한 것처럼 보인다. 오바마의 역사적인 방문 이후에도 미국의 경제 제재는 여전히 진행 중이고, 트럼프의 승리로 인해 관타나모 감옥의 폐쇄 역시 요원하다. 라울 카스트로(Raúl Castro)가 시작한 개혁 과정은 정체되어 있다. 2016년 4월 개최된 쿠바 공산당 7차 대회(VII Congreso del Partido Comunista de Cuba)는 준비 과정에서 투명성이 결여되었고, 정치 분야에서 특정 지도자 중심주의적인 태도가 여전히 자리 잡고 있음을 보여 주었다. 결국, 정치 제도와 발전 모델을 장기적으로 어떻게 구축할 것인가라는 시급한 문제들에 답을 마련하는 데 실패했다.

라울 카스트로가 2018년 통치권을 이양하기 때문에, 국내 변화들을 염두에 두면서 그때까지 헌법을 개정해야 한다. 그러나 2030년을 목표로 한 사회주의 모델을 개혁하려는 일련의 국내 논의 과정에서 일종의 "숙취"가 심화되었다. 사회적 균열이 가시적으로 확대되었고, 국민 대다수의 불안정한 생활 조건이 가까운 미래에 개선될 것이라는 기대는 줄어들었다. 관광부문의 증가에도 불구하고 2016년에는 마이너스 경제 성장이 예측되었다. "형제국" 베네수엘라가 위기에 빠지고 쿠바가 외채를 정상적으로 갚기 시작하면서, 유동성 부족이 심화되고 인프라 영역과 경제 혁신에 필요한 시급한 투자가 어렵게 되었다. 2016년의 에너지 배급 조치는 옛 소련 붕괴 이후의 트라우마적인 경제 위기를 공식적으로 지칭하는 이른바 "특수 시기" 동안의 쓰라린 기억을 떠올리게 했다. 정치 경제 분야의 정체로 인해, 많은 쿠바인들은 개인적인 프로젝트에 힘을 쏟거나 2014년 실시된 자유로운 해외 왕래를 이용하여 활로를 찾아야 했다.

트럼프 대통령과 불확실성

결론적으로 말해 미국과 쿠바 관계의 변화는 기대를 충족시키지 못했고, 오바마의 임기가 끝날 때 미국이 어떤 방향을 취할지는 명확하지 않다. 관계 정상화 과정은 정치범들을 초기에 교환하는 조치를 포함했다. 이들 중에는 쿠바에서 우상화된 "다섯 영웅들"과 미국 시민권자인 알란 그로스(Alan Gross)가 포함되었다. 다섯 영웅들은 스파이 혐의로 미국에서 장기형으로 복역 중이었고, 알란 그로스는 쿠바에서 스파이 혐의로 수감된 상태였다. 또한, 쿠바는 "테러 지원국" 명단에서 삭제되었다. 그리고 비록 미국 상원의 거부로 아직 아바나에 미국 대사가 임명되지 않았지만, 워싱턴과 쿠바에 대사관이 설치되었다.

미국은 점차 자국민에게 적용하던 제한 조치들을 해제했다. 이제 미국 시민들은 특수한 방식으로 쿠바에 여행할 수 있게 되었다. 더욱이 매년 쿠바 거주 가족들에게 보내는 송금 허용액도 상당한 수준으로 늘어났다. 해상 교역에 대한 제한이 축소되었고, 양국 간 직항이 재개되었다. 직항은 양국 간 합의에 따라 매일 110편까지 확대될 수 있었다. 비록 오래전부터 쿠바 공항들이 수용 능력 이상으로 운영되고 있었고 또 비행 편 확대가 필요했지만, 이것은 상당한 투자를 필요로 했다. 또한, 쿠바 내에서 국제 거래를 위해 미국 달러를 사용한다는 발표가 그때까지는 이뤄지지 않았지만, 오바마 방문을 계기로 양국 간 직접적인 우편 서비스가 재개되었다.

백악관은 양국 간 화해를 통해 결정적으로 변화를 추동했고, 쿠바의 미래를 쿠바 국민들이 선택할 수 있게 했다. 그러나 처음에는 자신들의 정책 변화가 쿠바 체제 변화라는 본연의 목표를 포기하는 것은 아니라는 사실을 명확히 했었다.[1] 이런 상황에서 오바마의 매력적인 공세는 쿠바 당국자들의 불안과 불신을 일깨웠다.[2] 새로운 포용 정책이 실제로 "제국"의 오랜 목표를 달성하기 위한 보다 효과적인 수단이 될 수도 있다는 두려움이다. 쿠바 거주 쿠바인들과 미국 거주 쿠바인들 사이의 교류 확대는 이전의 미국 정부들이 추구했던 대립적이고 억압적인 정책들보다 보다 쿠바 사회주의 체제를 더 흔드는 요소가 될 수도 있을 것이다. 오바마 대통령의 역사적인 시기가 끝난 이후에, 미국의 미래 의제에서 쿠바가 얼마나 중요성을 갖을지 보게 될 것이다. 그리고 이미 발표된 봉쇄 해제가 실제로 진행될지 보게 될 것이다. 이것은 의회의 승인이 필요한 사항이다. 트럼프 대통령은 자신이 1990년대 자신의 호텔 체인이 쿠바 시장 진출 가능성을 모색한 적이 있음에도 불구하고, 쿠바와의 관계 정상화를 후퇴시키려는 의지를 밝힌 바 있다. 쿠바 정부는 과거 미국의 선택들에 대해, 잠재적인 "적의 행동들"에 맞서 준비태세를 갖추기 위한 일련의 군사훈련을 통해 대응했다. 이런 대응은 레이건 대통령 당선 시 처음으로 취한 바 있다. 미국과 쿠바 관계를 다시 얼어붙게 할 수도 있는 하나의 움직임이 시작될 수 있다.

1) 최근 2016년 10월 '미국과 쿠바의 관계정상화를 위한 대통령 정책명령(Directiva Presidencial de Políticas para la Normalización entre eeuu y Cuba)'를 통해서 백악관은 체제 변화를 시도하지 않을 것이며, 미국이 쿠바 국민들의 의지에 반하는 다른 체제를 강제할 수 없다고 명백하게 선언했다. 그러나 미국 정부는 쿠바 시민 사회의 우호 세력과 함께 민주주의를 진작하는 일은 계속할 것이라고 밝혔다. 이 문서는 다음에서 확인할 수 있다. 〈https://cu.usembassy.gov/es/directivapresidencial-de-politicas-para-la-normalizacion-entre-los-ee-uu-y-cuba/〉. Ver Carlos Alzugaray Treto: 'La Directiva Política Presidencial 43 y la política hacia Cuba' en Cuba Posible, 17/10/2016.

2) 예를 들어 '월드 러닝(World Learning)' 프로그램에 대한 반대 움직임들을 보시오. Lauren Céspedes Hernández, "Todo por Cuba y la voluntad de conquistar un mismo sueño", Granma, 24/9/2016.

라틴아메리카, 유럽 그리고 아시아의 우호 세력들

최근 10년 동안 라틴아메리카 국가들은 쿠바에 대해 강력한 집단적 지지를 보냈다. 라울 카스트로 정부는 라틴아메리카-카리브해 국가공동체(CELAC)의 2차 정상회의 개최국이었다. 쿠바는 2015년 파나마에서 개최된 미주기구(OEA)의 아메리카 정상회의에 다시 참여할 수 있었다. 이것은 주로 라틴아메리카의 몇몇 국가들이 끊임없이 노력한 결과였다. 마찬가지로 쿠바 정부는 콜롬비아 정부와 콜롬비아 무장혁명군(FARC) 사이의 평화협상을 중재하는 결정적인 역할을 했다. 이것은 라틴아메리카 지역 내외에서 쿠바를 크게 인정하는 계기가 되었다. 그럼에도 불구하고 라틴아메리카에서 우파의 재집권 그리고 브라질과 베네수엘라의 정치 위기로 인해 쿠바는 이제 라틴아메리카 내에서 중요한 우호 세력을 잃게 될 위기에 처했다.

반대로 유럽 및 아시아와의 관계에서는 진전을 보여주고 있다. 미국과 관계 정상화가 시작되면서 EU와도 1996년 발표된 이른바 "공동 입장(Posición Común)"을 대체할 수 있는 새로운 협약에 대한 협상을 시작하였다. 이 '공동 입장'은 지난 수십 년 동안 쿠바와 EU 관계를 제약해왔다. 왜냐하면, 둘 사이의 관계를 인권 개선과 쿠바 시장 개방으로 제한했기 때문이다. 새로운 협약은 2016년 3월 아바나에서 EU 외교 및 안전정책 분야 고위급 대표자인 페데리카 모게리니(Federica Mogherini)에 의해 조인되어 이제 발효를 남겨두고 있다. 중국과 일본 또한, 쿠바와의 관계를 강화했다. 2016년 9월 리커창 중국 국무총리가 쿠바를 방문하여 재생 에너지, 의료 연구, 정보통신, 산업정책, 세관 업무, 재정 시스템, 환경 보호 등 전략 분야에서 상호협력을 진전시키기 위한 12개 합의문이 체결되었다. 2014년 여름 러시아는 구소련 시기의 부채를 90% 감면해 주었고, 나머지를 쿠바에 투자할 것이라고 발표했다. 파리클럽의 채권국들과의 협상은 대외 정책의 또 다른 성공을 의미했다. 1980년대부터 누적된 이자를 완전히 감면받았던 것이다. 주요 채권국들은 프랑스, 스페인, 일본, 이탈리아, 그리고 호주, 오스트리아, 벨기에, 캐나다, 덴마크, 핀란드, 스위스, 영국 등이었다. 쿠바는 10,081.6백만 유로의 부채를 파리클럽에 지고 있으며, 이 중에서 7,731.6 유로가 이자인데 이번에 감면받았다. 이런 채무 면제의 대가로 쿠바 정부는 앞으로 18년 이내에 나머지 원금을 상환하기로 약속했다. 이 금액은 2,364.9백만 유로에 해당한다.

이견에 대한 동의: 인권과 시민 사회

인권 주제는 유럽뿐만 아니라 미국과의 협상에서도 계속 예민한 지점이다. EU와의 협약은 인권에 대한 한 문장을 포함하고 있다. 이것은 둘 사이의 대화에서 하나의 진전이라고 할 수 있지만, 동시에 불이행시의 결과들을 명시하지 않았기 때문에 비판을 받기도 한다. 쿠바 정부는 과거 상호 존중의 분위기 속에서 모든 것을 논의할 수 있도록 열려있다고 밝힌 바 있다. 미국과의 관계에서 인권 주제가 많은 경우 대(對)쿠바 개입 정책을 정당화하려는 다른 정치적 목적을 위한 도구로 사용되었기 때문에 불신이 팽배했다. 지금까지는 어떤 권리에 초점을 맞추고 권리를 어떻게 해석할 것인가에 대해 서로 근본적인 의견 차이가 있다는 것에 대해서만 합의를 이룬 상태다. EU는 정치적 권리와 시민적 권리를 강조하고 있으며, 쿠바는 사회적 권리와 경제적 권리를 강조하고 있다. 관계 정상화를 위해서는 인권 문제의 해결이 필요하고 여기에는 많은 난관이 있다. 쿠바 정부가 워싱턴 국무부 내에 최근 설치된 '민주주의, 인권, 노동국(Bureau of Democracy, Human Rights and Labor)'을 익히 알려진 전복적 처방을 대표하는 조직으로 비판하고 있는 상황에서, 쿠바의 인권 침해 사례가 계속 보고되고 있다.[3] 지난 10월 국제인권위원회는 "정부 기관원들이 비정부 인권운동 조직인 쿠바레스(Cubalex) 구성원들에 대해 보복행위와 공격행위를 계속"하고 있는 데 대해 우려를 표명했다. 이런 행위들은 쿠바레스가 쿠바 내 표현의 자유 상황에 대한 보고서를 작성하여 유엔에 제출한 이후에 벌어졌다.[4]

논란은 지속되고 있으며 양측 정부들은 외견상 이전의 이데올로기적인 패러다임에서 여전히 벗어나지 못했다. 그럼에도 불구하고 시민 사회의 영역에서는 "공식주의"와 "이견" 사이의 오랜 이분법이 점차로 약화되고 있다. 이런 변화는 쿠바의 새로운 블로고스피어(Blogosphere)에 나타나고 있다. 여기에서 쿠바 내부의 관점과 외국에 살고 있는 쿠바인들의 의견이 뒤섞이고 있으며, 양극단에 속하지 않는 토론과 사유 생성의 장들이 점점 더 많이 출현하고 있다.

서두름 보다는 멈춤: 현실화에서 정체로

2014년 12월 17일부터 대외 정책에 나타난 변화는 지금까지, 라울 카스트로가 시작한 개혁과정을 촉진하는 결과를 가져오지 못했다. 오히려 개혁 과정을 억누르고 있는 것처럼 보인다. 2011년 쿠바 공산당 6차 대회가 '경제사회 모델의 현실화를 위한 방침(Lineamientos para la Actualización del Modelo Económico y Social)'을 세운 이후로, 몇몇 시장 메커니즘을 제한적으로 도입하여 쿠바 사회주의의 지속성을 보장하려는 일련의 개혁조치들을 승인하였다. 조세법, 노동법, 외국투자법을 개정하였고, 농업부문뿐만 아니라 서비스와 생산 부분에서도 협동조합의 설립을 허용하였다. 게다가 신규 자영업자들에게 허용하였던

3) Sergio Alejandro Gómez, "Estados Unidos mantiene su receta subversiva contra Cuba", *Granma*, 23/10/2016.

4) OEA, "Comunicado de prensa R149/16", 13/10/2016

활동 영역도 확대하였다. 2012년부터 쿠바인들은 비록 일정한 제약을 가지고 있기는 하지만 부동산을 거래할 수 있게 되었고, 이것은 건물을 수리하는 열풍을 가져왔다. 다른 급격한 변화들은 외국으로 출국하는데 존재한 제약들을 제거한 여행의 자유와 관련된 것들로 2014년 초에 도입하였다.

많은 비판자들은 변화가 충분히 빠르지 않으며, 실제로 여전히 많은 문제들이 해결되지 않고 있다고 본다. 그럼에도 불구하고 '방침'을 실현하기 위해, 라울 카스트로의 표현을 빌자면 "서둘지 않고, 그러나 멈추지 않고" 노력해 왔다고 말할 수 있다. 그러나 쿠바와 미국 사이의 화해는 개혁 과정의 정체를 가져왔다. 오랫동안 예견되던 화폐개혁은 쿠바에서 통용되고 있던 태환 페소(Peso convertible) 혹은 CUC와 쿠바 페소를 통합하는 것을 목표로 했다. 그러나 이 조치는 무기한 연기되어 있는 것처럼 보인다. 마찬가지 상황이 국내외 NGO들의 역할을 규정하는 법률과 관련해서도 일어나고 있다. 도매 시장과 적절한 신용 시장이 없기 때문에, 신규 민간 부문의 발전이 더디게 진행되고 있다. 많은 도시 협동조합들은 초기 어려움을 겪고 있는데, 이는 진정한 자발적 집단 조직으로 만들어지지 않았을 뿐만 아니라 "유도되었기" 때문이다. 즉, 이들은 오래된 국영 기업들로, 이들이 가지고 있는 연대적 경제 형식은 많은 경우 하룻밤 사이에 위로부터 강요받았다. 또한, 마리엘(Mariel) 신규 산업항에 위치하고 정부가 매우 장려하던 특별개발지역(Zona Especial de Desarrollo)에 대한 외국 투자 역시 허가가 지체되고 있다.

본질적으로 느린 개혁 과정이 이렇게 지체된 원인은 다양하다. 먼저, 불확실성이 결정의 장애물이 되고 있다. 미국과의 화해는 다음 단계로 나아가는데 중요한 많은 문제들을 미해결 상태로 두었다. 무역 제재가 어떤 조치를 통해서 완화될 것인지 알기 위해서는, 워싱턴에서 다시 여러 카드들이 논의될 때까지 기다리는 것이 필요하다. 두 번째로, 체제가 불안정해지고 권력을 잃을지 모른다는 두려움 또한, 일정한 역할을 하고 있다. 처음부터 변화들이 지나치게 급속히 고유의 동력으로 진행되며 정치 기구의 통제에서 벗어나고 있다는 두려움이 존재했다. 쿠바 엘리트들은 항상 소비에트 페레스트로이카가 가져온 결과에 대해 경계하고 있었다. 미국과 관계가 개선되면서 정치적 통제력을 상실할지 모른다는 두려움이 점차 더 증대한 것처럼 보인다. 세 번째로, 쿠바 공산당 7차 대회에서 모든 공산당 지도부가 라울 카스트로가 추구하는 개혁의 방향성뿐만 아니라 미국과의 관계 정상화에 동의하는 것이 아니라는 사실이 명확해졌다. 그러나 또한, 단순하게 정부의 통치 능력의 문제가 현재 상황의 일부를 설명할 수도 있다. 대규모 쿠바 방문객들, 그리고 이와 동시에 벌어진 양질의 노동력의 해외 유출은 "방침"을 실행하는 역할을 맡은 공공 기관들에 병목현상을 야기했다.

피델의 허가

1997년부터 2011년 사이에는 쿠바 공산당 대회가 개최되지 않았지만, 라울 카스트로 정부는 자신의 5개년 계획을 재개했다. 그러나 국민들의 광범위한 의견을 수렴하여 조직된 2011년 6차 대회와 비교할 때, 7차 대회는 2016년 초에 비밀스럽고 투명하지 않은 방식으로 준비되었다. 대회 전 몇 주 동안 국내외 미디어는 오바마 방문과 롤링 스톤즈의 콘서트와 관련된 소동에 주목했다. 7차 대회의 의제들어 미리 접근할 수 있었던 유일한 집단은 1,000명의 위원단뿐이었다. 라울 카스트로에 보내는 공개서한에서 쿠바의 유명한 언론인이자 블로그 운영자는 국민들과의 토론이 부족하다고 비판했고, 타당한 의견 수렴을 위해 대회를 3개월 연장하자고 제안했다. 요구했던 것처럼 대회가 연기되지는 않았지만, 대회 이후에 국민들의 의견을 수렴하기 위해 제안된 의제의 승인이 연장되었다.[5] 즉, 2016년 9월 말까지 쿠바 전역에서 공개토론회가 개최되었고, 쿠바 사회주의의 미래 모델에 관한 논의가 진행되었다. 대회 자체에서는 큰 변화를 가져오지 않았다. 2014년 초에 이미 2018년에 대통령 선거에 출마하지 않을 것이라고 선언한 라울 카스트로는, 공산당의 정치위원회(Buró Político)와 중앙 위원회(Comité Central)에 연령 상한선을 도입하자고 제안했다. 실제로 19년 전부터 실시된 각종 선거들부터 위원들의 50% 이상이 교체되어, 오늘날 새로운 중앙위원회는 결과적으로 훨씬 젊고 다양한 구성을 가지게 되었다.[6] 이제 새로운 위원들 명단에는 언론을 통제하고 있는 중앙위원회 '이데올로기 분과(Departamento Ideológico)'의 전 대표인 롤란도 알폰소 보르헤스(Rolando Alfonso Borges) 같은 많은 명망가들의 이름이 보이지 않는다. 반면, 정치 위원회에는 변화가 몇몇 젊은 위원들이 추가적으로 참여하는 것에 그쳤다. 85세의 라울 카스트로뿐만 아니라, 현직 대통령보다 몇 달 더 나이가 많은 매파 지도자인 호세 라몬 마차도 벤투라(José Ramón Machado Ventura)도 각각 제1서기와 2서기로 추인되었다. 당대회의 중심적인 역할 중 하나는 미국에 대한 대외 정책의 방향성을 정당화하는 것이다. 위원들의 개입은 때때로 모순적인 결과를 가져왔으며, 내부 이견들을 명확히 드러내는 계기가 되었다. 그러나 최종적으로는 관계 정상화에 대한 가장 강성 비판자 중 한 명인 피델 카스트로가 동생인 라울 카스트로의 정책에 면죄부를 부여했다. 그 자신이 스스로 말했던 것처럼, 아마도 자신의 마지막 열변 속에서 늙은 지도자는 당 대회에서 대중들과 작별했다.

5) Paquito el de Cuba, "Carta abierta a Raúl Castro o Aplazar hasta julio el vii Congreso del Partido", 27/3/2016, 〈https://paquitoeldecuba.com/2016/03/28/carta-abierta-a-raulcastro-o-aplazar-hasta-julio-el-vii-congreso-del-partido/〉.

6) William M. LeoGrande, "Análisis del nuevo Comité Central", *Cartas desde Cuba*, 28/4/2016.

경제 성장의 추락

관광 붐에도 불구하고, 마리엘 산업항 주변의 특별개발지역에 대한 외국 투자를 중심으로 경제 성장을 추동하겠다는 계획은 현재까지 현실화되지 못했다. 몇 년 동안 정부의 낙관주의적인 전망이 있은 이후, 관광객 물결로 인해 쿠바는 2015년 원하던 4% 경제 성장을 달성하였다. 호텔과 펜션은 오랜 기간 가득 차 있었고, 미국의 송금 허용금액이 확대되면서 원하던 외환이 쿠바에 유입되었다. 아바나 컨설팅 그룹(Havana Consulting Group)의 자료에 따르면, 해외 체류 가족들이 쿠바에 송금하는 액수는 2015년 3,354백 만 달러라는 기록적인 액수에 달했다.[7] 따라서 쿠바의 공식 기관들이 2016년 초 겨우 2%의 성장을 예측했을 때 그 쇼크는 엄청났다. 지금은 마이너스 성장을 말하기도 한다.[8] 이것은 무엇보다도 베네수엘라 위기와 원유 가격 폭락의 결과다. 페트로카리베(Petrocaribe)의 틀 내에서 베네수엘라가 의사 파견의 대가로 제공하는 원유를 재판매하여 생기는 수익은 쿠바 국민총생산의 20%에 달한다. 또한, 쿠바의 수출품인 니켈의 낮은 가격도 영향을 끼쳤다. 부정적인 전망의 다른 원인은 위에서 언급한 외채의 체계적인 지불이 다시 시작된 것이다. 낮은 경제 성장은 폐허가 된 쿠바 인프라를 새롭게 하고 고급 인력에게 매력적인 일자리를 만들기 위해 필요한 시급한 투자를 어렵게 했다.

7) Emilio Morales, "Cuba: The Fastest Growing Remittances Market in Latin America", The Havana Consulting Group, 23/6/2016.

8) Juan Triana Cordoví, "Una contradicción en sí misma", *On Cuba*, 29/8/2016.

투자자들이 밀려오고, 그리고 떠나갔다.

에어비앤비비(Airbnb)의 임대 플랫폼은 눈 깜작할 사이에 쿠바 시장을 정복했다. 크루즈여행객들이 매일 아바나 해안에 도착하고 있으며, 미국 기업이 운영하는 첫 번째 호텔은 국제적인 뉴스거리가 되고 있다. 하지만 2014년 12월 17일부터 자비건 대표단의 일원이건 간에 시장 개척을 위해 쿠바에 입국하는 수많은 외국 사업가들 사이에는 한 가지 큰 우려가 있다. 라틴아메리카 상업의 중심축으로 육성하기 위해 만들어진 마리엘의 신규 특별개발지역에는 현재 브라질 기업인 오데브레시(Odebrecht)가 건설한 컨테이너 화물터미널 하나밖에 운영되고 있지 않다. 브라질을 휩쓸고 있는 정치 위기 때문에 브라질과의 향후 협력은 불확실하다. 투자자들은 미국의 봉쇄라는 장애물뿐만 아니라 다른 문제들에도 직면하고 있는 것이다. 이는 당면한 화폐 개혁, 쿠바의 심각한 관료적 장애물, 장기 개발에 있어 불확실성 등을 포함한다. 상황은 거의 우호적이지 않다. 특히 자체 법률 부서가 없어서 종합적이고 개별적인 법률 조언을 받을 수 없을 뿐 아니라, 위험을 감수할 준비를 전혀 갖추지 못한 중소기업은 더욱 그렇다.

관계 정상화라는 틀에서 오바마는 또한, 쿠바의 인터넷 접근 상황을 개선하기 위해 미국의 지원을 약속했다. 2015년 국영기업인 Etecsa는 인터넷 사용료를 시간당 5CUC에서 2CUC로 인하했다. 게다가 많은 공공 광장에 와이파이를 사용할 수 있는 공간을 만들었다. 이제는 이곳에 외국 거주 가족들과 통화하기 위해 온 가족이 모인다. 국민들 상당수가 '파케테 세마날(Paquete semanal)'을 이용하고 있는데, 이것은 디지털 자료를 모은 것으로 외장 하드 드라이브를 통해 당국의 묵인 하에 비공식적으로 배포되고 있다. 여전히 쿠바는 전 세계에서 인터넷 연결이 가장 열악한 국가 중 하나다. 인터넷 보급률은 겨우 5%에 불과한 것으로 평가되며,[9] 이는 기업들의 쿠바 진출 의지를 더 감소시킨다. 2016년 말까지 아바나 비에하(Habana Vieja)의 2천 가구에 인터넷을 보급하려는 파일럿 프로젝트의 발표는 새로운 기대를 불러일으켰다.[10]

많은 잠재적인 투자자들을 낙심시키는 다른 요인도 존재한다. 직접 현지의 노동자들을 고용할 수 없고, 대신 국영 중개기구를 통해서 해야 한다는 것이다. 급여는 태환 화폐로 중개기구에 지불해야 한다. 이 기구가 일부분을 떼고 실제로는 국영환전소에서 1더 25이지만 1대 10의 등가성으로 환산하여 쿠바 페소로 급여를 지급한다. 노동자들은 외국 기업이 지급하는 급여의 일부분만을 받게 된다. 이렇게 해서 중개기구는 정부 수입의 중요한 원천이 되고, 동시에 쿠바인들의 일자리를 만드는 투자 계획을 보장하는 도구가 된다. 이런 의미에서 2016년 중반 아바나 대규모 건설 현장에 인도 노동자들이 등장하게 된 것은 놀라움을 주었다.

화폐개혁과 관련해 무슨 일이 벌어졌는가?

현재 통용되고 있는 CUC와 쿠바 페소를 통합하는 것이 시급하지만 쿠바 정부는 시간을 낭비하고 있는 것처럼 보인다. 이미 2013년에 관련 계획을 세웠고, 2014년에는 상점들이 두 개의 화폐 단위로 가격을 표시하기 시작했다. 쿠바 경제가 직면한 실제 상황, 쿠바 경제의 생산성 그리고 급여의 구매력에 관해 보다 현실적인 평가를 해야 할 것이다. 동시에 개혁의 결과들이 가시적이지 않다.

9) Abel Fernández, "Cuba reporta casi cuatro millones de usuarios con acceso a internet", *El Nuevo Herald*, 26/10/2016.

10) Jeniffer Rodríguez Martinto, "Se prepara Etecsa para prueba piloto de internet en los hogares", *Trabajadores*, 26/10/2016.

쿠바에는 공식 환율과 함께 10개 이상의 환율이 공존하고 있다. 이것들은 다양한 경제 부문들이 작동하기 위한 토대가 되고 있으며, 통합되어야 할 것이다. 또한, 수입의 대부분을 CUC로 받고 있는 새로운 민간 부문에서 어떤 영향을 가져올지도 명확하지 않다. 반면 개혁 조치가 임박했다는 반복적인 소문은 국민들 사이에 화폐 교환 소동을 야기했다. 국제 금융기구에 속하지 않은 쿠바 정부는 필요한 평가절하와 인플레이션이 가져올 수 있는 사회적 결과들을 완화할 수 있는 충분한 수단을 갖고 있지 못하다. 비록 외채의 성공적인 재협상이 새로운 외채를 장기로 차입할 수 있을지라도 말이다.

소규모 기업의 합법화?

2011년 발표된 국영 기업의 백만 피고용인들에 대한 대규모 해고 조치는 예상보다 느린 속도로 진행되었다. 해고된 노동력을 수용해야 할 신규 민간 부문에서 이미 50만 이상이 일을 하고 있다. 그러나 전직 공공 부분 노동자들은 이 일자리의 일부만을 채우고 있다. 많은 사람들이 이전에는 비공식 경제에서 일을 했으며, 이제는 자영업자로서 법적으로 자리 잡게 되었다. 쿠바 헌법이 명시적으로 "인간에 의한 인간의 착취"를 금지하고 있음에도 불구하고, 2014년의 새로운 노동법은 민간 부문에서 임금노동자들의 고용을 합법화했다. 실제로 민간 부문의 피고용인들은 고용주의 전횡에 노출되어 보호 받지 못하는 경우가 많았다. 노동법은 민간 부문에서 나타나는 새로운 노사관계에 있어서 보호 수단들을 마련했다. 그러나 이러한 수단들은 불충분할 뿐만 아니라, 피해자들의 무지 혹은 정부와 지나치게 밀착해 있다고 인식되는 노동조합에 대한 거부와 불신으로 인해 잘 이용되지 못하고 있는 것이 현실이다. 노동자들을 대표하는 쿠바노동자중심(Central de Trabajadores de Cuba, CTC) 내에서는 신규 비국영 분야의 시급한 문제들을 해결하고 공공 및 민간 부문에서 집단적인 협상 메커니즘을 발전시켜야 한다는 인식이 높아지고 있다.

7차 당대회 이후로 소규모 민간 기업의 합법화가 발표되었다. 이것은 수년 전부터 실질적으로 존재하던 활동들에 법률적 틀을 제공하는 것이었다. 많은 신규 민간 식당에서 주인이 자율적으로 고용한 자유 노동자들이 일하고 있다. 이러한 법률적인 인정은 민간 기업의 역할을 쿠바 경제의 활력소로 인정한다는 것을 의미할 것이다. 따라서 민간 사업자들은 유용한 방식으로 과세 제도에 통합될 수 있고 수입허가를 획득할 수 있을 것이다. 도매 시장이 부재하고 수입이 불가능하기 때문에, 개인 소비자와 마찬가지로 민간 기업들도 국영 판매점들에 의존하고 있다. 관광객 수가 늘어나면서 2016년 초반 다양한 일상 소비 품목의 가격이 급격하게 상승했다. 따라서 일련의 생산품에 종합적인 가격 상한제를 실시할 가능성이 고려되었다. 9월에 아바나 당국은 민간 식당들에 신규 허가를 발급하는 것을 일시적으로 중지했다. 이 조치는 성공적인 "소규모 민간 식당들(paladares)"을 폐쇄할 것이라는 소문을 유발했다. 조치의 배경은 폐점 시간, 세금 회피, 그리고 다른 법률 미준수 등 식당들에서 벌어지고 있는 "규율 부재"를 공적으로 관리해야 한다는 것이었다.[11] 여기에 식당들이 매춘, 마약, 돈세탁의 장소로 변질될 수 있다는 우려도 영향을 끼쳤다. 이런 우려들은 민간 식당들에 대해 일관성 있고 견고한 법적 토대를 마련해야 할 필요성을 명확히 보여준다.

소규모 민간 사업자들의 합법화는 개혁의 방향에서 중요한 진전이 될 것이다. 비록 자영업자들이 하는 경제 활동에 국한되어 있고, 고급 인력에게는 어떠한 새로운 가능성도 제시하지 않지만 말이다. 직업 건축가가 택시 운전을 하거나 혹은 식당에서 일을 할 수 있지만, 건축분야에서 자기 사업을 시작할

11) Karina Marrón González, "Esclarecen situación sobre restaurantes en La Habana", *Granma*, 20/10/2016.

수 있는 조건이 아닌 것이다. 보편적인 사회제도의 장점과 소비재에 대한 국가 보조가 있다 하더라도, 오래전부터 공공 부분의 낮은 급여(월평균 약 20달러)는 생계를 유지하는데 충분하지 않았다. 관광 분야의 팁 수입이 국가 평균 급여보다 몇 배나 더 많았다. 따라서 특히 고급 인력들은 국가로부터 받는 급여를 보충하기 위해 두 번째 직업을 찾게 되었다. 다른 이들은 단순히 민간 부문에서 일하기 위해 공공 부문의 일자리를 그만두었다.

승리자와 패배자

경제적 변화로 인해 사회에서 승리자와 패배자가 나타나고 있다는 사실이 점점 더 명확해졌다. 이런 분리는 송금, 민간 부문의 활동 혹은 관광과 연계된 팁을 통해 태환화폐를 확보할 수 있는 사람들과 주로 국가가 주는 급여와 보조금으로 생활해야 하는 사람들 사이에 나타났다. 은퇴자들, 미혼모, 그리고 전통적인 관광 영역 밖에 위치한 지역의 거주자들은 소외되는 위험을 감당해야만 했다. 쿠바 혁명의 사회적 성과들이 새로운 민간 부문에서 위협을 받게 된 것이다. 왜냐하면, 계약이나 노동현장에서 차별을 피하기 위한 효과적인 매커니즘이 결여되어 있기 때문이다. 자율적인 새로운 영역 내에서 여성들은 명확히 잘 드러나지 않았다. 일반적으로 새로운 민간 식당에서 일하는 사람들의 대다수는 젊은 백인들이었다. 마찬가지로 가족 송금은 정해진 일부 국민들에게만 혜택을 주었고–아프리카계 인구에게는 혜택이 별로 없이–, 망명 중인 쿠바인들의 사회적 구성을 재생산했다. 취약 계층의 사회적 상황에 대한 정치적 관심은 없었다. 이런 의미에서 당 대회 이후 미래에 보다 많은 기회의 평등을 강조하려는 변화들이 다소나마 등장했다.

미국과 관계 정상화 발표는 수십 년간의 증오에 곧 종지부를 찍는다는 기대로 환호만을 가져온 것은 아니었다. 많은 쿠바인들은 미국이 쿠바이민조정법(Cuban Adjustment Act)으로 쿠바 이주자들이 오늘날까지 누리고 있는 특별한 대우가 사라질 수도 있다고 걱정하기 시작했다. 다른 나라의 이주자들과는 달리, 해로나 육로를 통해 미국 영토에 도착하는 쿠바 국민들은 지금까지 즉각 거주 허가와 노동 허가를 받을 수 있었다. 쿠바 정부와 봉쇄 반대자들이 지속적으로 비판해 온 이런 특권이 사라질 수 있다는 사실은, 많은 쿠바 국민들이 가지고 있는 미래에 대한 불안에 더해져, 1990년대 이래로 최대 규모의 해외 이주를 야기했다. 2015년에만 4만 명의 쿠바인들이 미국으로 이주했는데, 이 수는 전년도보다 40% 증가한 수치고, 2013년 보다는 세배나 증가한 수치다.[12)] 대다수는 에콰도르의 우호적인 비자 정책을 이용하여, 에콰도르에서 중앙아메리카를 거쳐 육로를 따라 계속 미국으로 향했다. 이들 이주자들은 쿠바의 우호국 중 하나인 니카라과가 코스타리카로의 국경 통과를 막고 몇 주 동안 수천 명에 달하는 쿠바인들을 억류했을 때 국제적인 관심을 야기한 바 있다. 쿠바의 새로운 이민법은 합법적인 출국을 용이하게 했고 외국에 2년까지 체류를 허용했다.[13)] 2년을 보낸 후에 결과적으로 얼마나 많은 사람들이 귀국할지는 알지 못한다. 정치 경제적인 정체로 인해, 다른 나라에서 돌파구를 찾기 위해 출국하려는 세대는 특히 청년세대다.

12) 미합중국 관세국경보호청의 출처. René Camilo García, "El flujo migratorio hacia Estados Unidos no se detiene", *On Cuba*, 13/10/2016.

13) 쿠바인들은 쿠바 국적이나 쿠바 내 재산을 잃지 않고도 미국에 영주권을 신청할 수 있다. 일정 기간 출국한 사람들은 쿠바의 보편적인 체제의 혜택을 계속해서 받을 수 있었고, 다른 나라에서 일을 하는 동안이라도 많은 사람들이 무상 의료 혜택을 누리기 위해 정기적으로 귀국했다.

2030 사회주의?

이런 모든 도전들을 배경으로 사회주의 모델의 미래에 관한 논쟁이 오늘날 진행되고 있다. 2018년 라울 카스트로가 대통령직에서 내려올 때까지, 개혁이 가져온 변화들과 제도적 틀을 조화시키기 위한 헌법 개정이 진행되고 국민투표에 부쳐져야 할 것이다. 현행 헌법은 민간 영역에서 노동 계약을 금지할 뿐만 아니라, 신규 소규모 기업에 존재하는 사적 소유와 같은 생산 수단의 사적 소유도 허용하지 않고 있다. 인민권력전국회의(Asamblea Nacional)의 현재 구성원 수가 새로 단장한 의사당(Capitolio)의 회의실 수용 인원수를 넘기 때문에, 일정한 정치적 변화들이 나타날 것이라고 추정하는 것은 당연하다. 이런 개혁의 목표는 쿠바의 미래 정치를 탈중앙화하고, 유일 정당체제의 포기없이 혁명적 참여 메커니즘을 활성화하는 데 있다.

높은 교육수준 덕분으로 쿠바는 라틴아메리카의 다른 나라들이 갖지 못한 발전 방안들을 가지고 있다. '세이브 더 칠드런(Save the Children)'의 최근 보고서에서, 쿠바는 라틴아메리카에서 소녀들과 청소년들에게 가장 양질의 기회를 제공하는 나라로 평가받는다.[14] 지카 바이러스의 성공적인 방제와 관련된 최근의 사례들과 허리케인 메튜에 대한 나무랄 데 없는 대응체계는 쿠바국민들이 위기 상황에서도 여전히 연대적이고 하나로 뭉쳐 있다는 것을 보여 준다. 2016년 초 허리케인이 카리브 지역을 강타하고 쿠바 동부 지역에 엄청난 위력으로 상륙했다. 그러나 수많은 인명피해가 났던 인근 섬 국가들이나 미국과는 달리, 쿠바 민간방위체제는 물질적인 피해 외에 인명 피해가 없도록 또다시 잘 대처했다. 어찌됐건 2016년 공공건물의 에너지 배급과 의약품 부족 사태는 "특수 시기"의 위기

14) "Save the Children lanza informe sobre mejores y peores países para ser una niña", Save the *Children*, 11/10/2016.

와 유사한 새로운 경제 위기를 겪어야 한다는 공포를 불러일으켰다.[15] 쿠바 국민들은 1990년대 겪었던 궁핍을 또다시 겪지 않고자 한다.[16] 따라서 쿠바가 직면한 거대한 도전에 대응해, "사회주의적 발전을 위한 쿠바적인 경제 사회 모델의 개념화"와 이와 관련된 "2030년 경제 사회 발전 계획"을 가지고 새로운 이정표를 만들었다.[17] 그러나 시간은 지나고, 이 모델의 변화를 위한 이론적 설계와 그 적용 사이에는 엄청난 시간적 간극이 존재한다. 쿠바 사회주의의 많은 문제들이 내부적인 것이고, 부실한 운영, 빈약한 정치적 의지 혹은 권력 추구욕의 결과로 나타났다는 것은 의심의 여지가 없다. 그러나 미국의 봉쇄 역시 쿠바 경제의 정체의 주요한 원인 중 하나다. 금수조치가 끝나야만 쿠바의 미래는 마침내 쿠바인들의 손에 놓이게 될 것이다. 그리고 그때야말로 쿠바 사회주의가 정당한 외적 조건들을 가지고 정치, 사회, 경제적으로 지속할 수 있을지의 여부를 보게 될 것이다. 미 의회에서 공화당이 다수파인 상태에서 힐러리 클린턴 역시 이러한 냉전의 유산을 종식시킬 수 없었을 것이다. 트럼프 하에서는 어떤 상황이라도 벌어질 수 있다. 그는 원칙도 도덕도 없는 인종주의자이자 성차별주의자일 수 있다. 그러나 동시에 쿠바 시장에서 자신의 이익을 보장하는데 관심이 많은 미국 기업들과 농업부문의 로비의 이해관계에 민감한 사업가다. 그는 마이애미에서의 득표를 위해서, "실질적인 합의"를 얻지 못한다면 오바마의 쿠바 정책을 뒤집겠다고 발표했다. 그럼에도 불구하고 자신의 정책에 관한 단서들을 많이 보여주

15) Lisandra Fariñas Acosta, "Informan BioCubaFarma y Salud Pública sobre inestabilidad de medicamentos", *Granma*, 13/10/2016.

16) 2016년 6월 28일 개최된 쿠바 신문기자연합 6차 전체회의(Pleno Nacional de la Unión de Periodistas de Cuba)에서 한 쿠바 공식 신문인 Granma 부편집자 Karina Marrón의 연설을 참고하시오. Nora Gámez Torres, "Subdirectora de Granma alerta sobre protestas en Cuba si vuelven 'apagones'", *El Nuevo Herald*, 1/7/2016.

17) 쿠바 공산당 7차 대회, "Conceptualización del modelo económico y social cubano de desarrollo socialista", www.granma.cu/file/pdf/gaceta/Copia%20para%20el%20Sitio%20Web.pdf.

지는 않았고, 봉쇄에 대해서는 한마디도 하지 않았다.[18] 플로리다 해협을 사이에 둔 두 나라 사이에 사회적 상호 교환이 더욱 왕성해지고 미국 시민 절대다수의 시야가 열려 제재 정책이 얼마나 부조리한 것인지를 그들이 알게 되기까지는 오랜 기다림이 필요할 것이다.

이성훈 옮김

18) David Wright, "Trump Threatens to Reverse Diplomatic Relations with Cuba", CNN, 24/10/2016; Rafael Hernández, "Las elecciones de eeuu y el futuro de nuestras relaciones", *Temas*, 7/11/2016.

부록

1. 2016 시사토론
   콜롬비아 국민들은 왜 평화를 거부했나?

2. 라틴아메리카 경제지표 2016

1. 2016 시사토론

콜롬비아 국민들은 왜 평화를 거부했나?

- **일시: 2016년 11월 18일 금요일**
- **장소: 서울대학교 신양인문학술정보관 세미나4실**

사회

김기현(선문대학교 스페인어중남미학과 교수)

토론

송기도(전북대학교 정치외교학과 교수)
이재학(고려대학교 서어서문학과 교수)
차경미(부산외국어대학교 중남미지역원 교수)

김기현: 안녕하십니까? 지금부터 서울대학교 라틴아메리카연구소가 주최하는 제4차 시사토론회를 시작하도록 하겠습니다. 1차는 칠레를 했었고, 2차는 브라질, 3차는 쿠바, 그리고 이번에는 콜롬비아를 주제로 하게 됐는데요. 우선 토론자 선생님들을 소개해드리도록 하겠습니다. 다들 콜롬비아와 인연이 많은 분들이십니다. 그래서 그런 인연을 중심으로 간략하게 자기소개를 해주시길 부탁드립니다. 송기도 교수님 먼저 하시지요.

송기도: 콜롬비아와 인연을 맺은 건 노무현 정부 때 2년 반 정도 콜롬비아 대사로 근무했던 인연이 있습니다. 콜롬비아는 한국전쟁에 약 5천 명의 군인과 함정 1척을 파견했던 나라로 한국과 굉장히 밀접한 관계를 갖고 있는데요, 당시 우리나라와 외교 관계가 강화되는 시점이었고 제게는 굉장히 좋은 기억으로 남아있는 국가입니다. 제가 있는 동안에 우리베 대통령이 두 번째 임기를 맞아서 취임식장에 직접 갔었는데 첫 번째 취임식과는 전혀 다른 모습을 볼 수 있었고, 제가 콜롬비아에 있었을 때는 굉장히 안정적인 시기에 임기를 마쳤던 것이 아닌가 생각합니다. 그런 인연으로 인해서 콜롬비아를 지켜봐 왔고요.

김기현: 아무래도 우리베 정부 때 콜롬비아에 계셨으니까, 우리베 정부의 대 게릴라 정책에 대해 많이 말씀해주시리라 기대합니다. 이재학 교수님도 콜롬비아와 사업을 많이 하시는 것으로 알고 있는데요.

이재학: 최근에는 유가가 많이 떨어지고 있는 상태라 주춤하지만, 2011년부터 2014년까지 콜롬비아의 국가 포럼에 초대되어 갔었습니다.

한번은 콜롬비아 대통령, 우루과이 대통령 등 모두 왔었는데 거기에 산토스 대통령을 비롯해 노동부장관, 상공부장관, 상하원의 원들도 참석했고요. 한번은 중소기업포럼이었는데 그때도 대통령이 참석했었고 상공부장관과 중소기업인 약 1,500명이 참석했었습니다. 또 다른 포럼은 콜롬비아의 상공연합회 콘페카마라스(Confecamaras) 포럼으로 그때도 대통령, 장관, 대기업 경제인 등 약 500여명이 참석했었는데, 제게 요구한 주요 주제는 이러했습니다. 콜롬비아 우리베 대통령에서 산토스 대통령으로 이어질 때까지 국가의 주요 관심사가 생산성향상(Transformación Productiva)이었는데, 1차 산업 중심의 콜롬비아를 한국처럼 2차 산업 중심의 국가로 탈바꿈하기 위해서 어떻게 선택과 집중을 해서 국가개발을 추진해야 하는지에 대한 논의요. 그리고 콜롬비아 경제에서 비공식부문이 차지하는 비율이 굉장히 높은데, 이런 비공식 부문의 규모를 어떻게 줄일 것인가이었어요. 결국 첫 번째는 생산성향상, 두 번째는 비공식부문에 관한 논의였죠. 오늘 시사토론 소주제와 관련해서, 겉으로는 좌익이고 사회주의 혁명을 내세우지만 그 이면에는 경제적인 이권이 걸려있거든요. 무장폭력단체들이 지하경제의 상당 부분을 차지하고 있고요. 그리고 제가 콜롬비아의 국가개혁 과정에서 몇 가지 프로젝트를 맡으면서 당시 상공부장관인 그라나도스(Granados)를 비롯해 상원의원들과도 만나곤 했습니다. 또한-콜롬비아 자유무역협정(FTA) 관련해서 FTA에 반대하는 콜롬비아 상하의원들이 한국에 왔을 때 저희 고려대 스페인·라틴아메리카연구소에서 한-콜롬비아 FTA를 왜 체결해야 하는지에 대해 설득하는 발표를 한 적도 있습니다. 그리고 몇 년 전 콜롬비아가 석유생산량을 증산하고 플랜트나 송유관 건설 등을 건설하려고 하면서 한국과의 협력을 모색했는데 그러면서 제가 한동안 콜롬비아를 열심히 드나들었죠. 그런데 유가가 하락한 이후에는 모든 게 중단됐습니다. 그래서 저와 콜롬비아의 관계도 유가가 올라야 다시 시작되지 않을까 합니다.(웃음)

김기현: 간단하게 자기소개만 부탁드렸는데, 자세한 얘기를 해주셨어요. 나중에 그런 쪽으로 많이 말씀해주시기 바랍니다. 마지막으로 차경미 교수님 오셨습니다. 명실공히 한국의 콜롬비아 전문가이시고 제가 알기로는 게릴라 FARC(Fuerzas Armadas Revolucionarias de Colombia)에 납치된 적도 있다고 들었는데, 간단히 소개를 부탁드립니다.

차경미: 저는 콜롬비아 국립대학교에서 현대사를 전공했는데요. 저는 콜롬비아의 한국전 참전에 관한 연구를 진행했고, 제가 학위를 마친 게 95년이었는데요. 당시에도 참전용사 중에 얼마 안 되는 생존해계신 분들과 인터뷰를 하곤 했지요. 납치 이야기는 논문을 마치고 여행을 하다가 생긴 일입니다. 우연찮게도 FARC가 활동하는 지역으로 여행을 가게 됐는데요. 말이 씨가 된다고, FARC가 활동하는 지역에 왔는데 못 만나고 가면 섭섭하지 않겠냐고 같이 간 후배랑 농담을 했었는데, 진짜 FARC에 납치됐죠. 물론 하루 정도에 불과했는데, 그래서 콜롬비아 게릴라에 대한 역사적인 배경, 그리고 활동에

대해서 관심을 갖게 되었고요. 그래서 오늘 주제 토론에 열심히 임하려고 합니다.

방청석(박병규): 하루 정도 납치가 돼서 같이 생활하셨어요?

차경미: 납치돼서 산속에서 잤는데, 헤어질 때 우리의 가치가 하루밖에 안 되냐고 했어요. 콜롬비아에서 에콰도르 국경을 넘어가는 지역에 산아구스틴(San Agustín)이라고, 고고학적으로 상당히 중요한, 우리의 경주 같은 곳인데요. 또 커피 재배지이기도 하고요. 그 안데스 산맥에서 넋 놓고 당나귀를 타고 세 시간을, 정말 장관이었어요. 그걸 보고 정말 잘 왔다고 생각했는데 잠시 후에 상황이 역전돼서 내가 왜 여기에 왔을까 싶었어요. 저하고 후배 한 명하고 나머지는 외국인들, 이렇게 7명이 에콰도르로 여행을 가는 중이었는데 차에 게릴라가 올라와서 쪽지를 나눠주더라고요. 너무나 순수한 얼굴에 깨끗하고 아이들 같았는데 쪽지에 혁명의 그 날까지 피를 흘리겠다고 씌어있어서 "네가 게릴라야?"라고 물었더니 게릴라라고 하더라고요. 그리고 우리 7명이 내렸는데 백지를 주면서 에콰도르에서 콜롬비아, 콜롬비아에서 에콰도르로 넘어가는 버스 운전사에게 우리 명단을 주면서 경찰에 알리라고 하더라고요. 그러고 나서 산속으로 끌려 들어갔어요. 콜롬비아에 게릴라가 머무는 이유 중 하나가 밀림이 있고 정부의 행정력이 미치지 못하는 지리적인 것이라고 하는데, 정말 〈타잔〉에서나 봤던 밀림이 있더라고요. 거기가 게릴라 FARC의 주 무대이자 "플랜 콜롬비아(Plan Colombia)"를 통해서 미국의 군사공격이 시작됐던 카케타(Caquetá)라고 하는 지역입

니다. 이런 경험이 지금은 제가 콜롬비아 유학하면서 가장 자랑스러운 경험 중 하나가 됐어요. 어쨌든 오늘 재밌게 토론에 임하고자 합니다.

평화협상 이전의 콜롬비아

콜롬비아에는 왜 폭력이 난무했는가?
콜롬비아에서는 왜 게릴라 집단을 제거하는데 실패했는가?

김기현: 네, 감사합니다. 본론으로 들어가기 전에, 평화협상 이전의 콜롬비아의 상황, 내전 상황을 짚고 넘어가야 할 것 같습니다. 콜롬비아라고 하면 가장 먼저 떠오르는 게 폭력, 폭력의 문화인데요. 우리가 잘 아는 가브리엘 가르시아 마르케스(Gabriel García Márquez)의 『백 년의 고독』도 결국 그런 폭력을 소재로 삼고 있고요. 그러면 도대체 그 폭력의 뿌리는 어디에 있는지, 왜 폭력의 문화가 난무하는지, 이 점을 먼저 짚고 넘어갈 필요가 있다고 생각합니다. 차경미 선생님 먼저 말씀해주시지요.

차경미: 네, 콜롬비아 폭력의 역사는 세 단계로 나눠볼 수 있는데요. 다른 라틴아메리카 국가와 달리 콜롬비아는 양당제를 중심으로 한 문민우위정부를 유지해왔었습니다. 1899년부터 1902년에 자유-보수 양당의 갈등으로 천일 전쟁이 발발하는데, 이때까지만 하더라도 다른 라틴아메리카 국가와 유사하게 소수 엘리트 중심이었고 엘리트 간의 갈등이 있었어요. 콜롬비아는 특이하게 20세기 초반에 국

가발전계획을 추진하면서 가장 낙후한 불모지였던, 하지만 지금은 콜롬비아 경제의 70%를 이끌어가는 지역인 안티오키아(Antioquia) 지역에 커피 재배를 장려하고 이를 통해 1차 산품 수출 정책을 추진했어요. 당시 정부는 커피 재배를 조건으로 농민들에게 불모지를 헐값에 나눠주기 시작해요. 그래서 농민들이 연장을 들고 개척을 시작하게 되죠. 이것을 안티오키아 식민화(Colonialización de Antioquia)라고 하는데, 이 과정에서 농민 중에서도 토지를 어느 정도 소유할 수 있는 농민들이 생기고요. 동시에 지주들과 농민들, 정착민과 이주한 농민들 사이에 갈등이 생기면서 농민자위군이 형성되거든요. 그 속에서 지주는 지주 나름대로 신변을 보호하기 위해서 민병대를 결성하고, 이러면서 무력이 자기의 권리를 혹은 자기의 신변과 재산을 보호하는 일종의 도구로 확산되기 시작한 것이죠. 19세기 말부터 20세기 초반에 1단계적으로 농민자위군을 중심으로 단순하게 자신의 재산과 신변을 보호하는 입장에서 무장세력이 등장하게 되고요. 그다음 20세기에 들어와서는 자유-보수 양당의 갈등이 지속되는데 1946년 대선에서 보수당이 16년 만에 정권을 장악하고 무력을 통해 자유당 세력을 억압하는데, 이에 대한 반발로 자유당 지식인을 중심으로 무장세력이 등장한 것이 콜롬비아 게릴라의 시작이죠. 물론 1920년대에 붉은 우체부라고 해서 FARC의 전신이 있기는 한데, 세계 사회주의 혹은 공산주의의 영향을 받아서 좌파 성향의 무장 세력이 생기긴 하지만 무력충돌을 감행하지는 않았거든요. 그러다가 1946

년 자유-보수 양당의 갈등 속에 자유당 지식인을 중심으로 동부 평원에서 게릴라를 조직하게 되죠. 1953년에 군부정권이 들어서면서 무장해제를 하지만, 공산당파 게릴라들은 그대로 남아서 무장을 고수하고, 이들이 1959년 쿠바혁명의 영향을 받아서 1964년에 오늘날의 좌익 무장단체인 FARC로 성장하게 되었어요. 1965년에 ELN(Ejército de Liberación Nacional: 민족해방군)이라는 무장세력도 생기고요, 1970년대 들어서는 M-19라고 하는 도시를 중심으로 한 중산층 게릴라가 형성되고, 이어서 농민, 킨틴라메(MAQL: Movimiento Armado Quintín Lame 킨틴라메무장운동)라고 하는 농민조직이 형성되기 시작하죠. 그런데 중요한 것은 지속적으로 양당의 갈등이 형성되면서 자유와 보수 양당의 엘리트들이 이제 더 이상 싸우지 말고 평화를 유지하자는 의미로 1958년부터 16년간 국민전선(Frente Nacional)을 형성하게 되죠. 양당 엘리트들이 양당을 중심으로 한 정치체제를 공고히 하려는 의도였어요. 이런 상황에서 제3당이나 양당을 위협하는 세력이 등장하는 것이 철저하게 봉쇄되고, 이에 대한 반작용으로 1970년대부터 FARC, ELN, 그 외 게릴라 단체라든가 아니면 소수 지식인을 중심으로 한 단체들이 생기게 되었어요.FARC가 1만 명 이상의 대원을 확보하기 시작한 것도 국민전선 정권이 등장하면서부터예요. 그래서 콜롬비아의 폭력의 역사는 자유-보수 양당의 갈등에서 비롯됐고 양당 엘리트의 정치협약인 국민전선을 통해 공고화되었으며, 쿠바혁명 등 외부적인 영향을 통해서 확산, 팽창되

콜롬비아 천일전쟁(1899-1902)

었지요. 그것이 다른 라틴아메리카 국가와 달리 양당이라고 하는 문민정부의 전통을 유지했으나, 결국엔 자유-보수 양당의 엘리트들의 정체체제를 공고히 하는 과정에서 제3세력을 포용하지 않는 정치, 배타적 민주주의가 나머지 세력에게 무장이라는 선택만을 남겨주었다는 점. 이것이 콜롬비아 폭력의 역사이지 않나 합니다.

김기현: 예, 콜롬비아의 역사를 죽 얘기해주셨는데, 그러면 왜 유독 콜롬비아에 폭력이 난무하는지, 왜 다른 중남미 국가에 비해서 콜롬비아에서만 폭력이 그치지 않는지, 어떻게 생각하십니까?

송기도: 차경미 교수님이 간략하게 설명을 해주신 것 같아요. 콜롬비아의 역사에 대해서. 그런데 한 가지, 중남미가 1824년이 되면 다 독립을 하거든요, 물론 약간의 시간차는 있습니다만. 그래서 대게 1860년대, 70년대까지 카우디요(Caudillo)가 지배하게 되는데, 다시 말하자면, 페닌술라레스(Peninsulares-스페인 본토 출신)가 빠져나가면서 정치적 공백상태가 발생하게 되고 거기에 카우디요가 들어서

면서 폭력적인 상태로 바뀌게 되죠. 콜롬비아가 다른 지역에 비해서 자유와 보수, 두 세력의 대립이 강했는데, 자유와 보수가 정권교체를 하기도 했지만, 그들 간의 대립은 지속적으로 첨예했어요. 자유당과 보수당이 종교나 토지나 상공업, 이런 문제를 놓고 격돌하기 시작하는데, 1차적으로 터진 게, 차 교수님이 얘기한 것처럼, 1902년의 천일 전쟁이었고, 그게 저는 콜롬비아 폭력의 뿌리라고 생각해요. 그러니까 10만 명이 죽은 엄청난 살육이 콜롬비아 비극의 시작이고, 그리고 또 한 번, 40년 후에, 보고타소(Bogotazo)라고 해서, 자유주의 급진 대통령 후보가 암살당함으로 인해서 20만 명이 죽게 되고. 그래서 저는 이게 계속된다고 봐요. 그 앙금이 금방 없어지지 않잖아요. 그걸 경험했던 사람들이잖아요. 치유가 되고 덮어져야 하는데, 계속해서 보수파와 자유파의 갈등이 지속되는 거예요. 1958년에 보수당과 자유당이 군의 정치개입을 막기 위해서 국민전선을 만들었지만 20년 가까이 자기네들끼리 짝짜꿍한 거잖아요. 거기에 들어가지 못하는 제3의 세력들, 진보세력들이 산으로 들어가게 되고, 그래서 자유당과 보수당 사이의 폭력은 없어졌지만, 소외된 사람들의 폭력이 나타나기 시작한 거죠. 그리고 이것이 계속 반복된 거죠. 제가 대학에 다니던 70년대에는, 60-70년대에 중남미라 하면 군의 정치개입, 쿠데타로 날이 지새는 대륙으로 신문에 나왔어요. 자고 일어나면 이번엔 볼리비아, 다음엔 에콰도르, 다음엔 엘살바도르. 그렇게 거의 매일처럼 나오는데, 쿠데타가 없던 나라가 몇 개 있었죠. 하나는 멕시코, 거기는 혁명을 통해서 흡수가 됐으니까 쿠데타가 없고, 다음은 코스타리카, 거기는 군인이 없으니 쿠데타가 날 수가 없고요, 그다음이 베네수엘라와 콜롬비아였어요. 베네수엘라는 푼토피호협정(Pacto de Punto Fijo)이 부정부패를 낳았고, 그래서 차베스의 혁명이 나오게 된 계기가 되죠. 콜롬비아의 폭력도 결국엔 국민전선에서 유발된 거라고 생각하고, 폭력이 조금씩 형태는 다르지만 지속되어 왔다고 볼 수 있을 것 같아요.

김기현: 한 번 생겼던 상처가 치유되고 아물지 못하고 계속 되풀이되면서 더 커졌다.

송기도: 예, 아물지 못하고 계속되었다고 볼 수 있을 것 같아요.

김기현: 예, 그런 면도 있을 것 같고요. 제가 최근에 읽은 글에, 2009년에 방한한 미국의 콜롬비아 전문가 찰스 버키스트(Charles Bergquist) 워싱턴대 교수가 한 얘기를 들어보면, 콜롬비아의 폭력의 뿌리가 경제적 요인에 있다고 설명하는데요. 19세기 말 다른 라틴아메리카 국가들은 1차 산품 수출로 굉장히 발전했는데, 콜롬비아는 20세기 초반까지도 발전을 하지 못했다는 거예요. 그래서 지역적 봉건주의 경제가 그대로 남아있었다고 합니다. 20세기 중반 들어서 커피 수출 경제가 굉장히 활발히 진행됐는데, 이것도 대형 플랜테이션이 아니라 지역별, 작은 가족 단위의 농업으로 되었다는 거예요. 그래서 나라가 하나로 통합되지 못하고 계속 지역적으로 발전하다 보니까 갈등 구조가 해소되지 못했다는 설명을 하는 걸 들으면서 이것도 한 요인이 되겠다는 생각을 했어요. 거기에 대해서 어떻게 생각

하시는지 간단하게 말씀해주시지요.

이재학: 다 연관된 얘기인데요. 왜 콜롬비아만 유독 20세기 중반까지 자유당과 보수당이 지속됐고, 유독 콜롬비아만 1차 산업의 수출구조로 일찍이 편입하지 못하고 또 후에도 커피 경제가 지역적이었고 통합이 되지 못한 형태로 발전했는지의 가장 큰 원인은 일찍이 독재가 없었다는 것입니다. 콜롬비아는 군사쿠데타가 없었고 독재자가 없었기 때문에 지역 간의, 대지주, 크리오요의 갈등이 통합되지 못하고 자유당과 보수당의 갈등이 이어져 20세기 중반까지 왔던 것이지요. 그리고 콜롬비아는 독립 이후에 1850년부터 1998년까지 정확히 7번의 내전이 있었거든요. 다른 지역보다 많은 내전이 있었고 이로 인해 폭력성에 반복적으로 노출이 되었지요. 지역 간의 통합이 이뤄지지 않다 보니까 20세기 중반까지 내전 양상이 지속된 것이고요. 폭력성이란 건 사실 원주민 문화에서부터 내재되어 있던 것인데 독립 이후에 독재자가 출현하지 않으면서 카우디요 간의 갈등이 조정되지 않았고, 그게 분출이 됐다고 보는 거고요.

콜롬비아의 대표적인 무장 게릴라 집단인 FARC(왼쪽)와 ELN(오른쪽)

김기현: 그에 연결해서 제가 질문을 드리자면, 지금까지 좌파 게릴라가 남아 있는 곳이 콜롬비아잖아요. 페루 같은 곳은 후지모리가 게릴라 집단인 "빛나는 길"을 강력하게 몰아붙여서 뿌리 뽑았잖아요. 잔재가 남아있다고는 하지만요. 그런데 콜롬비아에선 아직까지 뿌리뽑지 못하고 있거든요. 왜 콜롬비아는 좌파 게릴라를 뿌리 뽑지 못하는지, 왜 게릴라가 아직까지 지속하는지 간단하게 말씀해주시죠.

차경미: 마약이나 게릴라 문제는 미국의 대중남미 대외정책이 어디에 초점을 맞추었느냐에 따라서 조정되었던 것 같아요. 1980년대 들어서 동구권 붕괴와 함께 미국의 대중남미 정책이나 전략이 반공주의에서 마약정책으로 변하였고, 미국은 중앙아메리카나 게릴라가 있었던 국가에 평화협정이라든가 좌파 게릴라와의 협상을 유도해 나갔어요. 이런 가운데 많은 라틴아메리카 국가들에서는 좌파 게릴라들이 평화협상을 하거나 무기를 반납하는 등의 형태로 게릴라 활동을 중지한 반면에, 콜롬비아의 경우는 자신들의 생존을 위해서 마약 범죄단체와 연동하는 형태로 변화했죠. 그리고 아까 콜롬비아의 폭력이 경제적인 문제와 연관되었다고 하셨는데, 제가 공부를 해보니까, 앞서 말했듯이 안티오키아의 농민들에게 국가가 토지를 무상으로 지원해줬거든요. 그러면서 커피를 생산하는 소농이 생기고 농민자위군이 형성되면서 콜롬비아의 폭력, 그러니까 무력을 통해서 자신의 권리를 주장하는 폭력의 문화가 시작되었다고 생각합니다. 그런 면에서 경제적인 요인에서 폭력의 역사의 뿌리를 찾는 것도 타당한 견해라고 생각해요.

송기도: 저는 중남미에 게릴라가 만들어질 수 있는 요인 중 하나가 쿠바의 역할이라고 생각해요. 1959년 1월 카스트로의 혁명이 성공하고 그 여파가 다른 여러 나라에 미쳤는데요. 가장 눈에 띄는 예로 페루의 센데로 루미노소(Sendero Luminoso 빛나는 길)는 70년대, 80년대에 매우 융성하였는데요, 90년대에 후지모리가 대통령직을 수행하면서 강경한 대게릴라 정책을 성공적으로 수행하며 국민들의 지지를 받았었지요. 한편 콜롬비아의 경우 좌파 게릴라들이 우리베 대통령의 강경책에 굴복하지 않고 산속으로 들어가서 활동을 계속하게 되었죠. 우리베 대통령의 강경책이 한계를 드러내자 산토스 대통령이 정부의 대게릴라 정책의 방향을 바꾼 것이고요. 그리고 콜롬비아에는 마약 원료가 생산되어요. 마약이 콜롬비아 제1 산업이라고 얘기할 정도로, 커피보다 많이 재배됐단 말이죠. 마약이 많이 팔릴 적에는 메데인의 강아지도 달러를 입에 물고 다닌다고 했어요. 그리고 콜롬비아에 다녀오신 분은 느끼셨는지 모르겠지만, 중남미 여느 국가와 달리 콜롬비아에서는 현금 달러가 환전할 때 별로 대접을 못 받아요. 달러가 너무 많은 거예요. '블랙마켓'에 돌아다니는 달러가 너무 많기 때문에 현금을 가져가면 적게 주는 현상이 콜롬비아에 있죠. 마약이 산업이 되면서 마약과 관련한 검은 달러가 풍부해진 거죠. 그러다보니 어떤 일이 벌어지냐 하면, 콜롬비아의 농촌에 살고 있는 사람들이 커피를 재배하는 것보다 게릴라가 주는 씨를 받아서 코카인을 재배하면 훨씬 빠르고 돈도 많이 벌 수 있어요. 농민들이 무슨 이데올로기가 있는 게 아니기 때문에 그

걸 주면 그냥 합니다. 3–4년이면 그냥 쑥쑥 자라거든요. 두 배, 세 배의 수익이 생기는데 그걸 왜 안 하겠어요. 게릴라들은 이렇게 재배한 마약을 팔아서 재력을 키우고 이 재력으로 사람들을 더욱 끌어들이는 거죠. FARC이 많을 적에는 3만 5천명까지 됐었어요. 시골에 살고 있는데 직장에 취직도 안 되고 농사지어봐야 별거 없는데 게릴라에 들어가면 먹여주고, 재워주고, 월급주고, 괜찮은 조직이잖아요. 결국, 페루의 경우와 달리, 콜롬비아의 경우 정부가 마약조직과의 싸움에서 이기지 못한 거죠. 브라질이나 우루과이 같은 경우는 게릴라가 굉장히 작았으니까 비교할 수 없고요. 중앙아메리카는 또 다른 문제고요. 그래서 정부가 게릴라를 이기지 못함으로 인해서 그리고 게릴라가 마약자본을 통해서 경제적으로 세력과 기반을 확보할 수 있으므로 인해서 정부에 맞서는 상황까지 갔었죠. 파스트라나 대통령(Andrés Pastrana, 1998–2002) 때 FRAC 하고 평화협상을 하자고 해서 대통령이 일정을 정했는데, FARC가 나오지를 않았어요. 1–2년만 지나면 우리가 정부인데 무슨 협상이냐고요.

김기현: 그러니까 쿠바혁명 이후에 라틴아메리카에 생겨난 게릴라들이 1980년대 말, 1990년대 초에 동구, 소련 붕괴 이후에 대부분 사라지는데, 마지막까지 남은 게 페루와 콜롬비아의 게릴라였다. 그런데 90년대에 후지모리는 페루에서 그걸 다 강력히 소탕한 반면, 콜롬비아는 우리베 대통령이 들어와서 강경하게 밀어붙였음에도 폭력의 양상이 오히려 더 심화되었다는 거죠. 제가 알기로

도, 콜롬비아가 52년 동안 내전으로 인한 사망자가 22만 명이고 자기 마을을 떠나서 피난을 가야 했던 사람이 700만 명인데, 우리베 집권 기간 동안만 사망자가 1만 5천 명이고 강제 이주자가 300만 명이에요. 그러니까 우리베 집권기에 오히려 폭력이 심화됐다는 얘기에요. 그런 요인을 두 분 선생님께서 잘 짚어주신 것 같은데, 콜롬비아는 게릴라가 마약과 관련되어 있으니까 재정적으로 탄탄하고, 그러다 보니 정부가 이길 수 없었다.

송기도: 그런데 구분을 해야 할 것 같아요. 우리베가 했던 건 국가폭력이거든요. 그런데 국가폭력에 민병대를 이용해서 폭력을 행사한 우익 백색테러가 있겠어요. 물론 좌파 게릴라의 폭력도 있었고요. 대체적으로 보면, 다른 국가의 경우에 오히려 국가의 백색테러가 훨씬 더 많습니다.

김기현: 우파 무장집단의 존재, 이것도 무시할 수 없는 콜롬비아의 특징이 아닐까 싶습니다.

차경미: 그러니까 2002년에 우리베가 정권을 장악해서 게릴라에 대한 강경책을 선택하잖아요. 물론 미국의 "플랜 콜롬비아"를 통한 대폭적인 군사, 경제적 지원이 있었는데, 제가 콜롬비아를 여행했을 당시에 과일값이 상당히 비싸더라고요. 물어보니까 농촌에서 과일이 안 들어온다요. 겉으로는 상당히 평화로웠어요, 그런데 제가 연구를 해보니까, 주요 5대 도시를 중심으로는 전통적인 범죄, 폭력이나 납치라든가, 이런 게 줄어서 상당히 평화를 유지하는 것 같은데, 농촌은 완전히 붕괴된 상태더라고요. 물론 우리베가 게릴라

에 대한 강경책을 중심으로 한 국가안보정책에 힘입어서 114년 만에 연임한 대통령, 콜롬비아에 새로운 역사를 쓴 대통령이기도 한데, 2006년에 문제가 된 게 뭐냐면, 강경책을 썼는데도 결론적으로는 마약 거래량은 줄지 않았고 생산지만 아마존에서 태평양 지역으로 이동했어요. 게릴라의 활동지역도 국경지대로 이동하면서 베네수엘라, 파나마, 에콰도르, 브라질과 상당한 군사적인 문제가 벌어졌고요. 그리고 우리베가 부족한 공권력을 보완하기 위해서 민병대를 동원하게 되는데, 이들이 공권력의 이름으로 게릴라가 지지받는 지역에서 양민들을 학살하고, 그러면서 많은 사람들이 자기 고향을 버리고 떠나 난민이나 국내 실향민이 됩니다. 난민의 카테고리에 국내 실향민도 들어가는데 국내 실향민은 국경을 넘지는 않지만 자기가 살았던 지역을 떠나서 국내에서 떠돌아다니는 사람을 말하고, 그다음에 국경을 넘는 사람을 난민이라고 합니다. 요즘에는 국내 실향민도 난민의 카테고리에 포함시키기도 하지요. 실질적으로 연구를 해보니까, 2012년 한 해만 콜롬비아의 국내 실향민이 180% 증가했어요. 그러니까 우리베가 집권 초기에 강경책을 통해서 가시적인 성과를 거뒀음에도 불구하고 그러한 강경책으로 인해서 오히려 새로운 문제가 양산이 되죠. 그래서 우리베가 민병대를 해체하잖아요. 국제적으로 세계 인권단체나 미국조차도 비난을 하면서 결국 2006년에 민병대를 해체하고, 우리베는 다시 재선에 성공하게 되는데요. 문제는 기존의 민병대가 해체된 2006년 말부터 2007년 말까지 새로운 조직이 생겼어요. 민병대가 자신들이 활동하던 거점지역을 중심으로 신흥조직을 만들었는데, 그때 등장한 8개 단체 중에는 검은 독수리(Águilas Negras)나 대들보 작업장(La Oficina de Envigado) 등이 있습니다.

"플랜 콜롬비아"

플랜 콜롬비아는 무엇인가?

김기현: 우리가 말씀드려야 할 것이 패러밀리터리(Paramilitares)라는 용어인데요, 이 용어가 민병대, 준 군사집단, 우익무장세력 등 여러 가지 개념으로 쓰일 수 있는데요, 오늘 토론에서는 혼용해서 자유롭게

플랜 콜롬비아를 지지하기 위해 콜롬비아를 방문한 당시 콜린 파월 국무장관

말씀해주시기 바랍니다. 콜롬비아의 게릴라 문제와 관련해서 "플랜 콜롬비아"도 무시할 수 없을 것 같아요. 이에 대해서 간단히, 송기도 교수님, 아무래도 "플랜 콜롬비아"에 대해서 많이 아실 거 아닙니까. 그리고 미국과의 관계도 설명해주시겠습니까?

송기도: "플랜 콜롬비아"는 콜롬비아라는 이름이 있으니까 콜롬비아를 위한 플랜이다, 뭐 이런 건데, 사실은 미국을 위한 플랜이죠. 미국에서 코카인이 굉장히 많이 소비됩니다. 미국 입장에서 젊은 사람들이 코카인을 먹고 죽거나 사고를 치고, 정신이 이상해지고, 그래서 사회적인 손실이 크기 때문에 그걸 막고자 했죠. 그런데 미국 내에서 그게 제어가 안 되는 거예요. 그래서 미국이 취한 정책이 수요보다는 공급을 차단하자는 것이었죠. 미국으로 들어오는 코카인의 80% 이상이 콜롬비아에서 들어오기 때문에 콜롬비아의 코카인 경작을 줄이면 된다는 것이고, 콜롬비아의 코카인을 줄이기 위해서, 마약조직, 게릴라, 패러밀리터리, 이 세 그룹이 다 마약과 연관이 되어있으니, 미국이 콜롬비아에 반 마약 정책을 적극적으로 지원해주겠다고 한 거예요. 이게 파스트라나 정부 때 시작된 것이긴 하지만 우리베 정부에서 적극적으로 받아들였고, 마약 재배를 근절시키기 위해 미국 군인들이 와서 같이 싸우게 된 거죠. 미국이 연평균 6억 달러씩 지원을 했어요. 주로 군사원조로. 우리베 대통령이 재임을 시작할 즈음 미국 의회에서 문제제기를 했어요. 자기들이 2000년부터 6년에 걸쳐 30억 달러가 넘는 돈을 지원했는데, 코카인이 들어오는 게 하나도 안 줄었다는 거예요. 워싱턴, 뉴욕, 로

스앤젤레스, 시카고의 뒷골목에서 거래되는 코카인 가격이 변동이 없다는 거예요. 자기들이 30억 달러라는 엄청난 돈을 투자했으면, 예를 들어 코카인값이 1그램에 100달러 했으면 1,000달러로 솟아야 하거든요. 공급이 확 줄어드니까. 그런데 똑같은 거예요. 그러니까 미국 의회에서는 지원을 계속할 필요가 있느냐는 거죠. 밑 빠진 독에 물 붓기 아니냐. 그래서 미국이 굉장히 강하게 압력을 행사했어요. 그 당시 우리베 대통령의 대답이 우리는 열심히 하고 있는데 계속 또 생산해 낸다, 그러니 우리도 어쩔 수가 없다. 그래서 미국이 고엽제를 비행기로 뿌리라고 제안하죠. 그전까지는 고엽제를 안 뿌렸거든요. 사실 고엽제가 문제가 많습니다. 그걸 뿌리게 되면 자연환경이 파괴되고, 코카인이 주로 많이 재배되는 곳이 에콰도르 국경 지역인데 거기에 뿌리게 되면 강이나 바람을 통해 에콰도르까지 가니까 국제적인 문제가 발생할 수도 있어서 콜롬비아가 뿌리지 않았던 거죠. 그런데 그 당시 미국 대사가 〈엘 티엠포 El Tiempo〉라는 신문에 기고한 걸 봤어요. 그걸 뿌려도 인체에 해롭지 않다는 식으로 (웃음), 그게 과학적으로 증명이 됐다고 그러더라고요. 그래서 그걸 읽으면서 그럴 수 있겠다고 생각하면서 왜 그러면 자기 나라에는 안 뿌리나라는 생각이 들더라고요. 그 당시 미국 대사가 그렇게 기고를 했고, 결국엔 콜롬비아가 고엽제를 뿌렸습니다, 비행기로. 그래서 "플랜 콜롬비아"을 지속할 수 있게 됐죠. "플랜 콜롬비아"가 예전에 케네디 대통령이 했던 "진보를 위한 동맹(Alianza para el Progreso)" 같은 게 아니고, 기본적으로 콜롬비아의 코카인을 제거하려는 거였는데, 이것을 우리베는 게릴라를 소탕하는 것으로 엮어서 쓴 거죠. 그 두 가지가 맞물려 있었던 거고요. 조금 더 얘기하자면, 우리베 대통령이 재임을 위해 국회의사당에서 취임선서를 했을 때인데요. 원래 2002년에 처음 할 때에는 그 앞 광장에서 했어요, 볼리바르 광장에서요. 그런데 그때 게릴라들이 박격포를 쐈어요. 산 위에서 박격포를 쐈는데 잘못 날아가서 옆에 있던 집에 떨어졌지요. 원래는 취임식장에 떨어뜨리려 했을 텐데, 계산이 잘못 됐겠죠. 그래서 2006년에 취임식을 할 때는 겁을 먹었겠죠, 또 박격포가 날아올 수 있으니까. 그래서 안에 들어가서 했어요. 제가 참석했는데 엄청 비좁더라고요. 어쨌든, "플랜 콜롬비아"를 통해서 우리베는 군사력을 확보할 수 있었고, 그것을 바탕으로 게릴라를 강공하기 시작했죠. 우리베 정권 이전에는 보고타나 메데인에 가면 예전에는 한 번쯤 게릴라한테 잡혀가고 그랬어요. 외국 사람이 오면 잡아가고, 동네 사람들은 안 잡아가고. 그래서 함부로 못 갔단 말이죠. 그런데 우리베 정부가 들어서면서 어떻게 했냐면, 예를 들면, 500미터마다 군인 한 명씩, 2-3킬로미터에는 소대 하나를 배치하는 식으로 그렇게 군대를 깔았어요. 그렇게 해서 통행이 자유롭게 된 거예요. 차를 타고 자유롭게 다닐 수 있게 된 거죠. 거기에 엄청나게 돈이 많이 들었겠죠. 그게 바로 "플랜 콜롬비아"에서 나온 돈이죠. 그리고 그걸 바탕으로 서서히 안전을 확보할 수 있었죠. 그걸 "민주적 안정 정책(Política de Seguridad Democra'tica)"이라고 하는데, 과연 그게 민주적이냐 하는 건 논쟁이 많은 거고요.

평화협상으로의 정책적 전환

왜 산토스 정부는 평화협상으로 정책을 선회하였는가?
미국의 영향은 없었는가?

김기현: 마약 퇴치를 위한 플랜이었는데, 그 재원을 게릴라 소탕에도 썼고요. 그렇게 우리베가 대게릴라 강경정책을 통해서 굉장히 인기가 높아졌잖아요. 지지도가 70% 정도까지 올랐고, 재선에서도 승리하고. 그리고 거기에는 산토스 현 대통령이 중요한 역할을 했죠. 그런데 왜 산토스 대통령이 그런 정책으로부터 전환해서 협상으로 나아가게 됐는지, 여기에 대해서 얘기를 해야 할 것 같습니다. 이재학 교수님 말씀해주시겠습니까.

이재학: 산토스 대통령이 왜 평화협상을 재개할 수밖에 없었는지는, 제가 봤을 때는 그럴 수밖에 없었다고 봐요. 우리베 대통령의 강공책은 사실 실패작이에요. "플랜 콜롬비아"도 실패작이고 우리베의 강공책도 실패작이죠. 마찬가지로 이번 협상에서 가장 큰 걸림돌이 무엇인가와 콜롬비아의 최근 국민투표 문제는 연결되는 것 같아요. 91년 말 소련이 무너지면서 무장 게릴라의 정치적, 경제적, 외교적인 기반이 사라졌고, 콜롬비아는 미국에 대한 마약공급에 게릴라들이 개입을 시작하면서 우익단체와 민병대, 좌익게릴라와 정부가 그물처럼 연결되어 있거든요. 콜롬비아는 90년대 들어오면서 거대한 지하경제가 형성되면서 정치권과 굉장히 크게 연계됐고, 그러면서 우익게릴라와 마피아와 연계되는 현상이 발생했죠. 말씀하신 대

로, 우리베가 "플랜 콜롬비아"를 통해서 게릴라를 소탕했는데, 게릴라를 소탕하면서 2000년대 초반에 민병대, 콜롬비아 자위군연합(Autodefensas Unidas de Colombia: AUC) 같은 단체들을 해체했거든요. 그런데 해체해놓고 보니 자기가 활동한 지역에 다시 들어가요. 다른 곳에서 먹고 살 게 없잖아요. 다시 들어가서 무장 활동을 하기 시작하고 마약에 손을 대면서 새로운 단체가 되고요. 나중에 속속 드러난 건데 우리베 대통령이 안티오키아의 주지사를 하면서 우익민병대 단체와 연루되어 있었다는 증거들이 나오고, 우익단체들이 국회의원 선거와도 관련되어 있다는 증거들이 나오거든요. 그러니까 우리베가 강경책을 펼칠수록 민병대도 점점 무장화 하고 농민은 강제 이주당하고 또 마약조직과 연계되고, 그러다 보니 복잡한 문제가 터지기 시작했거든요. 한편, 2000년대 초반이나 중반 같으면 FARC가 협상에 임하지 않았을 텐데 협상에 임할 수밖에 없었던 게 새로운 젊은 멤버들 끌어들이지 못했어요. 자연스럽게 노령화되기도 하고 주요 지도자들이 고령이나 폭격으로 사망하는 등의 상황에서 신규 수혈이 돼야 하거든요. 그런데 그렇지 못했어요. 콜롬비아가 2000년대 초반부터 꾸준하게 GDP가 3배에서 4배가 성장했습니다. 이것이 FARC가 공략할 수 있는 취약한 젊은 층의 감소로 이어져서 게릴라의 신규 수혈이 안 되고 있었고요. 아마 2002년에 2만 명이던 조직원이 평화협상에 임할 때쯤에는 7천 명 정도로 줄었습니다. 물론 7천 명은 '풀타임' 조직원이고요, 도시마다 회원들이 있습니다. 이게 한 2만 명이 넘고, 우익 민병대와 연관되어 있어서 실제로는 더 크지만, 어쨌든 인원이 줄었어요. 한편, 콜롬비아 국민들은 산토스 대통령이 나오면 국기를 들고 "Paz, Paz, Paz(평화)"라고 외치는데, 뒤에서는 다 한 소리씩 해요. 콜롬비아의 상류층이라고 하는 사람들도, 콜롬비아 국영석유회사(Ecopetrol) 사람들도 "Paz, Paz"하면서도 비판을 해요. 가장 큰 이유 중 하나가 뭐냐면, 산토스 대통령이 제시하는 게릴라와의 평화협정이 맺어지면 콜롬비아 경제가 지속적으로 발전할 수 있느냐에 대해서는 다들 회의적이거든요. 저도 회의적인데, 사실은 평화협정이 체결된다고 해서 게릴라의 준동이 잡힐 거라고 생각지 않고요. 두 번째, 경제발전에 도움이 된다고 생각지 않아요, 단 한 가지, 치안 문제, 사회안전망의 문제는 상당히 회복이 될 겁니다. 지금도 많이 회복됐고요. 콜롬비아 가니까 이제 자유롭게 돌아다녀요. 밤에 보고타 시내 밤거리에 젊은이들이 돌아다니고요. 그렇지만 실질적으로 경제에는 도움이 될 거라고는 생각지 않고, 게릴라 준동도 멈추지 않을 거라고 생각해요. 여러분 〈신세계〉라는 영화 보셨죠? 최민식이 나오고, 경찰이 의도적으로 강한 놈 하나를 키워요. 여러 범죄 집단이 있으면 그게 오히려 컨트롤하기가 힘들어요. 하나의 범죄 집단에 힘을 몰아주면 경찰은 그거 하나만 컨트롤하면 되거든요. 마찬가지로 우익민병대가 강력한 단체가 있을 때는 컨트롤이 쉬웠는데 정부가 오히려 이것을 해체시키면서 파편화되면서 우리베 시기에 역효과가 났었거든요. 마찬가지로 FARC라는 하나의 강력한 집단이 해체되면, 말은 평화협상으로 게릴라가 해체되고 그들에게 의석 몇 석 준다고 하지만, 그 많은 수가 다 제도권으로 들어올 수도 없고요. 무장투쟁을 20년 넘게 한 사람들인데, 지금 '정상화를 위한 과도기 마을(Transitional Village Zones for Normalization: TVZN)'이라는 것을 만들어 무장해제 후 몇 개월 동안 재사회화를 도와준다는 게요. 내 가족이 그들한테 당했는데 그들이 캠프에서 나오는 순간, 내가 총 들고 그들한테 반드시 복수하려 하겠죠. M-19의 나바로 울프(Navarro Wolff)가 나리뇨 주지사가 되면서 지도자가 제도권으로 들어왔듯이, FARC의 지도층도 제도권으로 들어올 거예요. 평화협정이 타결되고 그 내용은 밝혀지지 않았지만, 게릴라가 의회에서 몇 석을 얻어 제도권으로 들어올 거지만, 그 밑에 있는 수많은 사람을 다 제도권으로 수용할 수 없어요. 그럼 어떻게 돼요. 자기들이 무장하지 않으면 복수의 연속이 돼요. 결국은 철수했던 지역에, 우익민병대처럼 다시 들어갈 거고요, 또다시 마약에 손을 댈 거고, 불법 광산에 손을 댈 거고. 이게 하나일 때는 협상이 되지만 오히려 조직이 10개, 100개로 나뉘면 더 복잡한 양상이 벌어지고, 납치도 산업이거든요. 그리고 또 한 가지, 평화협상이 내놓은 게 콜롬비아 농촌이 5천만 헥타르의 개발인데요. 그런데 현재 7백만 헥타르밖에 개발이 안 돼 있습니다. 콜롬비아 국토의 1/3이 아직까지 통제가 안 되고 있고 거기에 농촌과 광산이 몰려 있는데, 콜롬비아 산토스 정부에서 하는 얘기가 게릴라 소탕과 농촌지역 5천만 헥타르를 개발해서 피폐화된 콜롬비아의 농촌을 재건하면 콜롬비아가 발전하지 않겠냐는 거예요. 7백만밖에 개발이 안 돼 있는데, 어느 세월에 5천만까지 개발을 하나요? 이건 새빨간 거짓말이네요. 전부 다 알고 있어요. 왜 아느냐면, 아메리카 대륙에서 농업 경쟁력이 있는 건 미국하고 칠레밖에 없어요. 콜롬비아는 농촌경제가 피폐해지면서 농민들한테 보조금을 줘요. 그런데 2013년에 그 보조금을 삭감했어요. 선택과 집중을 통해 보조금을 삭감해서 그 돈을 산업에 투자하려고요. 그러니 농민들이 파업을 했어요. 그 당시 파업에 총을 쏴서 농민들이 50명 정도 죽었는데, 2013년 9월 6일 마침 그때 국가포럼에 초청받아서 갔을 때 제 발표 주제가 이것과 연결된 것이었어요. 결국, 그 이유가 뭐냐면 콜롬비아의 GDP가 3배에서 4배 성장하면서 2000년대에 물가도 올랐어요. 그리고 주택가격과 토지가격이 폭등했어요. 콜롬비아 보고타의 힐튼 호텔이나 JW메리어트 호텔 가격이 한국보다 비싸면 비쌌지 싸진 않아요. 건설 붐이 일어났고요. 그런데 콜롬비아에 거품경제가 있어도 거품이 안 깨진 게, 지하경제가 70%이기 때문이지요. 이번 협상에 대해서 농촌을 7백만 헥타르에서 5천만 헥타르까지 개발할 수 있다고요? 개발 못 해요. 개발한다고 해도 그 농업생산품이 라틴아메리카에서 경쟁력이 없고요. 산토스의 평화협상은 사회경제적인 이유인 것 같지만 사실은 정치적인 이슈고, 사실 콜롬비아의 지도층도 상당수는 알고 있고, 그것이 실은 허황된 환상이라는 것, 이걸 말씀드리고 싶습니다.

김기현: 우리가 지금 말씀하신 걸 하나씩 하나씩 짚어가려고 했는데, 한 번에 죽 다 얘기를 해주셨어요. 예, 여하튼 중간에 다시 보충해주시

고, 일단 간결하게 말씀해주셨지만, 산토스 정부가 들어와서 평화협상으로 급격히 전환하게 된 이유에 대해서 차경미 선생님은 어떻게 보시는지요.

차경미: 저는 산토스 정부의 평화협상 재개 이유가 "플랜 콜롬비아" 실패에 있다고 보거든요. 산토스는 우리베 정부에서 국방부장관을 역임했었고 게릴라 소탕작전을 선두에서 지휘했던 인물이에요. 그런데 우리베 집권 2기까지 국방부장관을 역임하면서 대게릴라 강경책을 지휘해보니까, 마약 거래량에 변화도 없고 폭력은 더 증가했고, 가장 큰 문제는 콜롬비아 내전이 확대되면서 외교 문제로, 특히 우리베와 차베스의 외교 문제, 콜롬비아군이 게릴라를 소탕하겠다

FARC에 반대하는 시민들의 거리 시위

는 이유로 베네수엘라 국경을 넘어간 FARC을 잡겠다고 국경을 넘었거든요. 그래서 차베스가 전면전을 선포하고 굉장히 긴장이 고조된 일이 있었는데요. 그 당시에 콜롬비아에서 유행했던 말이 "차베스는 미쳤지만 영리하고, 우리베는 영리하지만 미쳤다"라는 말이 일반화될 정도로 "플랜 콜롬비아" 실패와 우리베 정권이 유지해왔던 강경정책의 한계가 드러났어요. 더군다나 난민 문제나 양민학살 문제에 따른 국제 비난 여론, 그리고 그 속에서 우리베 정부가 집권 말기에 가면서 지지율도 떨어지게 되고요. 집권 2기 처음 들어섰을 때는 114년 만에 콜롬비아의 역사를 새로 쓴 대통령이었는데, 2008년부터 인권문제라든가 난민 문제로 국내외적 비난을 받거든요. 그래서 우리베가 정권말기 FARC와의 대화 창구를 만들고 있었어요. 그리고 산토스가 대통령에 당선되면서 우선적으로 했던 게 반 우리베 이미지를 부각시키는 거였는데요. 자기가 "플랜 콜롬비아"를 추진했었고 우리베 정권의 선두에서 지휘했던 사람이었으니, 국제적으로 반 우리베 이미지를 심고 싶었을 테고요. 그래서 우리베의 "플랜 콜롬비아" 실패에 대응해서 게릴라와의 협상을 주도적으로, 일단 2년간의 비밀협상을 통해서 구체화하지 않았나 싶고요. 저는 그게 산토스가 협상을 재개한 이유라고 생각합니다.

송기도: 조금 더 얘기를 하자면, 차 교수님이 얘기한 데로, 후안 마누엘 산토스는 우리베 밑에서 우리베의 오른팔로 대게릴라 강경정책을 수행했던 인물이에요. 그래서 우리베가 산토스를 뽑았어요. 물론 산토스가 콜롬비아에서 굉장히 유력한 집안 출신입니다. 〈엘 티엠포 El

Tiempo〉라는 신문이 우리나라로 치면 조선일보와 동아일보를 합쳐놓은 정도인데 굉장히 영향력이 커요. 그 집안 거예요. 그런데 산토스가 우리베 정권에서 국방부장관을 했지만 자기 사촌 프란시스코 산토스(Francisco Santos)도 부통령을 했어요, 우리베 밑에서. 그래서 차기를 두고 상당히 많은 사람들이 누가 할 것인가, 부통령도 있지, 국방부장관도 있지. 그런데 후안 마누엘 산토스는 강력한 매파죠, 게릴라를 공격하고 그랬단 말이죠. 그런데 프란시스코 산토스는 NGO 출신이에요. 상당히 평화주의자이고요. 어떻게 보면 우리베가 정책 입안에 산토스 가문의 두 사람을 쓰면서, 온건판 프란시스코를 부통령으로 쓰고 후안 마누엘을 통해서 강경책을 펴왔던 셈이죠. 그런데 산토스가 왜 갑자기 변심했을까. 영국의 기자들이 "매"에서 "비둘기"로 라고 했듯이, 매파에서 비둘기파로 바뀌게 됐을까. 차 교수님도 얘기했지만, "플랜 콜롬비아"의 실패다. 물론 그것이 중요한 요인이 되겠지만 추가적인 요인이 있는 듯해요. "플랜 콜롬비아"를 일선에서 수행했던 사람이 산토스이고 그래서 우리베의 낙점을 받아서 대통령이 됐어요. 그런데 사실 우리베가 3선을 하려고 했는데 헌법재판소에서 3선은 안 된다고 결정을 내려 어쩔 수 없이 산토스에게 넘겼단 말이죠. 그러면서 우리베는 산토스가 자신의 정책을 계속 이어갈 것이라고 생각했는데, 이어가는 척하다가, 제가 볼 때는 산토스가 개인적으로 유혹을 느꼈을 것 같아요. 뭔가 업적을 남겨야 하는데 계속 밀어붙여서는 안 되겠다. 우리베의 "민주적 안정 정책"을 통해서 게릴라들의 힘이 약화된 건 사실이에요. 아까 3만 5천이라고 했는데, 그게 1만 5천까지 빠졌거든요. 충원도 줄고 에콰도르 국경까지 특공대가 가서 공격했거든요, 난리가 났었죠. 그렇게 해서 지도자들도 공격받고 지도부가 붕괴되기 시작했죠. 그래서 그 힘이 굉장히 약화됐다. 그런 상황에서 산토스가 대통령이 되고, 조금 뒤에는 그런 유혹을 느꼈을 것 같아요, 평화협상으로 내가 업적을 세워야겠다. 그리고 평화협상이 처음이 아니잖아요. 앞서 3번이나 있었잖아요. 물론 실패한 것도 있었지만, M-19는 평화협상하고 들어와서 선거에 참여했었거든요. 대통령 후보 나와서 3위 했지만 15% 지지를 받았고 헌법 개정을 위한 임시 국회의원 선거해서 1당이 됐었어요, 27% 득표했단 말이죠. 그런 경험이 있으니까. 그리고 국민들이 원하는 거니까, 그래서 해보자고 한 것 같은데, 그게 우리베의 마음엔 안 들었던 것 같아요. 그 순간 우리베는 뒤통수 맞은 거라고 생각한 것 같아요. 우리베가 반발을 굉장히 심하게 했죠. 그래서 산토스를 공격했고, 그래서 산토스가 재선할 때 굉장히 힘들었어요. 우리베가 별도로 당을 만들어서 민주중앙당(Partido Centro Democrático: PCD)이라고 해서 말은 민주중도연합인데, 완전 극우정당에, 우리베가 오스카르 이반 술루아가(Óscar Iván Zuluaga)를 자기 대리로 내보낸 거예요. 어쨌든 산토스가 되긴 됐죠.

김기현: 그다음 이야기는 조금 뒤에 하기로 하고, 이재학 교수님도 말씀해 주셨는데, 콜롬비아가 치안에 대한, 사회 안정에 대한 요구가 강했고, 우리베든 산토스든 다 거기에 대한 생각은 있는 것 같아요.

그런데 우리베는 그걸 힘으로 실현하려고 했는데 결국 실패했고, 산토스는 평화협상 밖에 길이 없었던 것 같고요. 그 외에 우리베나 산토스가 자유당 출신이긴 하지만 두 세력의 지지기반이 서로 다른데, 우리베는 농촌 지주세력이 지지기반이고 산토스는 〈엘 티엠포 El Tiempo〉와 대기업, 산업 쪽이 지지기반이지요. 그래서 평화협상으로 가면 아무래도 농지개혁의 문제가 들어가야 하는데, 그러면 우리베 쪽은 반대할 수밖에 없고, 산토스 쪽은 그런 부담은 없으니까. 그러면서 세력이 분리되고 산토스 쪽이 정권을 잡으면서 평화협상으로 갈 수 있었다는 얘기도 있어요.

송기도: 지지기반에 대해서는 정확히 모르겠지만, 우리베 지지기반은 안티오키아에요. 그런데 안티오키아주가 콜롬비아 경제의 핵심입니다. 안티오키아 출신들이 경제를 장악하고 있고요, 우리베가 안티오키아 주지사를 했고요. 실은 그 경제인들의 요구를 받아들여서 AUC라고 하는 패러밀리터리를 조직하는 걸 허락했고 거기에 연관되어 있어요. 그래서 대통령이 되면서 그걸 해체했는데, 제대로 못 한 거죠.

이재학: 산토스의 정책에 대해 안티오키아 경제인들의 불만이 있더라구요. 제가 2013년, 2014년도 가을에 메데인에서 섬유산업 관련해서 구조조정 문제로 저를 초청해서 발표를 했었어요. 그런데 메데인이 섬유산업의 중심이었거든요, 그런데 산토스가 되면서 칼리(Cali) 지역으로 지원이 집중됐고 안티오키아는 찬밥신세가 되면서 거기에 대한 불만이 컸고요. 칼리를 집중적으로 지원해주더라고요. 도시,

농촌의 문제도 있지만 지역 간의 갈등이 있더라고요.

송기도: 그게 맞을 겁니다. 저는 최근에 산토스가 어떤 정책을 폈는지는 모르겠지만, 분명한 건 안티오키아가 우리베의 지지기반이에요. 새누리당의 지지기반이 TK이듯이.

이재학: 우리베의 지지기반이 안티오키아니까 산토스는 그에 대해서 정책적으로 차별을 했어요. 사실은 칼리 지역에 집중하면서, 주한 콜롬비아 대사 중에 카발(Jaime Alberto Cabal)이라고 있었어요, 한국에 오는 콜롬비아 대사들은 크게 신의 없는 군장성 출신이 했었는데, 카발 대사가 우리베와 산토스의 친구고요, 우리베 시절에 장관도 했었고요, 그래서 한국 외교부에서도 한국에 온 콜롬비아 대사 중에 가장 힘 있는 대사가 왔다고 했어요. 그런데 그를 파견한 이유는 한-콜롬비아 FTA 협상 때문이었고, 그게 끝나고 나서는 오스트레일리아로 갔는데, 그도 칼리 출신이거든요. 그리고 주지사로 나간다고 하더라고요, 상원의원 나갔었는데 떨어졌고. 그런데 그 사람도 야망이 있는 사람인데, 그 사람이 저를 산토스 대통령에게 소개시켜줬고, 그 사람 얘기를 들어보니, 산토스 주변의 장관이나 주요 그룹이 다 칼리 쪽이에요.

송기도: 독립 당시에도 안티오키아는 콜롬비아로부터 독립하려고 했어요. 그만큼 경제적으로 강한 지역이었고요. 자부심도 강하고요. 가보시면 아시겠지만, 거기는 거의 백인 중심이에요. 메데인에 가시면 흑인이 없어요. 거의 완벽한 백인 도시에요. 상공업 등 콜롬비아 경제의 중심이고요. 칼리는 굉장히 다르죠. 거기는 흑인이 많고요.

도시 규모는 200만으로 거의 비슷한 것 같은데, 안티오키아의 위상은 말씀하신 대로 산토스의 세력을 약화시킬 수 있는 곳이죠.

김기현: 예전에 우리베 때는 미국의 부시 정부를 통해서 강하게 밀어붙이는 게 있었는데, 이번에는 산토스에 대해 오바마 정부가 평화협상을 밀어주는, 그런 건 없습니까?

차경미: 우리베의 게릴라에 대한 강경책이 미국이 9·11 이후에 반테러를 국가안보 정책의 가장 중요한 것으로 채택하면서 "플랜 콜롬비아"를 통해서 좌익 반군집단을 테러집단으로 규정하고 반군퇴치를 종용하거든요. 그러면서 반테러 전략에 동참하지 않는 라틴아메리카 국가를 배제하거나 그러는데, 거기에 콜롬비아가 자신의 국내문제와 연결시켜서 부시의 반테러 전략에 동참하게 돼요. 그래서 우리베 대통령의 국가안보정책의 주요 배경을 보면 부시의 테러와의 전쟁이 많이 작용하게 되고요. 그리고 오바마가 산토스를 방문해서 "플랜 콜롬비아"는 새로운 단계에 진입했다고 하면서 평화협상 체결이 조속한 마무리 내지는 잘 되기를 바란다는 메시지를 전달하거든요. 그러니까 우리베가 강경책을 추진할 수 있었던 건 부시의 반테러정책과 맞물려 있었던 거죠.

김기현: 미국의 영향도 없지 않았다는 건데요. 이재학 교수님은 어떻게 생각하십니까? 미국의 영향, 특히 평화협상에 있어서요.

이재학: 평화협상에 미국의 영향력이 있다고 해도, 예전처럼 마약과 연관되어 있는 것도 아니고, 사실 미국은 멕시코가 더 주요 현안이기 때문에, 예전처럼은 아닌 것 같습니다.

김기현: 송기도 선생님은요?

송기도: 저는 당연하다고 생각합니다. 처음에 "플랜 콜롬비아"는 콜롬비아 것이 아니라고 말씀드렸잖아요. 그건 우리베가 그렇게 쓴 거고요. 미국도 그걸 승낙한 거고요. 2009년 1월 13일에 부시가 백악관에서 우리베에게 자유 메달을 줬어요, 수고했다고. 21세기에 들어오면서 베네수엘라, 브라질, 아르헨티나, 에콰도르, 볼리비아 등 좌파 정부가 들어서면서 반미에 한목소리를 내잖아요. 그런데 콜롬비아는 독특하게 우파 목소리를 내면서 계속 싸워왔거든요. 그러다가 마지막에 미국과 군사협정을 맺어요. 7개 군사기지를 미국이 사용할 수 있게 말이죠. 그래서 베네수엘라가 굉장히 화를 냈죠. 차베스가 이건 전쟁이라고 생각했죠. 미국하고 콜롬비아하고 사인한 건데, 2010년에 콜롬비아 헌법재판소가 불법이라고 판결했죠.

이재학: 미국 공군기가 콜롬비아의 허가를 받지 않고 작전을 펼 수 있었거든요. 영화로도 만들어졌죠. 〈긴급명령: Clear and present danger〉(1994)라고 해리슨 포드가 나오는. 사실 미국은 군사작전을 콜롬비아 내에서 1990년대, 2000년대에 자유롭게 펼칠 수 있었고, 남미에서 영향력을 행사하는데 콜롬비아가 어떻게 보면 교두보 역할을 했다고 볼 수 있는데요. 사실 미국이 보는 콜롬비아의 전략적 가치가 2000년대에 비해서 지금은 굉장히 줄어들었다고 보거든요. 과연 지금 콜롬비아의 전략적 가치가 그만큼 되지는 않을 것 같아요. 예전에 비해서 미국이 콜롬비아의 전략적 가치를 낮춘다는 느낌이에요.

송기도: 미국의 영향이 콜롬비아에서 어느 정도이냐. 라틴아메리카 전체를 놓고 보면, 제가 콜롬비아 대사로 신임장을 받고 각국 대사들을 방문했어요. 미국 대사, 러시아 대사, 일본 대사, 이렇게 친하게 지내자고 방문을 했어요. 그렇게 미국 대사를 만났는데, 만나서 그렇게 얘기했어요. 당신 만나는 게 콜롬비아 대통령 만나는 것보다 훨씬 더 어렵다고. 그런데 정말 어려워요. 대사관에 그냥 들어가는 게 아니고 문에서 몇 번이고 체크를 하는 거예요. 미국 대사 만나러 왔다고, 내가 대한민국 대사라고 얘기했는데도, 그렇게 체크를 하더라고요. 그래서 기분이 좀 언짢았던 적이 있는데, 그래서 미국 대사에게 물었더니, 미안하다고, 그러면서 이 얘기를 하는데, 2006년에 전 세계에서 미국 대사관 중 가장 큰 대사관이 이라크 대사관이랍니다. 인원이 가장 많이 나가 있고. 두 번째가 콜롬비아 대사관이래요. 전 세계에서 두 번째로 인원이 가장 많이 나가 있는 데가 콜롬비아다. 그리고 콜롬비아 미국 대사관은 보고타 시내 한복판에 한 블록을 다 차지하고 있어요. 그야말로 철벽 요새에요. 2중, 3중으로 차단되어 있어요. 다시 말하면, 미국 대사관은 굉장히 위험하죠. 아까 인질 얘기를 했었는 데, 차경미 교수님은 잡혀갔어도 몸값 안 된다고 그랬었는데. (웃음) 잠깐 다른 얘기를 하자면, 게릴라들이 인질을 잡을 때, FARC이나 ELN 같은 게릴라들은 그냥 민간인은 안 잡아요. 자기들도 정치적인 목적으로 잡는 것이고 반정부전략을 위해 정보를 얻으려는 것이지요. 미국 대사를 잡아가려고 하겠죠. 그리고 장·차관도

공격하겠죠. 그리고 정부와 유착되어 있는 기업들, 그렇게 공격하겠죠. 그리고 게릴라들도 아무 옷이나 입지 않아요. 콜롬비아 정부군하고 똑같이 생긴 옷을 입고 콜롬비아 군인이라고 쓰고 그래요. 그러면 콜롬비아 정규군과 어떤 차이가 있냐. 정규군은 워커를 신고 게릴다들은 장화를 신고 다녀요. 그걸로 구분해요.

차경미: 몸값은 안 되지만 한국인이라는 국적이 그들한테 굉장히 매력적이었던 것 같아요. 왜 우리 같은 여행객을, 더군다나 나는 학생인데 왜 납치를 했느냐고 물었더니, 정부와의 협상을 진전시키기 위해서라고 하더군요. 정부와의 협상을 진전시키기 위해서는 외국인이라는 저의 신분이 상당히 매력적이었던 거죠. 그러니까 몸값을 요구하는 게릴라인 경우에는 잡범인 거죠. 정부 요인을 납치하는 것 말고, FARC보다는 ELN가 사실 외국인 근로자들을 납치해서 몸값을 요구하고, 제가 외국인으로서 잡혔다는 것으로 아까 그 몸값 얘기는... (웃음).

송기도: 한 가지 예를 들면, 1990년대 말에 보고타에 일본 대기업의 지점장으로 와 있던 사람이 잡혔어요. 그래서 일본과 인질 협상을 하고 있었어요. 그런데 그 과정에서 콜롬비아 정보국에서 정보를 입수해서 급습을 했어요. 그런데 그때 납치범들이 그 일본 사람을 죽였지요. 그래서 사태가 커졌죠. 그 후에 일본 기업들이 전부 철수했습니다. 그때 우리 기업은 들어갔고요. 그래서 우리가 돈 좀 벌었죠. 콜롬비아에서는 일본 기업보다 우리 기업들, 삼성, LG가 탄탄하게 일할 수 있었던 요인 중의 하나는 일본 사람들이 대리인을 시켜서

하기는 했지만 콜롬비아에 못 가는 거예요. 가면 납치의 대상이 되니까. 제 경험을 말씀드리면, 제가 대사를 할 때 경호원을 쓰지 않았어요. 굉장히 불편해요. 그런데 영국 대사를 만나서 오페라를 보러 간 적이 있었는데, 앞뒤로 둘러서 경호원들이 있어요. 일본 대사도 마찬가지죠. 앞에 차, 뒤에 차. 그래서 저도 뭐 해야 하는 거 아닌가 생각해봤죠. 그런데 나를 납치해야 할 이유가 하나도 없는 것 같더라고요. 이왕 할 거면 일본이나 협상을 하더라도 돈이 되는 대상을 하지, 괜히 한국을 했다가 국제 사회에서 욕먹고 몸값도 많이 나올 것 같지도 않고, 그러면 내가 조심해야 할 것은 잡범인데, 잡범이 대사를 건들었다가는 복잡해져요. 그러니까 잡범들은 사업하는 사람이 낫지, 외교관을 건들었다가는 나라가 뒤집어지죠. 그렇게 생각해보니, 아, 나는 납치는 안 당하겠구나, 그렇더라고요. (웃음)

콜롬비아 정부와 FARC 간의 평화협정

평화협정의 주요 내용과 쟁점은 무엇인가?

김기현: 예, 이야기가 재밌긴 하지만, 진도를 나가야 하니까. 일단 평화협상이 기대와 다르게 안 됐어요. 그 내용을 짚기 전에 평화협상의 내용을 간단히 설명하고 넘어가야 할 것 같아요. 차경미 교수님 짚어주시죠. 평화협상의 주요 내용과 쟁점들.

차경미: 과정에 대한 내용은 뉴스를 통해서 많이 아실 것 같고, 주요 쟁점

2016년 9월 26일 쿠바 아바나에서 평화협정안에 서명한 후 악수를 나누는
후안 마누엘 산토스 대통령과 로드리고 론도뇨 FARC 지도자

을 보면 다섯 가지가 주로 논의가 됐는데요. 토지개혁 및 농촌개발, FARC의 정치 참여 보장, 무력 분쟁 종식, 마약 근절 및 밀매 퇴치, 내전 희생자 권리 보장, 이렇게 다섯 개 항목을 두고 협상이 진행됐는데, 여기서 가장 큰 문제는 과연 누가 내전의 피해자 인가, 이것이 평화협상에서 가장 큰 걸림돌 중의 하나였고요. 그리고 농촌개발과 토지개혁, 이 두 가지가 이번 평화협상에서 어려웠던 문제였고, 정치참여 보장은 산토스가 전 정권의 평화협상과는 달리 FARC의 요구안을 수용했죠. 그런데 결국 협상안이 국민투표 부결이라는 결과를 낳았는데요. 국민투표에서 가장 쟁점이 됐던 부분은 토지개혁과 농촌개발 문제, 피해 보상 문제였는데, FARC의

입장에서는, 우리도 피해자다, 국가 공권력으로부터 피해를 받아 왔고 우리베 때 반 정도가 사망을 했고, 지도자들도 많이 사망했고, 그래서 내전 피해자의 카테고리에서 단순하게 양민이나 실향민이나 내전 희생자만 다룰 것이냐. 이것 때문에 서로 입장이 맞지 않았는데, 내전 희생자 문제도 어느 정도 정부가 가해자에 대한 법적 구속력을 면제시킴으로 인해서 반대자들의 반발을 사게 된 것이고요. 토지개혁과 농촌개발 문제에 있어서는, 아까 송기도 교수님이 말씀하셨듯이, 우리베 정권의 정치적 기반이 콜롬비아 경제의 70%를 차지하고 있는 안티오키아 지역인데, 대부분이 커피를 중심으로 해서 전통적으로 대지주 세력이 강했지요. 우리베 정치를 민병대 정치라고 하는데, 그 이유가 대지주들은 자신들의 토지를 보호하기 위해서 민병대를 만들었고, 메데인 카르텔이 활동하는 지역에서는 마약업자들이 자기 보호를 위해서 민병대를 만들었고, 그리고 농민들 역시 자기를 보호하기 위해서 자위군을 만든 것인데요. 농촌개혁의 가장 주요한 문제는 토지 불균등을 해소하는 거죠. FARC가 주장한 것은 불모지나 원주민 토지라든가 국가에서 소외된 지역의 토지를 자기들에게 양도해 달라는 거예요. 그래서 토지개혁을 중심으로 해서 국가의 행정력과 별도로 자치구역처럼 자신들이 대표를 선출할 수 있는 지역으로 만들어 달라고 얘기를 했는데, 우리베가 주장했던 내용이 뭐냐 하면, 이번 평화협상에서 지주들의 재산에 막대한 피해가 우려된다는 거죠. 그러면서 우리베가 안티오키아라고 하는 전통적으로 지주를 기반으로 한 지역에서 반평화협정 캠페인을 벌이게 되거든요. 그래서 이번 평화협정의 5대 쟁점 중에서 피해자 보상, 누가, 어디까지 피해보상을 받을 것인가, 그러니까 가해자는 누구인가에 대한 쟁점이 부각됐고요. 그다음에 토지개혁을 통해서 농촌개발을 하고 이를 통해 사회에 복귀한 FARC 대원들에게 경제활동을 할 수 있는 기반을 만들어주겠다는 게 주요 쟁점 중 하나였는데, 이 두 가지 때문에 많은 재협상이 이뤄지게 됐습니다.

김기현: 네, 그럼 송기도 교수님.

송기도: 네, 그 부분은 계속 얘기가 될 건데. 부결됐잖아요. 그게 참 아까운 건데. 0.5%던가요? 5만 표였던가요? 다 될 줄 알았는데, 부결됐단 말이죠. 어찌 보면 아직도 콜롬비아에는 우리베식의, 그러니까 우리베가 그렇게 얘기하잖아요, 자기 부모님도 게릴라한테 죽었다. 그 원한이 있어요. 어찌 보면 사적인 원한이겠죠. 국가 지도자로서의 원한보다도. 그런 원한이 있어서 게릴라에 대해서 강경하게 해야 한다고 얘기했고, 산토스의 평화협상에 대해서 아니라고 한 거죠. 게릴라들이 정치에 들어와서 기본적으로 의회의 10석을 차지한다고 하면, 피해자-가해자 구분도 안 되는 것이고, 그들에 의해 죽었는데 어쩌란 것이냐, 이런 식의 논쟁을 불러일으켜서 많은 사람들이 반발하게 됐고, 결국엔 수백만이 콜롬비아를 떠나고 수십만이 죽은 이 전쟁을 못 끝내고, 부결됐잖아요. 저는 이 문제가 계속 간다고 봐요. 왜냐하면, 이게 하루 이틀에 생긴 문제가 아니고, 또 어찌 보면 FARC한테 당했다고 생각하는 사람들은 가진 자들,

즉 지배계층이고, 그리고 패러밀리터리, AUC, 이런 자경단이나 군인들한테 당했던 사람들은 힘없는 서민들이에요. 떼로 몰살당한 일도 무진장 많았죠. 그런데 지금 우리베가 어쨌든 힘이 있으니까 그 사람들을 동원해서 부결시켰어요. 그래서 재협상을 했죠. 그리고 이번에는 국민투표가 아니라 국회를 통해서 통과시키겠다고 하고 있어요. 저는 그게 통과될 거라고 보는데, 문제는, 어제 뉴스인가요, 게릴라하고 싸워서 2명이 죽었어요. 전쟁이 다시 터졌어요. 그래서 이게 계속 갈 수 있을 것인가. 게릴라도 반발할 수 있다고 봐요. 이번 재협상에서 게릴라들이 양보를 좀 했거든요. 조금 더 양보는 했는데, 쉬운 일은 아니겠다. 정말 좋은 기회였는데, 어찌 보면 천일 전쟁, 1948년 가이탄으로 시작된 한 15년 동안의 전쟁과 같은 상처가 아물 수 있는 계기가 될 수 있었는데 어긋난 것 같은 생각이 듭니다.

평화협정에 대한 국민투표 부결

왜 콜롬비아 국민들은 평화협정을 거부했나?

김기현: 왜 콜롬비아 국민은 평화를 거부했나, 이게 마지막 주제이기도 하고, 이쪽으로 자연스럽게 넘어온 것 같은데, 최근의 세계 여러 선거를 보면 여론조사와 선거결과가 다르게 나온다는 거죠. 콜롬비아 평화협상 국민투표가 그랬고, 이번에 미국의 트럼프 당선이 그랬고, 영국의 브렉시트도 그렇고요. 나아가야 할 방향은 평화고 자

유무역이고 인종차별 없는 세상인데 사람들 가슴 속에는 증오, 인종차별, 국가주의, 이런 게 팽배한 것 같아요. 이걸 드러내놓고 말은 못 하다가 표로 나타나는 현상이 있는 것 같습니다. 콜롬비아 사람들 마음에도 증오가 있는 것 같아요. FARC에 대한 증오, 평화협상에 대한 회의. 콜롬비아 사람들 마음이 한편으로는 평화를 원하면서도 다른 한편으로는 증오가 있단 말이에요. 그럼 도대체 상황이 어떻습니까? 콜롬비아 사람들이 도대체 뭘 원하는 거예요?

이재학: 제가 최근에 많이 만나봤거든요. 물론 제가 만난 사람들은 기업인들, 상원의원, 하원의원들인데, 제가 느낀 건, 김대중 정부 때의 햇볕정책이나 산토스 대통령의 평화협정이 어떤 점에서 보면 비슷해요. 사실 산토스 대통령은 정치적인 프로파간다를 평화협정으로 했지만, 제가 느끼기에 많은 기업인이나 백인들이 겉으로는 대통령을 지지하고 같은 당이고 하지만 내적으로는 평화협정을 지지하지 않는 경향이 있었어요. 메스티소나 저소득층이나 못사는 사람들이 오히려 열렬히 지지하는 성향이 있었고요. 국민적 여론이 반반으로 갈린 것 같아요. 이건 여러 가지 문제가 얽혀있지 않나 싶고요. 사실 제 생각이라기보다는 콜롬비아 사람들도 정치적인 프로파간다로 보는 사람들이 많았고요. 정말로 평화협정이 돼서 평화가 정착하고 게릴라가 사라진다고 생각하는 사람도 있겠지만, 상당수는 4~50년 지나면 자연스럽게 사라지는 것이지 평화협정 하나로 게릴라가 사라지고 평화가 정착하고 이렇게 보지는 않는 것 같아요. 민중적인, 대중적인 프로파간다는 될 수 있어도.

김기현: 차경미 선생님께서는 어떻게 보시는지요?

차경미: 평화협정에 대해서, 그들이 슬로건으로 내세우는 것이 "네(Sí)+아니오(No)=평화로의 길(Camino a la paz)"에요. 그러니까 일정 부분은 수용하지만, 일정 부분은 수용하지 않겠다. 이건 양측이 똑같아요. 게릴라 측의 카를로스 안토니오 로사다(Carlos Antonio Lozada)라고, 게릴라 측의 외무부 장관 같은 사람인데, 우리가 평화에 나선 것이 이미 서명된 평화협정이 수정될 수 있다는 입장은 아니라고 하면서 강경하게 자신들의 입장을 고수하고 있거든요. 그래서 게릴라 측도 네(Sí)+아니오(No)이고, 일반 콜롬비아 국민들도 Sí+No인데, 게릴라 측과 국민들 사이에서 Sí와 No가 서로 다른 거죠. 콜롬비아의 게릴라 문제는 단순하게 어제, 오늘의 문제가 아닌 토지분쟁으로부터 시작됐거든요. 19세기 내전도 마찬가지고요. 가이탄을 중심으로 한 폭력이 발생한 것도, 가이탄이라는 민중 지도자가 등장할 수 있었던 것도 다 토지문제 때문이에요. 가이탄은 변호사로서 우라바(Urabá) 지역의 대농장에서 농민들의 학살을 경험하면서 민중 지도자로 변신하게 되죠. 40년대 중반에 알폰소 로페스 푸마레호(Alfonso López Pumarejo)대통령이 "혁명을 위한 행진(Revolución en marcha)"이라는 슬로건 아래 하고자 했던 혁명이나 개혁의 주요 대상도 토지개혁 문제였어요. 그래서 저는 콜롬비아의 평화협정에서 가장 합의하지 못하는 부분이 토지를 둘러싼 문제라고 생각해요. 우리베가 평화협정에 대한 반대의 명분으로 내세운 것이 피해자 보상 문제이지만 실질

적으로는 지주계급의 이익을 대변하는 것이거든요. 그리고 게릴라 측에서도 다른 건 양보하더라도 양보 못 하는 건 농촌개발과 토지개혁에서 불모지로 있거나 주인이 없는 국유지의 일부를 자기들한테 달라는 거거든요. 그래서 저는 이번 평화협상이 이뤄진다 하더라도 콜롬비아의 평화정착은 쉽지 않을 거라고 봐요. 이미 뉴스를 통해서 들었듯이 협상 중에 2명이 사망했고, 2000년에 민병대를 해체했지만 이들이 또다시 자기들이 활동한 거점지역을 중심으로 새로운 조직을 만들었고, 거점지역을 이동하거나 이름을 바꾸거나 이런 식으로 자신들의 경제적 이권을 유지하고 있습니다. 이 민병대가 해체되었다가 재무장 한 가장 기본적인 원인이 불법 작물 재배 지역의 토지를 점령하기 위해서죠. 그리고 마약을 통해 경제적인 이권에 개입하고 부를 축적할 수 있다는 것을 경험하게 되었고, 그래서 정부에 의해서 해체되었지만 다시 모였거든요. 저는 콜롬비아의 평화협상이 어떤 식으로든 이뤄졌다고 하더라도 근본적으로 토지를 둘러싼 분쟁이나 경제적 이권을 둘러싼 분쟁은 지속될 것으로 봐요. 새로운 조직이 등장하거나 기존 폭력조직이 이름을 바꾸고, 콜롬비아 게릴라들이 국경 지역으로 이동하면서 베네수엘라, 에콰도르의 새로운 신흥조직과 연대하는 모습도 보여주고 있어요. 이것이 국제네트워크를 통해서 조금 더 조직화된 범죄로 확대될 가능성도 있고요. 그래서 저는 콜롬비아뿐만 아니라 라틴아메리카가 지닌 가장 큰 문제, 즉 토지를 둘러싼 분쟁, 생산수단에 대한 독점 구조, 이런 것이 변화되지 않는다면, 콜롬비아의 평화협정은 또 다른 새로운 형태의 전쟁을 유발할 수 있는 시발점이 된다고 생각합니다.

김기현: 송기도 교수님도 말씀해주시지요.

송기도: 예, 참 놀랍게도 국민이 딱 반으로 나뉘었어요. 우리베 대통령이 들어서면서 취했던 정책이 게릴라와는 대화가 없다는 것이고 강경정책, 토벌정책이었죠. 어찌 보면 국민을 상대로 싸움을 한 거죠. 산토스가 대통령이 되고 조금 시간이 지난 뒤에 이건 아니라고 보고 평화로 가야겠다고 선택했던 거고요. 국민분열이 아니라 국민화합으로 가야겠다는. 그래서 평화안을 어렵게 만들어냈고 그것을 국민들에게 요청을 했는데, 국민의 절반이 그렇게 결정을 했어요. 앞에서 여론조사가 엉망이다. 도대체 안 맞는다. 대체 왜 그러냐. 브렉시트도 그렇고, 미국의 트럼프도 그렇고. 그런데 저는 그게 전 세계적인 현상으로 설명할 수 있겠다는 생각이 들어요, 조심스럽게. 전체적으로 세계적으로 내셔널리즘이, 내셔널리즘이 조금 더 나가면 파시즘이거든요, 이런 세력들이 나타나고 있다는 생각이 들고요. 그런 의미에서 콜롬비아에서도 우리베를 지지하는 세력들, 극우세력들이 있죠. 그게 의외로 많이 나타난 것 같아요.

김기현: 우리나라와 마찬가지로 평화 정착을 원하지만, 상대 세력을 완전히 소멸시켜 버리고 얻는 평화, 이런 걸 원하는 세력이 존재하고, 그들이 어떤 갈등과 긴장 속에서 뭔가 정치적 이익을 얻는 구조가 여전히 남아 있고요. 콜롬비아에 이런 세력이 있는 이상, 평화협상이 결코 쉽지만은 않겠다는 생각이 드네요. 새로운 평화협정안이

11월 12일에 만들어졌고, 이건 국민투표에 부치지 않고 의회 승인을 통해서 한다고 하지만, 그렇게 되더라도 그런 세력이 있는 국민의 반 정도를 차지하는 한, 평화로의 길이 쉽지는 않을 것 같습니다.

송기도: 한 가지 희망은요, 1990년에 헌법 만들 때, M-19가 제도권으로 들어왔단 말이죠. 그때 국회에서 의석의 27%를 차지했어요. 70석에 20석을 차지했습니다. 그리고 나머지 50석이 우파였어요. M-19가 제1당이 됐어요. 그다음에 보수당이 26%였고요. 제가 콜롬비아에 있을 때 한 교민분이 저한테 M-19가 게릴라라고 설명을 해주더라고요. M-19인데 정부에 들어왔다는 얘기를 했었고, 지금도 M-19가 정부에 계속 들어가 있는 상태죠. 그런 경험이 있기 때문에 저는 평화협정안을 의회에서 통과시키면 많은 국민들이 받아들일 수도 있겠다고 긍정적으로 보고 있습니다.

이재학: 그런데 저는 M-19와 다른 게릴라 조직이 차이가 있다고 봐요. 서로 조직기반이 달라요. M-19는 도시기반이었고요. 그래서 그만큼 용해될 수 있었고요. 또 제도권에 들어올 당시만 하더라도 게릴라 조직이 콜롬비아 지하경제에 그렇게까지 영향이 크지 않을 때였거든요.

차경미: M-19는 1970년대에 도시를 기반으로 했어요. 반면 다른 게릴라 같은 경우엔 기반이 농촌이에요. 농민 자위군을 중심으로 하고요. FARC도 농민자위군을 중심으로 형성됐고, ELN도 국경지역을 중심으로 농촌에 기반을 둔 게릴라의 특성을 갖고 있고요. 콜롬비아의 5대 게릴라 조직이 다 농촌지역을 기반으로 하고 있는데, 유일하

게 M-19 같은 경우에는 지식인과 학생을 중심으로 한 도시 기반 게릴라였어요. 비교적 제도권으로 쉽게 진입할 수 있었던 이유가 M-19의 사령관이던 나바로 울프(Antonio Navarro Wolff)가 학력이 옥스퍼드대학, 즉 콜롬비아 사회 내에서 지도자로 받아들일 만한 외적 조건을 갖고 있던 사람이에요. 그래서 주지사를 할 수 있었고요. 저는 FARC이나 ELN 같은 조직과는 달리 M-19의 제도권 진입은 다른 차원에서 봐야 하지 않을까 하는 생각이 듭니다.

콜롬비아의 평화와 한국

콜롬비아 평화 정착이 한국 기업에게 어떠한 영향을 미칠 것인가?

김기현: 네, 좋습니다. 마지막으로 이거 하나만 짚고 넘어가죠. 쉽지는 않겠지만, 만약 평화협상이 잘 돼서 콜롬비아에 평화가 정착된다면, 우리 한국 기업들의 콜롬비아 진출에 뭔가 달라지는 게 있을지. 간략하게 짚어주시죠.

이재학: 일단 한국기업의 진출과 한국 제품의 수출은 별개로 이해해야 하고요. 한국 제품의 수출은 거의 10대 업종에 해당되어 있지만, 한국 기업이 진출한다면 두 가지예요. 수출을 도와주기 위해서 판매부문이 들어가든지 아니면 현지 제품 생산을 위해 생산부문이 들어가든지. 라틴아메리카 전체를 봤을 때 한국기업이, 한국기업뿐만 아니라 다국적기업을 포함해서, 생산부문이 들어갈 곳은 딱 두 군데밖에 없습니다. 브라질, 멕시코. 브라질과 멕시코 이외에 생산

부문이 들어간 곳은 중미에 있죠. 니카라과 같은 곳에 섬유업체들. 그 외에 생산 법인이 들어간다, 특히 콜롬비아에 한국기업이 생산 부문에 들어간다는 것은 이해하기 힘든 일이고요.

김기현: 자원개발이나 인프라 쪽으로는 어떤가요?

이재학: 자원개발은... 과연 라틴아메리카에서 한국이 자원개발을 할 수 있을까요? 못 합니다. 그리고 지금 중국이 페루나 칠레의 구리광산을 산다고 하지만, 중국이니까 가능하고요. 어마어마하게 투자하지만, 중국도 사실 투자할 수 있는 게 10% 미만이에요. 그리고 따져보면 엄청난 적자고요. 라틴아메리카에서 한국이 자원외교를 편다는 건 말이 안 돼요. 자원외교를 제외하고, 라틴아메리카에 한국기업이 진출한다면 브라질, 멕시코로 진출할 수밖에 없고요. 물론 멕시코와 브라질로 진출하는 이유는 다르겠지만요. 조금 전에 말씀드린 생산법인과 연관해서요, 콜롬비아에 생산법인이 들어가려면 전제조건이 있어요. 첫 번째 인프라가 있어야 해요. 콜롬비아엔 도로가 없어요. 보고타에서 부에나벤투라(Buenaventura)까지의 운송비용이, 부에나벤투라에서 인천까지의 운송비용보다 더 비싸요. 고속도로가 깔려야 해요. 물론 게릴라 문제가 해결되면 건설회사가 들어갈 수 있겠지만... 공공-민간 동맹(Alianza Pública Privada) 법안이 통과된 이유가 외국자본이 들어와서 건설해주고 운용비용을 뽑아가라는 거예요. 그런데 한국기업들은 설계, 조달, 시공(Engineering, Procurement and Construction: EPC) 개발자가 아니기 때문에, 자금조달도 힘들고 개발할 능력도 부족한 상황이

라고 봐요.

김기현: 평화협정과 우리 기업진출과는 크게 관계가 없을 것이라는 얘긴데, 다른 교수님들 생각은 어떠신지요?

차경미: 저는 어느 정도 긍정적으로 작용할 것으로 봐요. 콜롬비아가 아시아에서 최초로 한국과 FTA를 체결한 나라고, 앞으로 치안 유지를 위해서 CCTV 분야라든가 IT산업에서 긍정적이지 않을까 생각해요. 그리고 내전 기간에 도시의 인프라가 상당히 파괴됐기 때문에 정부가 평화협상 이후에 도시 인프라 구축에 노력을 하고 있고, 그래서 증세계획도 발표하고 있거든요. 물론 이게 산토스에겐 정치적 인기를 하락시키는 부담이 되겠지만, 어떤 식으로든 도시 인프라를 구축해야 하는 상황에서 한국기업이 가진 건설이라든가 그런 부분에서 긍정적이지 않을까 생각하고요. 제가 콜롬비아를 자주 가는데, 가보면 버스 교통카드에 대해서 상당히 관심을 갖고 있더라고요. 그래서 그 부분에서도 우리나라가 주도권을 쥘 수 있지 않을까. 크진 않겠지만 한국기업에 투자에 유리한 조건이 제공되지 않을까라고 생각합니다.

이재학: 제가 말씀드린 것에 대해 약간의 오해가 있으신 것 같은데요. 한국기업이 FTA 체결되고 굉장히 많이 진출하게 될 거예요. 평화협상과는 상관없이요. 다만 생산법인이 못 나가지, 수출은 증대될 거고요. IT산업이나, 특히 스마트교육에 콜롬비아가 신경을 쓰고 있거든요, 그래서 평화협상과는 관계없이 진출은 계속될 것으로 봅니다.

김기현: 네, 이번엔 송기도 교수님 말씀해주시지요.

송기도: 저는 경제학자가 아니라서 정확히 말은 못 하겠지만, 일단 평화협정이 이뤄져서 전쟁이 끝난다고 하면, 그로 인한 경제적인 효과는 크겠죠. 연평균 1.5%가 발전할 거라고 얘기하더라고요. 우리나라도 더 많이 진출할 거라고 생각하고요. 저는 경제적인 부분보다는 정치·외교적인 부분에서 콜롬비아를 볼 필요가 있다고 봐요. 물론 제가 거기 있을 때도 그런 말을 많이 했는데, 사실 대한민국이 굉장히 어려웠던 시절, 즉 한국전쟁 기간에 중남미에서 유일하게 군대를 파견했던 국가가 콜롬비아입니다. 5천명의 병력과 함정 1척을 보내줬고요. 그래서 대한민국이 경제적으로 어느 정도 자립하고 발전하고 성장했다고 하면, 저는 지금쯤이면 콜롬비아를 좀 도와 콜롬비아의 경제발전에 참여해야 한다고 생각합니다. 그 이유는 딱 한 가지에요. 우리가 다른 나라에 가서 우리 대한민국이 잘 사는 나라라고, 괜찮은 나라라고 설명해봐야 잘 안 믿습니다. 여러분들도 마찬가지죠. 제가 잘생겼다고 해봐야 그냥 웃고 말아요. 그런데 그 옆에 있는 사람이 얘기하면 괜찮아요. 대한민국의 이야기를 대한민국 사람의 입으로 하려고 하지 말고 콜롬비아라는 나라를 우리의 친구로 만들어서 중남미 전체에 콜롬비아가 우리의 얘기를 할 수 있도록 만드는 게 좋다고 생각하고요. 그렇게 하기에 콜롬비아가 가장 적합한 나라라고 생각합니다. 한국전쟁 때 우리나라를 본 사람이 많거든요. 그리고 지금 우리를 보고 있는 사람들이 많고요. 그 엄청난 변화를. 그래서 저는 콜롬비아에 있을 적에 고위층에 그런 얘기를 했어요. 콜롬비아에 왜 코이카(KOICA)가 없냐,

코이카를 만들어 달라. 페루에는 있었는데 콜롬비아에는 없었어요. 그리고나서 코이카가 바로 설치가 됐죠. 그래서 저는 결초보은이 이것이다. 제가 콜롬비아 국회에서 연설한 적이 있는데, 그 얘기를 했어요. 여태까지 우리도 가난해서 콜롬비아를 못 도와줬는데 이제 어느 정도 경제적으로 잘살게 됐으니까 당신들이 우리 어려울 때 도와준 것처럼 당신들에게 보은하겠습니다. 그래서 당신들이 필요한 것, 저는 주로 IT와 교육이라고 생각했죠. 대한민국이 교육과 IT를 통해서 발전했으니까 그 분야에 있어 적극적으로 협조하겠다. 그렇게 얘기했을 때 그 사람들이 굉장히 좋아하던 기억이 나요. 지금도 마찬가지라고 봅니다. 콜롬비아가 작은 나라가 아니에요. 인구가 엄청 많습니다. 그런데 인구와 자원에 비교해보면 굉장히 저평가되어 있고 개발이 덜 된 나라입니다. 특히 동부지역에는 석유가 많습니다. 생각해보세요. 중남미에서 석유가 제일 많은 나라가 베네수엘라에요. 그다음에 에콰도르. 그런데 그사이가 끊어져 있겠어요? 안데스로 이어지는 석유 라인이거든요. 콜롬비아도 석유를 수출해요. 그다지 많지는 않지만. 개발을 못 해요. 게릴라나 패러밀리터리때문에. 그런데 만약에 전쟁이 끝나면 그게 다 개발된다고 봐요.

이재학: 제가 콜롬비아 평화협상과 관련해서, 산토스가 왜 평화협상을 했는지 기억이 났어요. 산토스 정부가 저한테 요청한 게 있어요. 지금 콜롬비아의 국가 목표는 라틴아메리카의 허브인데, 허브가 되려면 치안이 확보돼야 하고, 두 번째 사회안전망을 구축한 다음에,

기간산업, 인프라를 깔아야 해요. 그리고 석유가 있는데, 석유는 이미 게릴라가 장악한 지역에서 철수하고 있고요, 지금 상당수 금광이나 콜탄이나 에메랄드 광산은 정부의 손에 들어왔습니다. 그런데도 지금 콜롬비아가 석유를 못 파는 이유가 라틴아메리카 석유는 미국밖에 수입을 안 하고 있고 아시아에서는 중국밖에 수입을 못 합니다. 라틴아메리카 석유는 한국기업이 활용하기 힘들어요. 왜냐하면, 라틴아메리카 석유는 중질유이고 중동 석유는 경질유에요. 다시 말해서, 필터링하는데 돈이 많이 들어요. 중동 석유는 운송 거리가 짧죠. 콜롬비아나 베네수엘라 쪽도 한국의 SK에 석유를 팔려고 한 적이 있어요. 그런데 못 팔았던 이유가 아시아 어느 국가도 라틴아메리카 석유가 필요하지 않았기 때문입니다. 더군다나 파나마운하는 100만 배럴짜리 배 밖에 통과를 못 해요. 그런데 유조선 용량은 보통 200만 배럴이거든요. 그리고 에메랄드 광산 같은 게 정부 손에 들어왔다고 했잖아요. 제가 1988년에 콜롬비아에 있었는데, 에메랄드 가격이 굉장히 쌌어요. 그런데 지금은 다이아몬드만큼 또는 그 이상으로 비싸요. 보석상에 가면, 한국도 그렇고, 미국도 그렇고 에메랄드 보석이 없어요. 없는 이유가 1990년대, 2000년대까지 마피아와 게릴라가 에메랄드 광산을 장악해서 자금 마련을 위해서 에메랄드를 많이 유출했었는데, 지금은 콜롬비아산 에메랄드 공급이 통제되었어요. 그래서 가격이 엄청 올랐고요. 그런 게 다 연관되어 있다는 걸 참고로 말씀드립니다.

김기현: 예, 좋습니다. 더 하실 말씀이 많은 줄 압니다만, 이렇게 해서 "콜롬비아 국민들은 왜 평화를 거부했나?"를 주제로 한 이번 시사토론회를 마치도록 하겠습니다. 함께 해주신 토론자분들과 방청객 여러분께 감사드립니다.

2. 라틴아메리카 경제지표 2016

권기수(대외경제정책연구원 중남미팀장)

Ⅰ. 거시경제지표

항목	단위	아르헨티나	브라질	칠레	콜롬비아	멕시코	페루	베네수엘라	중남미 전체
GDP 증가율	% (연증가율)	−2.3	−3.6	1.6	2.0	2.3	3.9	−18.0	−1.0
1인당 GDP 증가율		−2.9	−4.4	0.6	1.1	0.7	2.6	−10.8	−2.2
소비자물가 상승률		37.5	8.7	3.8	7.5	2.8	3.6	794.0	37.7
명목 GDP	십억 달러	529.9	1,790.6	246.4	285.1	1,044.6	195.1	87.8	5,021.8
1인당 명목 GDP	달러	12,085	8,544	13,591	5,859	8,121	6,139	2,786	7,842
실업률	%	8.5	11.3	6.5	9.2	3.9	6.8	12.8	8.7
총외채	십억 달러	188	335	163	116	321	70	139 ('15)	1,543
수출		55.4	184.5	60.0	32.6	373.7	36.7	26.9	968.2
수입		55.7	139.4	55.9	43.8	387.0	35.1	23.4	967.8
무역수지		−0.3	45.1	4.1	−11.2	−13.3	1.6	3.5	0.6
외환보유고		37	366	39	47	177	62	12	829
경상수지	% (GDP 대비)	−2.8	−1.3	−1.7	−4.4	−2.7	−2.8	−17.7	−2.3
재정수지		−4.5	−9.0	−2.8	−3.7	−2.6	−1.5	−14.7	−5.6

주 | 016년 국별 통계의 일부는 각 기관의 추정치, 베네수엘라 총외채는 2015년 기준
출처 | GDP증가율은 IMF; 1인당 GDP 증가율, 총외채, 외환보유고는 유엔중남미경제위원회(ECLAC); 나머지 지표는 Global Insight 참조

Ⅱ. 실물경제지표

1. 경제성장률

:: 2016년 중남미 경제는 2009년 이후 가장 낮은 성장률(–1.0%)을 기록함.

| 이 같은 저성장세는 대내적으로는 민간소비 및 투자 감소, 대외적으로는 중국 경제의 성장세 둔화에 따른 일차산품 국제가격 하락과 수출 감소에 기인함.

| 특히 국별로는 브라질, 아르헨티나, 베네수엘라, 에콰도르의 경기침체가 중남미 경기침체의 주요 요인으로 작용함.

:: 2015년과 마찬가지로 중남미 경제성장은 국별/소지역별로 뚜렷한 특징을 보임.

| 브라질, 아르헨티나, 베네수엘라, 에콰도르의 경기침체로 남미지역 경제는 2015년에 이어 2년 연속 마이너스 성장(–2.4%)을 기록함.

- 특히 베네수엘라 경제는 3년 연속, 브라질 경제는 2년 연속 마이너스 성장을 기록하며 심각한 경기침체를 겪음.
- 남미 국가 중에서는 칠레, 콜롬비아, 페루가 플러스 성장세를 기록했으나 페루를 제외하고 그 성장세는 전년에 비해 크게 둔화됨.

| 그에 반해 멕시코를 포함한 중미지역 경제는 2.4% 성장률을 기록해 지난해와 마찬가지로 남미지역과 뚜렷한 성장 격차를 보임.

- 특히 멕시코를 제외한 중미지역은 전년보다 다소 주춤하긴 했지만 3.6%의 비교적 높은 성장세를 시현함.

주요국의 경제성장률 추이

(단위: %)

국가	2012	2013	2014	2015	2016
아르헨티나	–1.0	2.4	–2.5	2.6	–2.3
브라질	1.9	3.0	0.5	–3.8	–3.6
칠레	5.3	4.0	2.0	2.3	1.6
콜롬비아	4.0	4.9	4.4	3.1	2.0
멕시코	4.0	1.4	2.3	2.6	2.3
페루	6.0	5.8	2.4	3.3	3.9
베네수엘라	5.6	1.3	–3.9	–6.2	–18.0
중남미	3.0	2.9	1.2	0.1	–1.0

주 | 2016년은 IMF 추정치

출처 | IMF.

2. 산업생산

:: 경기침체를 반영해 중남미의 산업생산은 3년 연속 마이너스 성장을 보임.

| 국별로는 아르헨티나, 브라질, 칠레, 베네수엘라에서 산업생산이 하락세를 기록함.

- 특히 심각한 경기침체를 반영해 아르헨티나는 5년 연속, 브라질과 베네수엘라는 3년 연속 산업생산이 하락세를 나타냄.
- 그간 플러스 성장세를 보였던 칠레의 산업생산도 2016년 들어 마이너스 성장세로 돌아섬.

| 그에 반해 콜롬비아, 페루에서 산업생산은 플러스 성장세를 기록함.

주요국의 산업생산증가율 추이

(단위: %)

국가	2012	2013	2014	2015	2016
아르헨티나	−7.7	−0.1	−1.8	−0.3	−4.6
브라질	−2.7	2.2	−2.9	−8.2	−6.8
칠레	3.4	3.4	0.3	0.8	−1.5
콜롬비아	−0.3	−1.3	1.5	1.7	3.6
멕시코	2.8	−0.4	2.7	1.0	−0.1
페루	6.1	5.9	2.4	3.2	3.8
베네수엘라	1.7	0.5	−2.5	−7.6	−11.3
중남미	−0.8	1.4	−0.7	−3.3	−3.4

주 | 2016년은 추정치

출처 | Global Insight.

3. 민간소비

:: 중남미 경제의 대표적인 성장엔진인 민간소비가 2년 연속 마이너스 성장세를 기록하며 경기침체를 가속화시킴.

| 2016년 민간소비는 전년보다 0.5% 포인트 감소한 -1.1%를 기록함.

| 민간소비 감소는 교역조건 악화와 물가상승에 따른 실질 구매력 감소, 고용 감소 및 실질 임금 증가세 둔화, 금융권의 신용대출 축소 등에 기인함.

:: 국별로는 아르헨티나, 브라질, 베네수엘라에서 민간소비 하락이 두드러짐.

| 베네수엘라에서는 3년 연속, 브라질에서는 2년 연속 민간소비가 하락세를 보이며 경기침체를 부추김.

- 아르헨티나의 경우 2015년 대통령 선거의 효과로 일시적인 증가세를 보였던 민간소비가 2016년에는 다시 하락세로 돌아섬.

| 플러스 성장세를 기록한 대부분의 국가에서도 민간소비는 전년보다 소폭 증가하거나 정체 수준에 그침.

주요국의 실질민간소비증가율 추이

(단위: %)

국가	2012	2013	2014	2015	2016
아르헨티나	1.2	3.7	-4.3	3.4	-1.1
브라질	3.5	3.5	2.3	-3.9	-4.4
칠레	6.1	5.5	2.4	1.9	2.1
콜롬비아	4.4	3.4	4.2	3.9	2.7
멕시코	4.6	2.5	1.8	2.2	3.0
페루	7.4	5.7	3.9	3.4	3.4
베네수엘라	7.0	4.7	-3.4	-8.2	-11.1
중남미	4.0	3.5	1.4	-0.6	-1.1

주 | 2016년은 추정치

출처 | Global Insight.

4. 투자

가. 투자(총고정자본형성) 증가율

:: 일차산품 가격 하락에 따른 투자 감소, 전반적인 경기침체와 경제 불확실성을 반영해 투자는 3년 연속 마이너스 성장세를 기록함.

| 2016년 중남미 지역에서 투자는 대부분 국가에서의 투자 감소로 지난 3년 내 최악의 하락세(–5.3%)를 보임.

| 분야별로는 건설, 기계 및 장비부문에서의 투자 감소가 현저함.

| 국별로는 아르헨티나, 브라질, 콜롬비아, 페루, 베네수엘라에서 투자가 하락함. 특히 베네수엘라의 경우 4년 연속, 브라질과 페루의 경우 3년 연속 마이너스 성장세를 기록함.

| 플러스 성장을 보인 칠레와 멕시코에서도 투자 증가세는 미미한 수준에 그침.

주요국의 실질투자 증가율 추이

(단위: %)

국가	2012	2013	2014	2015	2016
아르헨티나	–6.9	2.3	–6.6	3.6	–4.6
브라질	0.8	5.8	–4.2	–13.9	–10.4
칠레	11.6	2.5	–4.3	–1.6	0.1
콜롬비아	4.7	6.8	9.8	2.8	–2.4
멕시코	4.8	–1.5	2.9	4.3	0.7
페루	16.4	8.1	–2.4	–5.2	–4.7
베네수엘라	23.2	–7.5	–18.3	–17.2	–29.2
중남미	4.0	3.1	–1.8	–4.8	–5.3

주 | 2016년은 추정치

출처 | Global Insight.

나. 투자율(GDP 대비)

:: 지속적인 투자 감소의 영향으로 중남미 지역의 GDP 대비 투자율도 3년 연속 하락세를 보임.

| 투자율은 2015년 19.4%에서 2016년 18.4%로 1% 포인트 하락함.

| 국별로는 베네수엘라가 가장 큰 폭의 하락세(17.5% → 4.1%)를 보임.

:: 중남미 주요국 중에서는 아르헨티나, 브라질, 베네수엘라가 중남미 평균 이하의 투자율을 보임.

| 아르헨티나와 브라질의 투자율은 2013년 이후 지속적으로 감소해 2016년에는 각각 15.5%, 17.4%까지 하락함.

주요국의 투자율(GDP 대비) 추이

(단위: %, GDP 대비)

국가	2012	2013	2014	2015	2016
아르헨티나	17.3	17.3	16.5	15.6	15.5
브라질	20.8	21.4	20.4	18.3	17.4
칠레	24.1	23.7	22.3	21.5	21.5
콜롬비아	24.6	25.0	26.3	26.2	25.7
멕시코	22.1	21.4	21.6	21.9	21.7
페루	26.3	26.2	25.1	22.7	22.0
베네수엘라	21.9	19.6	17.0	17.5	4.1
중남미	21.3	21.3	20.8	19.4	18.4

주 | 2010년 불변가격 기준
출처 | ECLAC.

5. 수출입, 무역수지 및 경상수지

가. 수출(상품수출)

:: 중국의 경제성장 둔화에 따른 일차산품 수출 가격 하락과 이로 인한 교역 조건 악화로 수출은 3년 연속 하락세를 보임.

| 그러나 2016년 수출 감소폭은 지난해에 비해 크게 개선된 2.8%에 그침.

| 이 같은 수출 감소세 둔화는 교역조건의 개선에 기인함. 2016년 중남미 지역의 교역조건은 2015년(–9%)과 비교해 1% 하락에 그침.

| 일차산품 수출국 중에서는 석유수출국의 교역조건이 가장 큰 폭의 하락세(–8%)를 보였으며, 다음으로 광물수출국이 2% 하락세를 기록함. 그에 반해 석유 수입국인 중미 및 카리브 국가들의 교역조건은 지난해에 이어 소폭 개선됨.

:: 국별로는 베네수엘라의 수출 감소세(–27.6%)가 가장 두드러짐.

| 그밖에 콜롬비아(–14.5%), 칠레(–3.6), 브라질(–3.2%)이 중남미 평균 이상의 수출 하락세를 기록했으나 지난해와 비교할 때 그 감소폭은 크게 둔화됨.

주요국의 수출증가율 추이 (단위: %, 전년 대비)

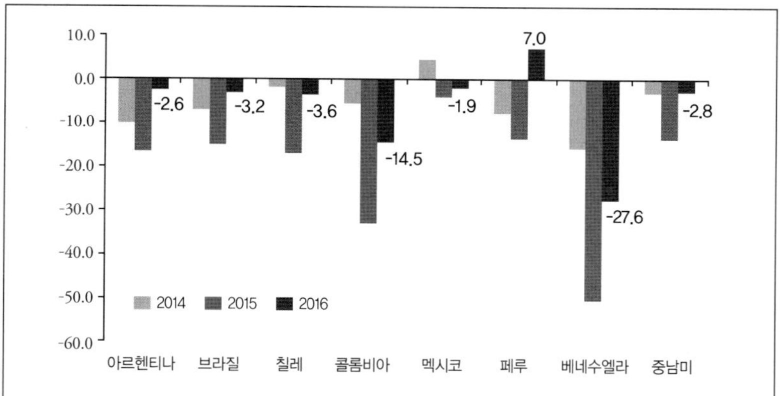

출처 | Global Insight.

:: 지속적인 수출 감소로 중남미의 수출 규모는 2015년보다 274억 달러 줄어든 9,682억 달러에 그침.

| 국별로는 멕시코가 3,737억 달러로 가장 큰 수출을 기록했으며, 그 뒤를 브라질(1,845억 달러), 칠레(600억 달러), 아르헨티나(554억 달러), 페루(367억 달러), 콜롬비아(326억 달러), 베네수엘라(269억 달러)가 이음.

주요국의 수출 추이

(단위: 10억 달러)

국가	2012	2013	2014	2015	2016
아르헨티나	80.5	75.9	68.2	56.8	55.4
브라질	243.0	241.5	224.3	190.5	184.5
칠레	77.7	76.4	75.0	62.2	60.0
콜롬비아	61.6	60.2	56.9	38.2	32.6
멕시코	371.6	380.5	397.3	381.1	373.7
페루	47.5	42.9	39.6	34.3	36.7
베네수엘라	98.0	88.7	74.8	37.2	26.9
중남미	1,194.8	1,187.0	1,153.7	995.6	968.2

출처 | Global Insight.

나. 수입

:: 중남미 경제의 침체를 반영해 수입은 3년 연속 마이너스 성장세를 보임.

| 2016년 중남미 수입 감소율은 지난해보다 하락 폭(−9.3%)이 다소 둔화되기는 했으나 여전히 높은 8.4%를 기록함.

:: 국별로는 베네수엘라의 수입 감소세(−36.7%)가 가장 두드러짐.

| 그밖에 브라질(−19.5%), 콜롬비아(−15.9%)가 중남미 평균 이상의 수입 하락세를 기록함.

:: 수입이 지속적으로 감소함에 따라 2016년 중남미의 수입 규모는 전년보다

886억 달러 하락한 9,678억 달러에 그침.

| 국별로는 멕시코가 3,870억 달러로 가장 큰 수입 규모를 기록했으며, 그 뒤를 브라질(1,394억 달러), 칠레(559억 달러), 아르헨티나(557억 달러), 콜롬비아(438억 달러), 페루(351억 달러), 베네수엘라(234억 달러)가 이음.

주요국의 수입증가율 추이 (단위: %, 전년 대비)

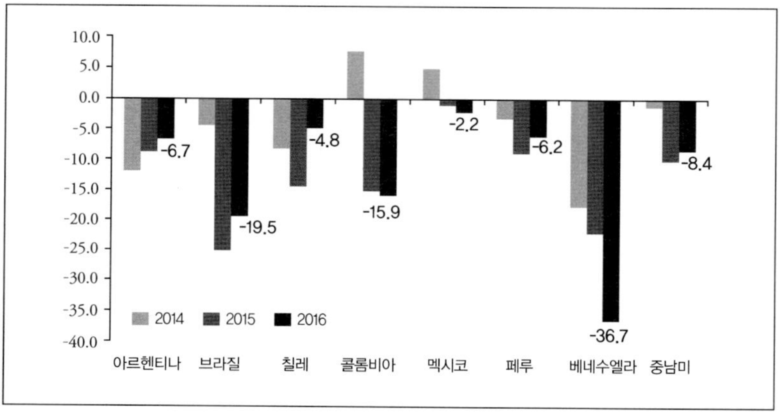

출처 | Global Insight.

주요국의 수입 추이 (단위: 10억 달러)

국가	2012	2013	2014	2015	2016
아르헨티나	68.1	74.5	65.5	59.7	55.7
브라질	225.4	241.4	230.9	173.2	139.4
칠레	75.4	74.7	68.6	58.8	55.9
콜롬비아	56.6	57.1	61.4	52.1	43.8
멕시코	371.4	381.6	400.2	395.5	387.0
페루	41.0	42.4	41.1	37.4	35.1
베네수엘라	65.7	57.6	47.3	36.9	23.4
중남미	1,158.6	1,189.9	1,175.1	1,056.4	967.8

출처 | Global Insight.

다. 무역수지 및 경상수지

:: 수출 감소세를 크게 상회하는 수입 하락세에 힘입어 중남미의 무역수지는 2016년 소폭의 흑자(불황형 흑자)로 전환됨.

| 중남미 대부분의 국가에서 무역수지가 흑자로 전환되거나 개선됨. 특히 브라질의 경우 무역흑자가 174억 달러에서 451억 달러로 2배 이상 증가함.

| 국별로는 브라질, 칠레, 페루, 베네수엘라가 무역흑자를 기록한 데 반해 멕시코, 콜롬비아, 아르헨티나는 적자를 나타냄.

주요국의 무역수지 추이

(단위: 10억 달러)

국가	2012	2013	2014	2015	2016
아르헨티나	12.4	1.5	2.7	−2.9	−0.3
브라질	17.6	0.1	−6.6	17.4	45.1
칠레	2.4	1.7	6.3	3.5	4.1
콜롬비아	4.9	3.1	−4.6	−14.0	−11.2
멕시코	0.2	−1.1	−2.9	−14.4	−13.3
페루	6.4	0.5	−1.4	−3.1	1.6
베네수엘라	32.3	31.1	27.4	0.3	3.5
중남미	36.2	−2.9	−21.3	−60.8	0.6

출처 | Global Insight.

:: 무역수지 개선에 힘입어 2016년 중남미의 경상수지적자는 전년보다 개선된 1,110억 달러를 기록함.

| 국별로는 멕시코가 280억 달러로 가장 큰 경상수지적자를 기록했으며, 브라질(–234억 달러), 베네수엘라(–155억 달러), 아르헨티나(–150억 달러), 콜롬비아(–126억 달러), 페루(–55억 달러), 칠레(–42억 달러)가 그 뒤를 이음.

- 브라질의 경우 큰 폭의 무역흑자 확대에 힘입어 경상적자 규모가 지난해보다 절반 이하로 감소함.

주요국의 경상수지 규모 추이

(단위: 10억 달러)

국가	2012	2013	2014	2015	2016
아르헨티나	–1.0	–12.2	–8.6	–16.7	–15.0
브라질	–73.6	–74.5	–104.4	–59.7	–23.4
칠레	–9.4	–10.3	–3.3	–4.7	–4.2
콜롬비아	–11.2	–12.5	–19.5	–19.0	–12.6
멕시코	–17.5	–31.9	–25.9	–33.1	–28.0
페루	–5.1	–8.7	–8.4	–9.5	–5.5
베네수엘라	2.8	4.5	3.6	–20.6	–15.5
중남미	–135.5	–160.4	–185.9	–178.7	–111.0

출처 | Global Insight.

:: 2016년 중남미의 GDP 대비 경상수지적자는 지난해보다 개선된 2.3%를 기록함.

| 국별로는 베네수엘라가 -17.7%로 가장 큰 경상수지적자를 기록했으며, 콜롬비아(-4.4%), 아르헨티나와 페루(각각 -2.8%), 멕시코(-2.7%), 칠레(-1.7%), 브라질(-1.3%)이 그 뒤를 이음.

| 대부분 중남미 국가들이서 경상적자가 개선된 데 반해 베네수엘라와 아르헨티나에서는 악화됨.

주요국의 경상수지 추이

(단위: %, GDP 대비)

국가	2012	2013	2014	2015	2016
아르헨티나	−0.2	−2.0	−1.5	−2.7	−2.8
브라질	−3.0	−3.0	−4.2	−3.3	−1.3
칠레	−3.5	−3.7	−1.3	−2.0	−1.7
콜롬비아	−3.0	−3.3	−5.1	−6.4	−4.4
멕시코	−1.5	−2.5	−2.0	−2.9	−2.7
페루	−2.7	−4.4	−4.1	−4.9	−2.8
베네수엘라	0.7	1.2	1.3	−4.3	−17.7
중남미	−2.2	−2.6	−3.0	−3.2	−2.3

출처 | Global Insight.

6. 정부지출 및 재정수지

:: 2016년 중남미 지역의 정부지출은 일차산품 국제가격 하락과 경제성장 둔화에 따른 세수 감소의 영향으로 1990년 이후 처음으로 감소세(−0.1%)로 돌아섬.

| 이 같은 정부지출 감소는 브라질과 베네수엘라에서의 지출 축소에 기인함.

- 특히 이들 두 국가에서는 심각한 재정상황을 반영해 2년 연속 정부지출이 마이너스 성장을 보임.

| 중남미 대부분의 국가에서 정부지출 증가세가 크게 둔화된 데 반해 재정지출 여력이 큰 칠레에서 정부지출은 소폭 증가함.

주요국의 정부지출 증가율 추이

(단위: %)

국가	2012	2013	2014	2015	2016
아르헨티나	3.0	5.3	3.0	6.7	0.3
브라질	2.3	1.5	0.8	−1.0	−0.6
칠레	3.5	3.5	5.2	5.7	5.8
콜롬비아	6.3	9.2	4.7	2.8	2.0
멕시코	3.3	1.3	2.1	2.4	1.2
페루	8.1	5.6	6.7	9.8	1.2
베네수엘라	6.2	3.4	0.7	−3.1	−10.0
중남미	3.2	2.8	2.1	1.3	−0.1

주 | 2016년은 추정치
출처 | Global Insight.

:: 정부지출 감소에 힘입어 2016년 재정수지는 2015년에 비해 소폭 개선됨.

| 2016년 중남미 지역의 재정수지적자(GDP 대비)는 전년에 비해 1.0% 포인트 감소한 5.6%를 기록함.

| 국별로는 브라질(−10.1% → −9.0%), 베네수엘라(−15.1% → −14.7%), 멕시코(−3.4% → −2.6%)에서 재정수지적자가 소폭 개선된 데 반해 대부분의 국가에서 재정수지는 악화됨.

주요국의 재정수지 추이

(단위: %, GDP 대비)

국가	2012	2013	2014	2015	2016
아르헨티나	−2.0	−1.9	−2.4	−3.9	−4.5
브라질	−2.3	−2.9	−5.8	−10.1	−9.0
칠레	0.6	−0.7	−1.5	−2.2	−2.8
콜롬비아	1.2	−0.5	−2.6	−3.3	−3.7
멕시코	−2.6	−2.3	−3.2	−3.4	−2.6
페루	3.4	2.1	0.9	−1.0	−1.5
베네수엘라	−11.9	−11.7	−14.0	−15.1	−14.7
중남미	−2.4	−2.8	−4.6	−6.6	−5.6

출처 | Global Insight.

7. 실업률

:: 중남미 지역의 경기침체를 반영해 실업률은 2009년 이후 가장 높은 수준을 보임.

| 2016년 실업률은 전년보다 1.7%포인트 높은 8.7%를 기록함.

:: 이 같은 실업률 증가는 멕시코를 제외한 대부분의 국가에서의 고용시장 악화에 기인한 것으로 풀이됨.

| 심각한 경기침체의 영향으로 브라질의 실업률은 전년보다 3%포인트 증가한 11.3%에 달함.

| 최악의 정치경제 혼란을 겪고 있는 베네수엘라에서 실업률도 전년 대비 6% 포인트 증가한 12.8%를 기록함.

| 그에 반해 멕시코에서 실업률은 4.4%에서 3.9%로 0.5%포인트 하락함.

주요국의 실업률 추이 (단위: %, 연말 기준)

국가	2012	2013	2014	2015	2106
아르헨티나	7.2	7.1	7.3	6.7	8.6
브라질	7.3	7.2	6.8	8.3	11.3
칠레	6.5	6.0	6.3	6.3	6.5
콜롬비아	10.4	9.7	9.1	9.0	9.2
멕시코	5.0	4.9	4.8	4.4	3.9
페루	6.8	5.9	5.9	6.5	6.8
베네수엘라	7.8	7.5	6.9	6.8	12.8
중남미	7.0	6.8	6.6	7.0	8.7

출처 | Global Insight.

Ⅲ. 금융·외환지표

1. 환율

:: 중남미 대부분 국가에서 환율은 미국의 대통령 선거를 둘러싼 정치·경제적 불확실성과 미국의 금리 인상 가능성에 대한 우려로 커다란 변동성을 보임.

| 그러나 국별로 환율은 상이한 움직임을 나타냄. 미국 대선의 직접적인 영향을 받고 있는 멕시코와 지속적인 정치·경제적 혼란을 겪고 있는 베네수엘라와 아르헨티나에서 환율은 큰 폭으로 상승함.

| 그에 반해 물가 상승 억제를 위해 고금리 정책을 실시한 브라질, 콜롬비아 등에서 환율은 오히려 하락세로 돌아섬.

- 특히 브라질의 경우 호세프 대통령 탄핵 이후 신정부 경제정책에 대한 기대감으로 환율은 2015년 대비 16.6% 하락함.

주요국의 환율 추이 (단위: 달러 대비, 연말 기준)

국가	2012	2013	2014	2015	2106	
					환율	2015년대비 변동률(%)
아르헨티나	4.92	6.52	8.55	13.01	15.85	21.9
브라질	2.05	2.35	2.66	3.90	3.26	−16.6
칠레	478.60	523.76	607.38	707.34	667.29	−5.7
콜롬비아	1,768.23	1,926.83	2,392.46	3,149.47	3,000.71	−4.7
멕시코	13.01	13.08	14.72	17.21	20.73	20.5
페루	2.55	2.79	2.99	3.41	3.35	−1.6
베네수엘라	4.29	6.28	12.00	13.50	672.92	4,884.6

주 | 플러스는 환율 상승(자국통화가치 하락), 마이너스는 환율 하락(자국통화가치 상승)을 의미
출처 | 각국 중앙은행.

2. 금리

:: 물가 상승세를 반영해 대부분의 중남미 국가에서 단기 금리는 지속적인 상승세를 보임.

| 물가상승 압박이 큰 브라질, 아르헨티나, 콜롬비아, 베네수엘라 등 남미 국가에서 금리 상승폭이 크게 나타남.

| 그 결과 중남미 전체적으로 단기금리는 2015년보다 1.1% 포인트 증가한 12.1%를 기록함.

주요국의 단기금리(연율 기준) 추이 (단위: %)

국가	2012	2013	2014	2015	2016
아르헨티나	12.0	14.9	20.4	21.2	24.3
브라질	8.5	8.2	10.9	13.4	14.1
칠레	13.5	13.2	10.8	9.3	10.4
콜롬비아	5.4	4.2	4.1	4.6	6.8
멕시코	4.2	3.8	3.0	3.0	4.1
페루	19.2	18.1	15.7	16.1	16.5
베네수엘라	16.2	15.6	17.2	20.0	21.5
중남미	8.7	8.6	9.8	11.0	12.1

출처 | Global Insight.

3. 소비자물가상승률

:: 2012년 이후 중남미 지역의 소비자물가는 지속적인 상승세를 보임.

| 2016년 평균 소비자물가는 아르헨티나와 베네수엘라의 고물가를 반영해 전년 대비 26.3%포인트 증가한 37.7%를 기록함.

- 베네수엘라의 경우 엄격한 외환통제와 심각한 생필품 부족으로 공식 소비자물가는 794%로 급등함. 아르헨티나에서도 전력 등 공공요금의 정상화와 페소화 가치 급락에 따른 수입품 가격 상승효과로 공식 소비자물가는 전년보다 2배 이상 증가한 37.5%를 기록함.

| 중남미 대부분의 국가에서 소비자물가 증가는 자국 통화가치 하락에 따른 수입 물가 상승과 높은 식품 가격에 기인함.

| 브라질의 경우 고금리와 통화가치 상승에 따른 수입품 가격 하락 효과에 힘입어 2016년 소비자물가는 전년보다 소폭 하락함.

주요국의 소비자물가상승률 추이 (단위: %, 연말 기준)

국가	2012	2013	2014	2015	2016
아르헨티나	10.1	10.6	21.4	16.4	37.5
브라질	5.4	6.2	6.3	9.0	8.7
칠레	3.0	1.9	4.4	4.4	3.8
콜롬비아	3.2	2.0	2.9	5.0	7.5
멕시코	4.1	3.8	4.0	2.7	2.8
페루	3.7	2.8	3.2	3.5	3.6
베네수엘라	21.1	38.5	57.3	111.6	794.0
중남미	6.0	7.0	8.7	11.4	37.7

출처 | Global Insight.

4. 주가

:: 중남미 대부분의 국가에서 주가는 경제정책 변화에 대한 기대감으로 플러스 성장세를 보임.

| 베네수엘라 주가가 전년 대비 117.3% 상승해 가장 큰 증가세를 보였으며, 페루(82.8%), 아르헨티나(44.9%), 브라질(38.9%), 콜롬비아(17.3%), 칠레(14.2%) 주가도 두 자릿수 이상의 상승세를 보임.

주요국의 주가 추이 (단위: 연말 기준)

국가	2012	2013	2014	2015	2016	
					주가	2015년 대비 변화율(%)
아르헨티나(MERV)	2,854	5,391	8,579	11,675	16,918	44.9
브라질(BOVESPA)	60,952	51,507	50,007	43,349	60,227	38.9
칠레(IGPA)	21,070	18,227	18,870	18,151	20,734	14.2
콜롬비아(COLCAP)	1,833	1,615	1,512	1,153	1,352	17.3
멕시코(IPC)	43,706	42,727	43,146	42,977	45,643	6.2
페루(LIMA)	20,629	15,753	14,794	12,901	23,578	82.8
베네수엘라(IBC)	471,437	2,736,585	3,859	14,588	31,705	117.3

출처 | Bloomberg.

5. 외환보유고

:: 2016년 외환보유고는 전년 대비 2.1% 증가한 8,292억 달러를 기록함.

| 외환보유고 증가와 낮은 경제성장에 힘입어 GDP 대비 외환보유고 비중은 4년 연속 증가(2016년, 17.7%)함.

:: 국별로는 대부분의 국가에서 외환보유고가 증가함.

| 중남미 33개국 중 22개국에서 외환보유고가 증가함. 그중에서도 에콰도르(61.6%), 아르헨티나(46.9%), 엘살바도르(25.0%)에서 외환보유고 증가가 두드러짐.

| 그에 반해 베네수엘라(−28.2%), 볼리비아(−20.3%), 우루과이(−11.7%) 등 10개국에서는 외환보유고가 감소함.

| 중남미 국가 중에서는 브라질이 3,655억 달러로 가장 많은 외환보유고를 보유하고 있으며, 멕시코가 1,768억 달러로 그 뒤를 이음.

- 양국의 외환보유고가 중남미 전체 외환보유고의 65% 비중을 차지함.

주요국의 외환보유고 추이 (단위: 백만 달러, 연말 기준)

국가	2012	2013	2014	2015	2016
아르헨티나	43,290	30,599	31,443	25,563	327,210
브라질	373,147	358,808	363,551	356,464	365,556
칠레	41,650	41,094	40,447	38,643	39,468
콜롬비아	37,474	43,639	47,328	46,740	46,974
멕시코	167,050	180,200	195,682	177,597	176,852
페루	64,049	65,710	62,353	61,537	62,049
베네수엘라	29,890	21,481	22,061	16,361	11,748
중남미	835,735	830,018	857,438	811,762	829,202

주 | 2016년은 11월 말 기준
출처 | ECLAC.

6. 국가신용등급

:: 2017년 4월 기준으로 중남미 국가 중에서는 멕시코, 칠레, 콜롬비아, 파나마, 페루, 우루과이, 트리니다드토바고 등이 국제 신용평가기관으로부터 투자적격 등급의 평가를 받음.

| Moody's, S&P, Fitch 등 세계 3대 신용평가기관 모두로부터 투자적격 등급 판정을 받고 있는 국가는 멕시코, 칠레, 콜롬비아, 파나마, 페루, 우루과이임.

| 중남미 국가 중에서는 칠레가 가장 투자등급이 양호한 국가로 평가됨.

:: 2016년에는 거시경제여건 악화와 외환시장의 불안정을 반영해 대부분 중남미 국가들의 신용등급 전망이 하락함.

| 대표적으로 멕시코, 베네수엘라, 볼리비아, 에콰도르, 엘살바도르, 우루과이, 칠레, 코스타리카, 콜롬비아, 트리니다드토바고의 신용등급 전망이 하향 조정됨.

주요국의 국가신용등급

(2017년 4월 기준)

	Moody's		S&P		Fitch	
	등급	전망	등급	전망	등급	전망
과테말라	Ba1 10/06/01	Stable 16/06/30	BB 06/07/17	Negative 16/10/27	BB 14/06/20	Stable 14/06/20
도미니카공화국	B1 10/04/22	Positive 16/06/29	BB− 15/05/20	Stable 11/06/13	BB− 16/11/18	Stable 16/11/18
멕시코	A3 14/02/05	Negative 16/03/31	BBB+ 13/12/19	Negative 16/08/23	BBB+ 13/05/08	Negative 16/12/09
베네수엘라	Caa3 15/01/13	Negative 16/03/04	CCC 15/02/09	Negative 14/09/16	CCC 14/12/18	− 14/12/18
볼리비아	Ba3 12/06/08	Negative 16/06/10	BB 14/05/15	Stable 14/05/15	BB− 16/07/13	Stable 16/07/13
브라질	Ba2 16/02/24	Stable 17/03/15	BB 16/02/17	Negative 15/07/28	BB 16/05/05	Negative 15/04/09
아르헨티나	B3 16/04/15	Positive 17/03/06	B− 16/05/06	Stable 16/05/06	B 16/05/10	Stable 16/05/10
에콰도르	B3 14/12/19	Stable 12/09/13	B 15/08/12	Stable 14/08/14	B 13/10/18	Negative 16/08/25
엘살바도르	B3 16/11/07	Negative 16/11/07	B− 16/12/09	Negative 16/12/09	B 17/02/01	Negative 17/02/01
우루과이	Baa2 14/05/29	Negative 16/06/22	BBB 15/06/05	Negative 16/06/03	BBB− 13/03/07	Stable 13/03/07
칠레	Aa3 10/06/16	Stable 10/06/16	AA− 12/12/26	Negative 17/01/26	A+ 11/02/01	Stable 11/02/01
코스타리카	Ba2 17/02/09	Negative 17/02/09	BB− 16/02/25	Negative 16/02/25	BB 17/01/19	Stable 17/01/19
콜롬비아	Baa2 14/07/28	Stable 14/07/28	BBB 13/04/24	Negative 16/02/16	BBB 13/12/10	Stable 17/03/10
트리니다드토바고	Baa3 16/04/15	Negative 16/04/15	A− 16/04/22	Negative 15/12/24		
파나마	Baa2 12/10/31	Stable 12/10/31	BBB 12/07/02	Stable 12/07/02	BBB 11/06/02	Stable 11/06/02
파라과이	Ba1 15/03/20	Stable 15/03/20	BB 14/06/11	Stable 16/06/15	BB 15/01/29	Stable 15/01/29
페루	A3 14/07/02	Stable 14/07/02	BBB+ 13/08/19	Stable 13/08/19	BBB+ 13/10/23	Stable 13/10/23

출처: Moody's, S&P, Fitch.

2017 라틴아메리카 – 국제정세 변화와 영향

발행일 | 2017년 6월 30일
지은곳 | 서울대학교 라틴아메리카연구소
편집자 | 임태균
펴낸곳 | 동명사 | 우 10881 경기도 파주시 회동길 50(문발동) | (031)955-7200(대표)~2

ISBN | 978-89-411-8176-7 93300
이 저서는 2008년 정부(교육부)의 재원으로
한국연구재단의 지원을 받아 수행된 연구임(NRF-2008-362-B00015)